愛在流行

一個基督徒的談話省思

齊克果

Søren Aabye Kierkegaard

林宏濤 譯

Kierkegaard

關於齊克果 1813-1855

一八一三年

五月五日生於丹麥哥本哈根。

齊克果的父親早年是鄉下農工，後來白手致富並娶得富豪之女，躋入哥本哈根上流社會。妻子病間，再娶家中女傭，老年得子，命名為索倫·齊克果。他對幼子管教非常嚴厲，加以齊克果自幼體弱多病，與兄長們相處不睦，種種因素形成齊克果的憂鬱性格。

一八三〇年

就讀於丹麥伯格戴德中學（Østre Borgerdyd Gymnasium），學習拉丁文和歷史等科目。同年十月進入哥本哈根大學（University of Copenhagen）攻讀神學。求學期間，他對於歷史著作的興趣不大，哲學尤其無法滿足他，他無法理解為什麼要「把自己一生都投入思索」，他曾說：「我真正需要的是弄清楚『我要做什麼』，而非『我必須知道什麼』。」

一八三四年

當時的丹麥將基督教定為國教，只要是在丹麥出生的人都被視為基督徒。但在齊克果看來，他周遭充斥一些有名無實的基督徒。在這段期間他的信仰陷入低潮，生活過得頹靡。開始撰寫日記。

同年，齊克果的母親逝世，據稱死於傷寒，享年六十六歲，她是一名樂觀的女性，但齊克果從未在作品中提及母親。

一八三七年

回伯格戴德中學教授拉丁文。

五月八日，初次認識蕾貞娜・奧森（Regine Olsen），彼此互相吸引。

一八三八年

與蕾貞娜交往。八月八日，父親逝世，享年八十二歲。齊克果深受父親影響，他曾寫道：「我深深渴望他能多活幾年……他是一位可靠的朋友。」父親死後，有段時間齊克果日記幾為空白。而他的教育費、生活費、甚至出版費用，主要皆得力於父親的遺產。

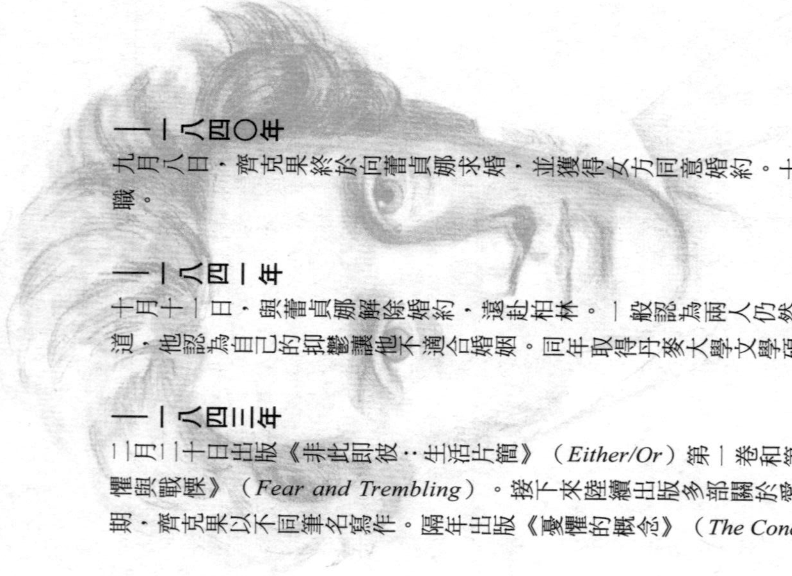

—一八四〇年

九月八日，齊克果終於向蕾貞娜求婚，並獲得女方同意婚約。十一月七日，進入傳教學校任職。

—一八四一年

十月十一日，與蕾貞娜解除婚約，遠赴柏林。一般認為兩人仍然相愛，而齊克果在日記中寫道，他認為自己的抑鬱讓他不適合婚姻。同年取得丹麥大學文學碩士學位。

—一八四三年

二月二十日出版《非此即彼：生活片簡》（*Either/Or*）第一卷和第二卷。十月十六日出版《恐懼與戰慄》（*Fear and Trembling*）。接下來陸續出版多部關於愛的論述集。在這段創作高峰期，齊克果以不同筆名寫作。隔年出版《憂懼的概念》（*The Concept of Anxiety*）。

—一八四五年

與他人合著《生命途中的階段》（*Stages on Life's Way*）。齊克果認為人無法透過客觀性獲得真理，真理只能透過主觀性來呈現。他反對傳統哲學論述將真理視為客觀的知識，所以他不願將自己的想法寫成哲學理論，而是以文學的形式呈現。

完成《對哲學片簡之最終非學術的附筆》（*Concluding Unscientific Postscript to the Philosophical Fragments*）第一部分。

一八四七年

《愛在流行》出版。存在主義是齊克果的神學裡最主要也最重要的部分，他認為人要與上帝建立關係，必須是個人的決定與實踐，而非抽象推理。

一八四八年

《基督教論述》（*Christian Discourses*）出版，許多內容同樣在探討「人的憂懼」。

一八四九年

《非此即彼：生活片簡》二版。七月以筆名反克立馬科斯（Anti-Climacus）出版《死病》（*The Sickness Unto Death*），書中提到：「絕望是一種死病，是心靈之病，是自我之病。」本書可說是齊克果心靈更成熟後，重敘的《恐懼與戰慄》。他認為絕望是不接受自己不想要的自我而最終失去了自我。

一八五五年

在生命的後期寫作與出版許多基督教的論述。十月二日昏倒於路上，十一月十一日逝世於哥本哈根弗德烈醫院。據說齊克果臨終時不願接受教會的聖餐，也不肯讓教會介入他的喪禮。

推薦序

陪同齊克果的靈智，一起遨遊於愛的冥合之中

關永中

「神就是愛。住在愛裡面的，就是住在神裡面。」（《約翰福音》4:16）「神愛世人，甚至將祂的獨生子賜給他們，叫一切信祂的，不至滅亡，反得永生。」（《約翰福音》3:16）那位寫下如此湛深句子的使徒約翰（若望），終其一生，主要以「愛」作為其宣道的主題。他循循善誘，反覆叮嚀地說：「你們彼此相愛，如同主怎樣愛你們，你們也要怎樣相愛。你們若有彼此相愛的心，眾人因此就認出你們是主的門徒了。」（《約翰福音》13:34-35）在旁的人偶爾有點厭煩地說：「難道你再沒有別的主題可以講嗎？」對此，他只是微笑地回答：「還有什麼比這個更重要！」的確，作為信仰基督的門徒而言，還有什麼訊息比「愛」更為核心！如果神的本質就是愛，那作為神子女的我豈不是應以愛作為生活的起點、途徑與終點！齊克果就是本著這樣的一份體認而書寫了他的名著《愛在流行》（*Kjerlighedens Gjerninger*）。

這份著作是齊克果繼《非此即彼》（*Either/Or*）之後最重要的神學作品；他集基督信徒、神學家、哲學家、作家於一身，而抒發出其對「愛」的沉思，以洗鍊的文筆、細膩的

心懷、敏銳的感受，而述說了其中的愛的體認。全書主要分為兩個部分，共同由十五章所組成，而其中的第二、三章還分別包含了三重與二重演繹，加上前言和結語，一共涵括了二十個重要分段：每一章節的論題雖有重點上的微差，卻以「愛」作為一貫的骨幹。

正如他在前言所說：「如果你們細細咀嚼，可以很容易懂的，如果想囫圇吞棗，肯定會難以理解。」言下之意是，這不是一份供作速讀或消遣之作，而是一份沉思手札，要以寧靜、候教、心如止水般的心懷來聆聽，也只有這樣才可相應齊克果那份潔淨精微的心境。誠然，這不是作者一時即興的神來之筆，而是經歷多年沉思與禱告後累積出來的成果，以致字字珠璣，處處散發著湛深的涵義。所謂「靜水流深」（still water runs deep），當讀者能以赤子之心、齋戒般的懇切、修行者般的「致虛極、守靜篤」來細嚼其中的文句，你自然會參悟到箇中的奧理，而且還能撥動起內心裡的心弦、遙契著神聖的天籟、以與真理的淵源產生共鳴，陪同著齊克果的靈智，而一起遨遊於愛的冥合之中。

如果你是一位基督信徒，或對基督信仰很熟悉、很投緣，你將會發現：被作者所凸顯的聖經文句，在耳熟能詳的徵引下，仍然綻放出那屬於齊克果個人的卓見，以致其詮釋在碰觸到永恆面向的當兒，而仍然顯得歷久彌新、見解獨特。例如：在第五章中，作者稱愛是人所須背負的債；在結語中，他以「彼此相愛」（《約翰一書》4:1）和「以牙還牙」（《出埃及記》21:24）相提並論，行文在新穎中不失其符節，構思在意外中不失其中肯，表達在鮮明中不失其正理，以致教人在警醒中表示贊同外，而仍然忍不住一份會心的微笑，甚至拍案叫絕，大嘆太陽底下即使無新知，到底可有日新月異的表述。

反之，如果你不是基督信徒，或對基督信仰知之不詳，你到底可以用追尋眞理的渴望來聆聽，以設身處地的投入來獲取同情的瞭解。你若能辨到這點，你將會發現：智慧的光輝，就在字裡行間湧現，致使讀者能借助作者的眼光來瞥見「愛是責任」、「愛能造就」、「愛掩蓋很多罪」、「愛永遠常存」等義涵。藉此印證個人在處世待人中的體會。

我須強調，「愛」這一主題，並非基督信徒絕無僅有的專利；相反地，它屬於全人類、全宇宙、以至存有整體，任何崇高的宗教、靈修與哲思都不會對她感到陌生，更不會對她無動於衷。如果我們能聆聽亞里斯多德（*Nicomachean Ethics* VIII, 3, 1156a5-20）、多瑪斯（*Suma Theologica* II-II, Q. 23, a.1）、謝勒（*The Nature of Sympathy*）、馬賽爾（*The Mythery of Being*）、佛洛姆（*The Act of Loving*）、羅洛梅（*Love and Will*）等哲人談論愛的心聲，也應該不至於對齊克果的反省有所排斥；他的言論，除了是神學反思與靈修默想，尚且是哲理宣言、智慧表白，以致其思緒源遠流長，其行文雅俗共賞，値得我們回味再三。

附帶地値得一提的是：譯者林宏濤先生，以其哲學氣質、文學美感、宗教嚮往，翻譯起來得心應手，在譯文中臻至信、達、雅的境界，傳神地再生了齊克果的神緒，値得我們爲此表示慶幸與謝意。

本文作者爲台灣大學哲學系退休教授

前言

這些省思是我長久以來的反省結果，如果你們細細咀嚼，可以很容易懂的，不過如果你們想囫圇吞棗，或是出於好奇去閱讀它的話，肯定會難以理解。獨立的個體會自我反省是否要讀這本書，如果他決定要讀這本書，他會仔細權衡這本書的難易度，因爲基督徒是謹守中庸之道的。

這是基督徒的省思，因此它不是關於愛，而是關於愛的作工。

這本書說的是愛的行動，但我不是要羅列描述所有的行動，喔，絕對不是的；我也不是要正本清源地描述每一種個殊的行動，讚美主！本質上如此永不枯竭的豐盈事物，在這樣的小書裡本質上是無法以筆墨形容的，因爲它本質上遍佈穹蒼，本質上是離言絕慮的。

一八四七年八月
索倫・齊克果

禱告

我們如何能談論愛，而忽略了您，慈愛的天父，天上地下，所有愛的泉源；您毫無保留，在慈愛中給予一切；您就是愛，因此只有在您之中的人，才可能心中有愛！您啓示我們愛是什麼，您是我們的救主和救贖者，給予自己，而拯救我們。我們如何能談論愛，而忽略了您，您是愛的精神，您毫無保留，而告訴我們愛是奉獻，告訴信徒，愛人如己，愛你的鄰人如愛自己一般！喔，永恆的愛，您遍在一切，到處都有您的見證，任何談論到愛及其行動的地方，都有您的見證。的確，在人類的語言裡，很少有什麼作品特別談到愛或是愛的行動，但是在天堂裡，只有愛的行動才是值得稱許的：虔誠的自我犧牲、對於愛的渴望，並且不求任何回報！

CONTENTS

第二部

第一部

第一章

愛的潛藏生命，從它的果實便可以辨認出來

凡樹木看果子，就可以認出他來。人不是從荊棘上摘無花果，也不是從蒺藜裡摘葡萄。

——《路加福音》6:44

如果眞如那些自負從不曾受過矇騙的智者所說的，「眼見爲憑」，那麼我們早就不再相信人間有愛了。難道我們因爲害怕被欺騙而這麼做，就可以不受欺騙了嗎？我們或許會因爲相信虛假的事物而受騙，但是我們也可能因爲不相信眞實的事物而受騙。我們可能被表象矇騙，但是我們確實也常常被自作聰明的假象欺騙，自負地以爲絕對不被欺騙。而哪一種欺騙比較危險呢？何者比較難以覺醒呢？是那些看不見的人，還是那些視而不見的人呢？去喚醒沉睡的人，或是去喚醒那些作夢以爲自己是清醒的人，何者比較困難呢？當一個人在愛中發現受到欺騙而潸然落淚，或是當他自我欺騙、愚昧地自負於不受欺騙而訕笑他人時，何者比較可悲呢？而後者就算不如盲人瞎馬那麼可怕，也是荒謬可笑的，因爲他們不值得讓人同情掉淚。

被愛（Kjerlighed）所欺騙是最可怕的事，是永恆的失落，因爲在塵世或在永恆中，都無法獲得慰藉。通常，不管是什麼樣的愛的欺騙，總還是與愛有關，而所謂的欺騙，只不過是因爲愛不如他所想的那樣，然而，自我欺騙的人卻把自己鎖在愛的門外。人們也常談到生命中的欺騙，但是自我欺騙的人卻使自己與生命隔絕，他的失落是萬劫不復的。即使有人終其一生都被生命欺騙了，在永恆裡也還有無窮無盡的慰藉，但是自我欺騙的人卻使自己無法接近永恆。當一個人因爲愛而成爲人類欺騙的犧牲者，如果在永恆中發現愛仍長存，而欺騙已經煙消雲散，那麼他還有什麼損失嗎？但是那些聰明反被聰明誤的人，唉，即使他一輩子都覺得非常快樂，當他在永恆中發現自己在騙自己時，已經失去一切了！在塵世裡，一個人或許可以不需要有愛；他或許不曾覺察到自我欺騙，甚至在幻象中沾沾自喜（多麼可悲啊）——但是在永恆中他不能沒有愛，而他也將發現他已經被沒收了一切。生命是何等的沉重可怕，它對人的懲罰居然是任憑那些頑固的人一意孤行，自滿於受到欺騙，直到最後，他才發現他一直都在欺騙自己！是的，永恆不會讓人們嘲諷它；全能的祂，雖然爲而不恃，卻會嘲弄那些自以爲是的人。唯有愛才能聯繫永恆和塵世，因此祂先於萬物，也是持存到最後的。但是正因爲愛是永恆的臍帶，正因爲塵世和永恆是異質的，愛或許會成爲俗世知見的負擔，在塵世中，人們或許會覺得切斷永恆的臍帶可以減輕存在的重量。

是的，自我欺騙的人認爲他可以安慰自己，認爲他征服了一切；在他愚昧的自負當中，他不知道他的生命是多麼可悲。我們不否認他「不再感到悲傷」，但是如果悲傷是一切救贖的開端，那麼我們爲什麼不呢？自我欺騙的人甚至以爲他們可以安慰其他受騙的人，但是一個失去永恆的人又如何能夠治療一個罹患致死之病的人呢？自我欺騙的人認爲他們是在同情那些不幸受騙的人，這是多麼的自我矛盾啊！但是如果你仔細注意他們安慰的話語或療傷的智慧，你會在愛的果實中認識到愛：在辛辣的嘲弄中、在尖刻的知見中、在懷疑的態度中、在無情的冰冷中，也就是說，從果實中你可以發現裡面根本就沒有愛。

從果實可以認出樹來。「荊棘上豈能摘葡萄呢？蒺藜裡豈能摘無花果呢？」（《馬太福音》7:16）如果你眞的要摘，你不只會徒勞無功，荊棘也會明白告訴你這一點。每一株樹都可以從自己的果實認出它來。或許會有兩顆很相似的果子：一顆甜美營養，而另一顆酸澀有毒。有時候，有毒的果實可能是甜美的，而健康的果實卻是苦澀的。同樣地，愛也可以從她的果實認出她來。如果有人搞錯了，那是因爲他不認得果實，或是沒有分辨清楚。比方說，人們會把自戀當作是愛（Kjerghed），也會大聲抱怨說沒有了愛人就活不下去，卻不願意傾聽愛的責任和要求，要他放棄自己和那愛慾（Elskov）的自戀。人們也會把愛誤以爲是軟弱的順從、心碎的哀鳴、無可救藥的執纏、怪誕的奇想，或是自私的交歡、諂媚的賄賂，或是瞬息消逝的感覺、短暫不定的關係。是的，世上有一朵花，叫做永恆之花，也有種花叫做不凋花，但是它們和其他的花一樣，也有花開花落的時候——多麼奇怪的名字啊！然而在開花的時候，確是使人有此錯覺，以爲它永不凋謝。但是，從果實可以認出樹來，而基督徒所說的愛也可以從果實認出來——就在它自身的永恆眞理當中。所有其他的花，如人們常說的，無論是曇花一現，或者是傲立冰霜，總是要凋謝的。這是花的無常和悲傷：不管是只綻放一個小時，或是七十年，仍然會有花果凋零的時候，但是基督的愛卻是永恆的。所以如果人們知道自己在說什麼的話，他不會說基督的愛像花一樣的綻放。如果詩人了解自己的話，他不會這樣讚頌基督的愛。詩人所吟誦的，總是傷懷自己生命爲何如此短暫的謎題。但是基督的愛卻是亙古不移，也就是因爲這樣，它才眞實存在。是的，花開總有花落時，但是那眞實存在的，不會是詩人吟詠的對象——你只能去信仰它、體會它。

但是當我們說「從愛的果實認出愛」的時候，我們也是說，在某個意義下，愛是隱覆的，必須從果實的顯現去辨認它。的確是如此。所有的生命，包括愛的生命，都一樣是潛藏的，而在某些地方開顯自己。植物的生命是潛藏的；果實就是它的開顯。思想的生命是潛在的；語言即是思想的表現。因此，神的話語訴說著兩種思想，雖然它們其實是在說同一個眞理；外顯的意義包含著隱覆的意義。

那麼我們就同時從外顯和隱覆的意義來討論：

愛的潛在生命，以及它如何從果實認出來。

愛從哪裡來，愛的源泉和滋養在哪裡，愛在汩流出來之前潛藏在哪裡？是的，那個地方一定是很隱密的。人的內心深處有個地方；從那裡，愛的生命如泉水般湧現，從那裡，因爲「生命是從心靈流出的。」（《箴言》4:23）但是你看不到那個地方；不管你挖得多深，那源頭還是道阻且長，隱覆難覓。即使你深入內心盡頭，總還是搆不著它，像是泉水的源頭一樣，當你覺得非常靠近的時候，卻總是離得很遠。從那個地方，愛沿著許多渠道流出，但是你無法溯洄從之。正如上帝「住在人不能靠近的光裡」（《提摩太前書》6:16），從這個光裡發射出所有照亮世界的光線，但是我們無法循著這些光線看到上帝，因爲當我們面向光亮時，光的路徑就變成黑暗的了——愛也是這樣寓居在潛藏的內心裡。就好像湧泉的潺潺水聲吸引人們順流而下，卻沒有要他們窮究根源、發現它的祕密；就好像陽光幫助人們發現世界的繽紛萬象，卻會警告那無知自負的夸父，休想要追逐陽光的源頭；就好像信仰會招喚人們，和他們在生命的道路上攜手偕行，卻會使那些回頭想捕捉信仰起源的人們變成鹽柱（《創世記》19:26）。同樣地，愛也希望它的祕密和它潛藏於內心裡的生命永遠都是個祕密，不希望人們窮究其本源，因爲好奇心而喪失了愛的喜悅和幸福。當醫師被迫必須開腸破肚，深入身體內部時，這樣的病是最痛苦的；而當人們捨棄愛在開顯時的愉悅，而執意要探究它、驚擾它的時候，這樣的病也是最痛苦的。

愛的潛在生命是在內心深處，窅然難測，而它和所有生命的聯繫卻也一樣深邃無盡。就好像寧靜的湖泊發源自人們看不見的地下水，人們的愛一樣也源於上帝深不可測的愛裡。如果沒有涓流不息的湧泉，如果上帝不是愛，那麼就沒有那些湖泊，也不會有人類的愛了。就好像靜謐的湖泊發源自闃寂的伏流一樣，人類的愛也源於上帝奧祕的愛。就好像靜謐的湖泊讓人陷入沉思，而湖面映現的深邃黑暗卻又使人無法透視它，上帝奧祕的愛也讓人看不到它的根基。如果你認爲你看到它了，那是因爲你被映現的形象所矇騙了，以爲那層黑暗的湖面就是湖底了。就好像地下密室的頂板被僞裝成底層的樣子，讓人無法發現那密室，那覆蓋著根基的表面，也會讓人誤以為已經到達最深層了。

同樣地，愛的生命是潛藏著的，但是它的潛在生命本身卻是個動能，而在那裡面擁有著永恆。就好像表面風平浪靜的湖泊，其實是暗潮洶湧，因為在底下有汩汩流動的泉源；愛也是如此，儘管看起來很平靜，其實是不停在流動的。然而，如果泉水不再湧入，湖泊就會乾涸；而愛的生命卻有著永恆的泉源。生命是生趣盎然且長存的。即使是嚴冬，也不能把生命冰凍起來——生命本身暖烘烘的，不畏酷寒；即使是溽暑，也不能使生命虛脫——生命本身清涼如許，不畏燠熱。但是生命是潛藏著的，而當《福音書》說這生命可以從果實認出來，這不是說我們應該去驚擾那個幽祕的地方，或是去窮本溯源，這只會「使上帝的聖靈憂傷」（《以弗所書》4:30），阻礙了成長。

這個愛的潛在生命可以從果實認出來，而這是因為我們渴望愛。那最悲傷的事實卻蘊含著最豐盈的眞理，這是多麼美麗啊！渴望、面臨匱乏、成為貧困的人，這是多麼令人厭惡的描述啊！但是我們會讚揚詩人說他「渴望寫作」；說演說家「渴望演講」；說豆蔻年華的女子「渴望去愛」。窮人的生命多麼豐盛！而那些始終擁有愛的人們，和這位窮人比起來，卻從來沒有渴求過任何事物！少女們最珍貴的祕密，就是對愛人的渴望；而虔誠的人們最豐富的寶藏，就是對上帝的渴望。你去問問那些少女，如果她們沒有了愛人也可以過得很好，她們會覺得快樂嗎？你去問問那些信仰上帝的人，他們是否願意接受沒有上帝也可以過得很好的生活？正如愛可以從果實認出來一樣，如果關係對了，就會迸發出來，這就意味著無盡的寶藏。如果說在愛裡面有什麼矛盾，那一定是因爲愛堅持隱藏著不被認出來而產生的苦惱。這就好像花朵感受到生命的多采多姿和幸福，卻不願意綻放，彷彿這幸福是個詛咒一般，無端的就枯萎了，唉！不是這樣的。即使是有限而個別的愛的表現，即使是株幼苗，因爲愛而退縮到悲傷的簾幕後，愛的生命也會尋找其他表現的方式，讓人們從它的果實認出它來。啊！你們這些不快樂的愛慾的沉默犧牲者，你們因爲愛而必須把愛隱藏起來，使得你們的愛始終是個祕密；儘管你所犧牲的愛有多麼強烈，人們還是無法知道——你的愛卻會從它的果實被認出來！而這些果實，因爲潛藏的哀傷的沉默火燄而成熟的果實，或許才是最珍貴的。

「凡樹木看果子，就可以認出他來。」當然，也可以從葉子去辨認他們。但是果實還是最本質的記號。如果你們根據各種形狀的葉子說他們是什麼樣的樹，但是到了結果實的季節，卻發現他們不結果，你就會知道從葉子是看不出來樹木會是什麼樣子的。愛也是如此。使徒約翰說（《約翰一書》3:18）：「孩子們，我們的愛不應該只是口頭上的愛，必須是眞實的愛，用行爲證明出來！」言語和陳腔濫調的愛，正是樹木的葉子；言語或許是愛的記號，然而那是不確定的。從某個人口中說出，可能是那麼眞實感人，而另一個人說起來，卻可能像是蕭颯樹葉那樣捉摸不定。同樣的話語聽起來可能是「幸福的麥粒」，也可能是美麗而不結果實的葉子。但是你不應該因爲這樣就把話語都收起來，也不應該吝於表達你的感情，如果這些感情都是眞實的，因爲這樣你可能會失去那些愛你的人。你的朋友、愛人、孩子，或是任何愛的對象，都需要你對他們表達你的愛，如果那是眞正感動你的。這些情感不只是你的，它們也屬於其他人；你有義務要傳達給他們，因爲在這些情感中，你是屬於那些感動你的人們的，而從這些情感裡，你也明白你是屬於他們的。當你心中充滿感動時，你不應該緊閉著嘴唇，而猜忌地、倨傲地欺騙他人，侮辱他人。你應該讓你的嘴唇說出充滿內心的感覺（《馬太福音》12:34）；你不應該羞於表達你的感覺，而應該誠實給予他人屬於他們的東西。但是我們不能只是用話語或陳腔濫調去愛人，也不應該從惡些言語去辨認愛。相反地，我們應該從那些果實去認識愛，知道徒有葉子，愛是不會成熟的。息辣（Sirach）警告我們說（《德訓篇》6:3）：「如果你吃光所有葉子，你就會失去你的果實，而你就會像枯萎的樹木一樣佇立。」如果言語是愛的唯一來源，那麼人們就會在成熟之前就把葉子扯掉，因而得不到果實，甚至有些騙子便是以巧言令色著稱。對於不成熟的或欺騙的愛而言，這些言語就是它唯一的果實。

有人說，某些植物會感動心靈。人類的愛也是如此：如果他的愛眞的會結果實，而且也可以從果實認出它來，那麼這個愛必須先感動心靈。沒有錯，所有的愛都是從心靈出發的，但是我們不要太快就略過它，而忘記了永恆的眞理：愛會感動心靈。每個人都經驗過擺盪的心靈中瞬息消逝的感覺，但是這和在永恆意義下的感動心靈是迥然不同的。永恆者不會要人們的愛非得是永恆的或是感動心靈不可。然而這卻是愛的果實的基本條件。換言之，正如愛是看不見的，而我們又必須相信它，愛也是無條件的，從任何個別的表現都可以認識到它的。

沒有任何人類的語言，甚至是最神聖的語言，可以說：如果有人說了這樣的話，就可以無條件地證明他心中有愛。相反地，當他說了這樣的話，我們可以相信他心中是有愛的，而當他說了相反的話，我們還是可以相信他的愛。而同樣的話在不同的人口中，可能使我們認爲他並沒有愛。

即使是最高尚的作工，也不能說：如果有人這樣做，就可以無條件地證明他有愛。那要看人們「如何」做。我們知道有種作工叫做愛的作工。但是即使是慈善捐助、探望失去丈夫的婦人、或是爲沒有衣服的人披上衣服，並不能眞正證明你的愛，因爲你可能以冷酷或自戀的方式，去從事「愛的作工」，如果是這樣，那麼它就不能叫做愛的作工。你當然常常會看到人間悲慘的處境，而生起惻隱之心，每個誠實的人都不會否認這點，因爲他們不會那麼鐵石心腸，而在幫助別人時，也會忘記他的動機是什麼。唉！馬丁・路德甚至說，在他一生當中，不曾有過心無旁騖的禱告。同樣地，每個誠實的人都會承認，即使他們多麼願意去幫助別人，但是他們總會夾雜著別的念頭，或許是偶然的印象，或許是任性的偏愛，或許是要贖罪，或許別過頭去，或許不讓左手知道（《馬太福音》6:3）、但是毫不體恤他人，或許只是關心自己、而不關心窮人，或許只是藉著施捨而減輕自己的痛苦、而不是眞心要減輕窮人的痛苦——如果是這樣，那麼這就不能眞正叫做愛的作工。

因此，如何說這句話，以及如何做，在「從果實認出愛」上特別重要。但是，我必須重述，並沒有任何定則，可以絕對的證明愛的臨在或是愛的闕如。

儘管如此，我們還是可以確定，從果實可以認出愛來。但是聖經的話並不是要我們互相評判；相反地，它是對於「個人」的忠告，對你、我的聽眾們、對我，鼓勵每個人不要讓他的愛結不出果子來，而要投入作工，讓愛可以從果實認出來，無論別人是否看得見。當然他能做的只是讓愛「可以」從果實認出來，而不能讓愛「必定」從果實認出來。因爲在作工當中，「愛的結果實」比「愛的被人認識」要重要得多。我們或許會給予某人忠告，讓他不致受騙；但是更重要的是福音對個人的召喚，要他謹記，愛是從果實中認識到的，而福音中樹的譬喻對象，正是他以及他的愛。福音書不會像老生常談那樣說：「你或我要從果實去辨認樹木。」而是說：「凡樹木看果子，就可以認出他來。」對這句話的詮釋會是，正在讀這福音的你，就是這株樹。福音不會像先知拿單（Nathan）那樣，在說完譬喻後，還要說：「你就是那人。」（《撒母耳記下》12:7）因爲福音裡已經包含這句話了。神聖的福音並不是對著一個人說另一個人的事，並不是對著你談論我，或是對著我談論你，不，當福音在說話，它是對著個人在說話。它不是談論我們人類，我和你，而是對著我們人類說話，對著我和你，而它所談論的是愛要從它的果實去辨認。

如果有些不切實際的、狂熱的、或偽善的人，想要告訴你，愛是如何隱密的感覺，它是如何的高貴，以致於無法結果子，或者說從果實無法辨識那隱密的感覺（的確，有毒的果子常常是無法分辨的），那麼，我們就要提醒他福音裡的話：「凡樹木看果子，就可以認出他來。」我們不是要抨擊他，而是要保護我們自己，相信福音的話在這裡一樣是眞理，因爲「所以凡聽見我這話就去行的，好比一個聰明人，把房子蓋在磐石上。」（《馬太福音》7:24）當雨水摧毀既高傲又脆弱的愛，當狂風吹打僞善的網，那時候就可以從果實辨認出眞正的愛。是的，愛可以從果實認出來，但是這不意味著你可以成爲鑑識專家。從果實可以分辨樹木，但是並不意味著這株樹木有權去評判其他的樹，相反地，結果實的總是個別的樹。我們不必懼怕那殺身體的人（《馬太福音》10:28）或僞善的人。我們唯一要懼怕的，只有上帝；我們唯一要擔心的，只有自己。僞善者不能欺騙那些對上帝心存畏懼且擔心自己的人。但是對僞善者窮追不捨的人，得要小心自己會不會也是僞善者，而他的發現也結不出什麼果實來的。但是，不忮不求、心中的愛眞正結了果實的人，可以讓靠近他的僞善者無所遁形，而這個心中充滿愛的人卻可能一點也不知道。對於僞善者最平庸的防衛，就是所謂的處世智慧；但是這不但算不上是什麼智慧，甚至是在與虎謀皮。對於僞善者最好的防衛，就是愛；它不只是防衛，簡直是深溝高壘；愛自始至終就和僞善沒有半點關係。這也是用來分辨愛的果實之一——它保護心中有愛的人們不致落入僞善者的圈套。

但是即使我們眞的可以從果實認出愛，我們卻不應該急躁地、懷疑地、自以爲是地不斷要求看到人間的愛的果實。我想要說的是，我們應該相信愛——否則我們根本就無法發現它的存在；現在，我要回到原點，再次地說：請相信愛！如果我們想要認識愛，這是最初和最終的一句話；但是之前我們說這句話時，是要反駁那些厚顏無恥地否認愛的人；現在，我們知道了可以從果實看出愛來，我還是要說這句話，是要反駁那些病態的、焦慮的、吝嗇的、目光如豆的人，他們在看到果實時，還是抱持著可憐的懷疑態度。不要忘記，當你面對那些沒有像你的愛那樣結實纍纍的愛時，而你的愛卻能夠使他們看來更美麗，那麼你心中的愛就可以從它美麗的、高貴的、聖潔的果實中被人看到。如果說懷疑會使果實看起來小得多，那麼愛就可以使他們看起來大得多。

不要忘記，當你爲愛的果實歡欣鼓舞時，當你從這果實知道愛也存在他人心中時，如果你能夠相信愛，那麼你就會更幸福。這是關於愛的深處的另一種解釋——當你知道要從果實去辨認愛時，你必須到原點：相信愛——這樣一來，你也就攀上的愛的最高點。愛的生命確實是從果實去辨識的，但是生命本身不只是單一的果實，也不只是所有果實的彙集。因此，最終的、最幸福的、令人絕對信服的愛的標記，就是愛的本身，那個在他人的愛中被發現的愛。只有活在愛裡的人才能認識愛，而他的愛也是如此被認識的。

第二章 A

你應該去愛

第二條誡命也一樣重要：你要愛鄰人，像愛你自己一樣。

——《馬太福音》22:39

每個論述通常會預設一個起點。因此在探討這些談話時，我們也會找尋他們的預設，好開始討論。我們引述的經文，也包含著預設，它雖然出現在後面，卻是眞正的開端。當福音說「你要愛鄰人，像愛自己一樣」時，這預設著每個人都愛自己。某些唱高調的思想家會說他們的理論是沒有預設的，不然就是高不可攀的預設，而基督教絕對不會從沒有預設的地方開始。我們敢說那不是基督教的預設嗎？但是，人們也很可能誤會基督教的教義，以爲那就像是處世哲學所說的：「每個人總是最愛自己。」人們可能會誤以爲基督教主張「自戀」是約定俗成的權利。事實上正好相反，基督教正是要人們擺脫自戀的枷鎖。

換言之，這句話是蘊含在「愛自己」裡；但是如果人們愛鄰人像愛他自己一樣，那麼這條誡命就像鐵撬般地扭開自戀的鎖，迫使人們承認它。如果這條誡命不曾說「像愛你自己一樣」（聽起來很容易，卻是亙古不變的眞理），那麼這誡命就無法和自戀相抗衡。「像愛你自己一樣」對於自己的目標並不會猶豫不決，因而，在永恆不變的光照下，這誡命穿透人類內心深處的自戀；它不給自戀任何藉口，不讓自戀有逃遁的機會。多麼神奇啊！或許我們可以長篇大論地解釋爲什麼我們要愛我們的鄰人，而自戀還是可以找到逃避的藉口，因爲論述不夠周延，沒有考慮到所有情況，因爲總是漏掉某些人，總是忘記說到某些事。但是這個「像愛你自己一樣」，沒有任何摔角選手可以像這誡命懲窒自戀那樣地壓制對手，那樣令它動彈不得。是的，當自戀必須和這句話對抗時（因爲這句話不用腦子想就明白），它就會知道它的對手要強得多了。就好像雅各和上帝摔角後跛著腳走路一樣（《創世記》32:31），自戀和這句話搏鬥的結果，一定也會脫臼，因爲後者不是要教人不要愛自己，而是要告訴人們正當的自戀是什麼。多麼神奇啊！當自戀猶在作困獸之鬥時，基督教卻早已決定一拳擊倒。整場角力只在瞬間就塵埃落定；所有事情都有了決定，就好像復活的永恆決定，「在一刹那間，一眨眼間」（《哥林多前書》15:52）。基督教預設人們愛他們自己，而在這前提上要人們愛鄰人，「像愛你自己一樣」。而在這兩句話之間，卻蘊藏著永恆的蛻變。

然而，難道這就是最高的預設了嗎？有沒有可能愛一個人「勝過愛自己」呢？是的，這世界經常聽到這樣詩意的眞情流露。或許是基督教無法如此深思高舉（或許是因爲基督教的對象只是單純的民眾），而只能很可憐地要求愛人如己，正如它的對象只是很沒有情調的「鄰人」，而不是偉大的愛爲之歌頌的對象，戀人、朋友（有哪個詩人會吟誦對於鄰人的愛呢）——是這樣嗎？和誡命的愛相較之下，或許我們會對歌頌的愛讓步，言不由衷地讚美基督教的冷靜和對生命的理解，因爲它更堅定地接近大眾，就像有人說「我要的愛不多，但是要長久」一樣嗎？絕對不是這樣的。基督教當然比詩人清楚愛是什麼，知道愛的意義是什麼。同樣地，基督教也知道詩人忘記了什麼，他們所歌頌的愛其實只是自戀，正因爲這樣，它才會那麼令人心醉神迷——愛一個人勝過愛自己。愛慾還不是永恆的愛；愛慾是面對無限時的美麗暈眩，它充其量只是謎一樣的腦充血。人們甚至會說「愛一個人勝過愛上帝」這樣愚癡的話。這樣的腦充血讓詩人忘乎所以；它就像是天籟一樣，鼓舞詩人引吭高歌。唉！但是基督教告訴我們，這是褻瀆。

友誼和愛慾一樣，因爲它也是以偏私的愛爲基礎：愛一個人勝過其他人，或是只愛那個人，而不愛其他人。因此愛慾和友誼的對象的名字，就是「戀人」、「朋友」，他們和整個世界相對峙。相反地，基督教的教義，是要你去愛鄰人、愛所有人類、所有民族、甚至是敵人，沒有例外，既沒有偏愛、也沒有厭惡。

只有上帝，才能夠讓人以永恆的愛，愛祂勝過愛自己。因此福音不會說：「你要愛上帝如己，」而是說：「你要盡心、盡性、盡意，愛主，你的上帝」（《馬太福音》22:37）。人們要無條件服從地愛上帝，崇敬地愛上帝。如果人們也用這種方式去愛他自己或他人，或是讓他人以這種方式去愛他，那麼他們就是在褻瀆上帝。如果你的情人或朋友要求你做一些會傷害他們自己的事，這時候，基於對他們最誠實的愛，你不應該照他們的話去做。但是你對上帝的愛是無條件的服從，即使祂對你的要求看起來可能會傷害你；因爲上帝的智慧是你望塵莫及的，而上帝的旨意也不必對你的處世智慧負責。你唯一能做的，就是懷著對上帝的愛，服從上帝。但是對於人類，你最多只能愛他像愛你自己一樣。如果你發現什麼對他比較好，那麼你就沒有藉口照他的話去傷害他自己。如果不是這樣，那麼你眞的可以說是愛他勝過自己了，因爲你拋卻了自己的認知，服從他、崇拜他。但是顯然你沒有權利這麼做；如果你這麼做，你會有責任，而如果有人要這樣剝削你和他的關係，那麼他也有責任。

所以福音說「像愛你自己一樣」。如果狡猾的騙子夠聰明，他會試著把誡命弄得冗長囉嗦（這樣那些騙子就可以輕易征服人們），不斷地挑釁質疑「至尊的律法」（《雅各書》2:8）說：「我如何愛我的鄰人呢？」然後這誡命就不得不重複地說「像愛你自己一樣」。如果這個騙子終其一生都在用這樣的陳腔濫調欺騙自己，那麼永恆就只會對他說「像愛你自己一樣」這句話。當然沒有人可以規避這個誡命；如果「像愛你自己一樣」眞的勝過自戀，那麼這誡命就顯得太倨傲了，而「鄰人」就變成和自戀一樣危險的約定。自戀察覺到它無法脫逃這誡命。唯一的藉口，或許是那爲自我辯解的法利賽人的說詞吧（《路加福音》10:29）：質疑誰是我的鄰人，藉此把這些人從自己的生命中剔除。

那麼，誰是我的鄰人呢？這個字顯然是從「最鄰近的」衍生出來的；這意味著「鄰人」是最接近你的人，然而這卻不是偏私的愛，因爲偏私的愛是某種自戀，「就連稅吏也會這樣做的」（《馬太福音》5:46）。所以說鄰人是最接近你的人。但是他會比你自己還要接近你嗎？當然沒有，但是他的確和你夠接近了。「鄰人」的概念事實上是「自我」的概念的重複；「鄰人」是思想家所謂的「他者」，對於自戀的「自我」是很嚴厲的試煉。從思想上看，他者甚至沒有存在的必要。如果有人住在荒島上，如果他要遵守這個誡命，只須放棄自戀就可以說是愛他的鄰人。「鄰人」其實是個多數名詞，意指著「所有人」，不過在另一個意義下，只要一個人就可以算是你的鄰人了。而就自我的意義而言，在意識上只能是單一的個體，不會有兩個人，自戀的對象就是自己。也不需要有三個人，因為如果還有另一個人，你愛他像愛你的鄰人一樣，那麼你就是愛所有人了。但是自戀最受不了自我的重複，而「像愛你自己一樣」正是某種自我的重複。執纏於愛慾的戀人，由於這樣濃烈的情愫，完全無法接受自我的重複，因爲如果所愛的人需要的話，他隨時必須放棄這愛慾。所以說，戀人們並沒有像愛自己一樣地愛其所愛，因爲他是提出要求的人，然而這個「像愛你自己一樣」顯然包含著對於他的要求——唉！還是有許多戀人認爲他愛別人甚於愛自己。

這樣說來，「鄰人」和自戀非常接近。如果世上只有兩個人，那麼另一個人就是鄰人；如果有千千萬萬個人，那麼每個人也都是鄰人，而他們又比朋友或愛人更接近你，因爲他們作爲偏愛的對象，或多或少都和自戀有關。我們通常是在覺察到和某人的特別關係，或是可以向他要求某些事情的時候，才會知道鄰人的存在。如果有人存著這個想法，而問道：「誰是我的鄰人？」那麼基督對法利賽人的回答也只能是反問他：為什麼他會這樣問。基督舉了個仁慈的撒馬利亞人的比喻，問法利賽人（《路加福音》10:36）說：「依你的看法，這三個當中，哪一個是遭遇到強盜那人的鄰人呢？」法利賽人正確地回答說：「以仁慈待他的那個鄰人。」這無異承認我們很清楚鄰人的責任是什麼。法利賽人的回答就包含在基督的問話裡，是基督的問題迫使他不得不如此回答的。我對他有責任的人，是我的鄰人，而當我履行我的責任時，也顯示了我是他的鄰人。基督並沒有談如何知道誰是我的鄰人，而是告訴我們如何成爲鄰人，如何顯示我們是他人的鄰人，就像仁慈的撒馬利亞人一樣。他不是告訴我們「那遭遇到強盜的人是他的鄰人」，而是說「他是那遭遇到強盜的人的鄰人」。在嚴格的意義下，利未人和祭司都是他的鄰人，但是他們都寧可忘記這件事。而相反地，那經常遭到誤解的撒馬利亞人，卻正確地了解到他是那受傷者的鄰人。沒錯，選擇愛人或朋友是很複雜的事，但是你卻很容易就可以認出誰是你的鄰人，只要你願意承認自己的責任。

誡命說：「你要愛鄰人，像愛你自己一樣。」但是你也可以正確地反過來解釋：「你應該以正當的方式去愛你自己。」所以說，如果人們不願意從基督教那裡學習如何正當地愛自己，那麼他也不能夠愛他的鄰人。他或許可以和別人相處融洽，可以爲他們「兩脅插刀」，但是這還是不能叫做「愛鄰人」。「以正當的方式愛你自己」和「愛你的鄰人」是互爲表裡的；基本上這是同一件事。當「像愛你自己一樣」這個誡命迫使你認識你的自戀時（雖然這聽來很令人沮喪，基督教還是得預設它存在於每個人心裡），事實上你正是在學習如何愛自己。因此這誡命其實是：你應該愛你自己，就像你愛你的鄰人一樣，當你愛他像愛你自己一樣時。稍懂人情世故的人都會承認，就像他們要說服他人放棄自戀一樣，他們也得費盡唇舌，才能讓人們愛自己。熙來攘往的人們汲汲營營於沒有意義的事，這難道不是因爲他們不懂得如何正當地愛自己嗎？輕浮淺薄的人們飽食終日，無所用心，這難道不是因爲他們不懂得如何正當地愛自己嗎？絕望的人們選擇結束生命，這難道不是因爲他們不願意認眞嚴肅地學習如何愛自己嗎？當某人因爲遭到世界或朋友的欺騙而自暴自棄，除了不懂得如何正當地愛自己，他還有什麼過錯？如果有人以虐待自己的方式去侍奉上帝，那麼除了不懂得如何正當地愛自己，他還能有什麼罪嗎？唉！那些自以爲是地傷害自己的人們，除了不懂得正當地愛自己，還能有什麼罪嗎？

人們常常說，這世界充滿了背叛和欺騙，眞是可悲啊，但是請不要因此就忘記了，最危險的叛徒就在我們每個人心裡。這些背叛的行爲，無論是自私的自戀，或是不願意正當地愛自己，已經是公開的祕密了，人們也已習以爲常了。但是正是因爲這樣，基督教的教義才要不厭其煩地告訴我們，我們愛鄰人，像愛我們自己一樣，也就是說，我們應該愛自己。

因此，在這誡命裡，對鄰人的愛和「像愛你自己一樣」被放在一起。這就是我們所要討論的主題：「愛你的鄰人」的誡命和「愛你自己」的誡命，之所以是同義的，不僅僅是因爲「像愛你自己一樣」，而且是因爲「你應該」。

所以，我們要談到：

你應該去愛。

因爲這正是基督教的愛的眞義和特徵——而這裡面也有個明顯的矛盾：愛是個責任。

你「應該」去愛，這是「至尊的律法」的話語。是的，我的聽眾，如果你們可以想像在這句話之前的世界是什麼樣子，如果你想了解自己，或是關心其他基督徒（儘管他們自稱是基督徒，行爲卻像是異教徒），那麼在這個誡命之下，你會謙虛地告解，相信這是「從來沒有人想到的」（《哥林多前書》2:9）奧祕。在這十八個基督教的世紀以來，甚至是以前的猶太教，便已流傳著這個誡命，而我們也都接受過這屬靈的教導，都視爲理所當然的事，也就忘記了我們每天的麵包都是恩賜；基督教受到那些追逐新鮮事物的人的玷污，就像那些不知道饑餓的感覺是什麼的人們玷污食物一樣；基督教也被預設爲已知的、既存的、被蘊含的——以便繼續發展下去——這個愛的誡命被認爲是當然的事，但是，但是，卻很少有哪個基督徒，曾經誠實且感恩地想像，如果基督教不曾臨到這世界，他會是什麼樣子！要說出「你應該去愛」這句石破天驚的話，需要多少勇氣，或者更正確地說，要讓那物欲橫流的人們改變他們的想法，需要多大的神性權威！在言語道斷、山窮水複的時候，湧現出神的啓示，宣示這個既不深奧難解、又和人們有切身關係的、卻「從來沒有人想到的」眞理。當這眞理被表達出來的時候，並沒有那麼難以理解；的確，理解只是爲了要實踐它，但是「從來沒有人想到」。如果有個異教徒，他不曾因爲有口無心地背誦基督教義或是妄稱是基督徒而被寵壞了，「你應該去愛」這誡命將使他感到震懾且困惑，甚至覺得受到侵犯。正因爲如此，那基督教的象徵，「舊的已成過去，都成了新的」（《哥林多後書》5:17），又印證了愛的誡命。這誡命不是偶然意義下的陌生，也不是奇怪的意思，更不是時間意義下的初次出現。在異教徒那裡也有愛，但是這愛的責任卻是永恆的蛻變，「舊的已成過去，都成了新的。」感覺、驅力、偏好、激情的遊戲，這些本能衝動的遊戲，詩歌在歡笑、淚水、欲望、渴求裡的詠嘆光輝，和那永恆的誠摯，在靈性、眞理、誠實和忘我裡的誡命的誠摯，這兩者有著淵壤之別。

但是，忘恩負義的人啊，他們是那麼的健忘！只因爲大家都聽到了這最高的眞理，人們就置若罔顧，沒有人珍惜它寶貴的本質，因爲大家都擁有它了，就覺得那沒有什麼。如果有個家庭因爲某個事件而獲得至寶，那麼每一代的父母都會告訴他們的孩子這段珍貴的故事。但是難道因爲這麼多世紀以來，基督教成爲全人類的財產，就沒有人願意再提起基督教世界曾經發生過的永恆的蛻變嗎？每個世代不是都有責任去認識這個蛻變嗎？經過十八個世紀，這改變難道就沒有那麼重要了嗎？難道經過世世代代信仰上帝的人，「上帝存在」就不再那麼重要了嗎？如果我相信這句話，難道它就會變得不那麼重要嗎？對於十八世紀以後的我們而言，它會因爲基督教存在了十八世紀而變得不那麼重要嗎？如果他不久前才成爲基督徒，那麼他當然記得成爲基督徒之前的他，也一定知道在他身上有什麼改變，如果「成爲基督徒」確實改變了他。那麼，我們就不需要細說異教徒的歷史世界，彷彿異教徒已經沒落了十八個世紀，因爲你和我，我的讀者，不久之前都還是異教徒，如果我們已經成爲基督徒的話。

而這是最可悲的、最褻瀆的欺騙，我們因爲忘恩負義而失去了最高的眞理，我們以爲自己擁有它，其實卻一無所有。如果我不覺得自己擁有它，也不知道擁有的是什麼，我怎能說我擁有呢？就像聖經所說的，「置買的，要像無有所得，」（《哥林多前書》7:30）最高的眞理是否也如此：擁有它，要像不曾擁有？是這樣嗎，不，我們不該這樣問，而讓別人產生疑惑，彷彿眞的可以這樣擁有眞理；我們要認眞地說，這是不可能的。世間的財物是微不足道的，所以聖經告訴我們，「用世物，要像不用世物」；但是最高的眞理和渺小的俗世事物怎能相比呢？從外在的意義來說，世間的財物是身外的東西，所以我們可以使用它，好像沒有占有過它一樣。但是靈性的財富只在內在的存有者裡，只在擁有當中，因此，如果我們確實擁有它們，就不能僞裝成不曾擁有的樣子；相反地，如果我們是這樣的人，那麼我們就根本不曾擁有過它。如果有人認爲他有信仰，卻不在乎他的擁有，「不冷也不熱」（《啓示錄》3:15），那麼我敢說他不曾有過信仰。如果有人認爲他是基督徒，對此卻感到無所謂，那麼他其實根本不是基督徒。如果有人說他在戀愛，卻又說他不在乎，那麼我們會怎麼想呢？

因此，當我們談起基督教時，千萬不要忘了它的源頭，那是「從來沒有人想到的」。我們不要忘了信仰的起源，我們之所以有信仰，不是因爲別人曾信仰過，而是因爲我們和無數的人一樣受到感動，而和那最初的感動並無二致。時間在流逝，工匠的工具會磨鈍，彈簧會失去彈性，但是永恆的張力卻是永遠不變的。磅秤用得久了，很輕的東西都會秤得重些，但是永恆的重量，任誰去秤，不管他有沒有信仰，卻永遠都不變。

當耶穌說「你們要防備人」（《馬太福音》10:17）時，是否也意味著，不要被別人遮蔽了眞理，不要老是和別人比，不要被習氣和外在世界欺騙了？欺騙者的詭詐沒有那麼危險，事實上，我們都懂得提防他們；但是輕忽地、怠惰地擁有眞理，以爲領受它的是眾人，而不是單一的個體，以爲我只是分受者，這卻是最可怕的事。當然，眞理不能是戰利品，你不能自私地占有它，因爲你自私占有的，絕不是眞理。但是，即使在最深層的意義下，你和大家一起擁有這眞理（而你能和別人分享的，的確只有這眞理），你仍然是爲了自己而擁有它，無論他人是否領受它，即使他們都放棄了，你還是信仰它。

你們要這樣防備人：「你們要靈巧像蛇。」（《馬太福音》10:16）——你要爲自己固守信仰的奧祕，即使你希望隨順他人。「要馴良像鴿子」，因爲信仰正是這純眞的心。你不可以用蛇的智慧扭曲了信仰，而是要用蛇的智慧保護你心中的信仰，這樣防備人。當每個人都被告知密碼，而都把它藏在心裡，難道這密碼就算不上是祕密了嗎？密碼的祕密總有一天會洩漏，但是祕密卻是信仰的本質，是屬於每個個體的；如果他心中不守著這個祕密，那麼即使是作了告解，他還是沒有相信它。如果信仰要這樣才能保持祕密，是不是缺少了些什麼？愛慾是否也是這樣，那短暫的感覺倏忽生滅，而深邃清澈的感動總是心中的祕密，所以我們說，如果戀愛沒有讓人變得神祕，那麼他就不是眞的在戀愛。神祕地墜入情網或許是信仰的寫照，但是在信仰「裡面存著長久溫柔安靜的心」（《彼得前書》3:4），卻是生命本身。

我們像蛇一樣靈巧地防備人，好像鴿子一樣馴良，「保守信仰的祕密」，那麼我們就會如聖經所說的，「在心中有鹽」；但是如果他不防備人，那麼鹽就失了味，能用什麼叫他再鹹呢？即使戀愛的祕密會叫人沉淪，信仰仍是永恆的救贖的祕密。想一想那患了血漏的女子（《馬太福音》9:20），她不是強迫自己去摸耶穌的袍子；她沒有告訴別人她心裡想些什麼、相信什麼，她只是在心裡輕輕對自己說：「我只摸他的衣裳，就必痊癒。」她保守這祕密；這信仰的祕密不但即時地拯救了她，也永恆地拯救了她。你也可以保守這祕密，當你大膽地決定你的信仰，當你孱弱地臥在病榻而動彈不得，甚至無法張開嘴，你還是可以把這祕密保守在心裡。

但是信仰的源始和基督教的源始息息相關。我們不必大肆撻伐異教徒，基督徒的本質就在基督教自身當中。請作個試驗：暫時忘記基督教，想想你原來認識的愛是什麼；回想你在詩裡所讀到的、你自己發現到的，然後問自己是否想到過「你應該去愛」嗎？誠實一些，或至少不要矇騙自己。我願意誠實地說，在我的生命中，我感到非常訝異，即使我擁有了所有的愛，卻常常覺得失去了一切。誠實一點，當人們讀到詩人對於愛慾或友情的絢麗詠嘆時，你們是不是覺得「你應該去愛」似乎貧乏得多？

「你應該去愛。」只有當愛是個責任的時候，愛才能亙古不移，在信仰神聖的獨立不倚中永遠給人們自由，永遠讓人喜樂，不致絕望。

無論愛是如何地歡喜、幸福，無論愛是無以名之的信任、依戀或任性的愛，即使是最美麗的時分，愛還是覺得需要更安全的誓約。因此，兩個戀人才有山盟海誓，許諾兩情不渝。當我們更敬重地說，我們不說他們「在談戀愛」，我們會說他們「互許終身」。但是愛是對著什麼發誓的？我不想列舉那些愛的代言人，也就是那些詩人，他們形形色色的誓言——因爲談到愛時，聽到許諾的是詩人，撮合戀人的是詩人，監誓的也是詩人，詩人簡直就是牧師。

然而有了誓約的愛就比愛本身更崇高了嗎？當然不。這是最美麗的、動人的、謎樣的、詩意的誤會，認爲戀人自己不會發現愛，而詩人是愛人彼此的知己，因爲詩人自己也不知道愛。當愛發誓的時候，其實誓言裡的對象才是最重要的。因此愛不只是對著更崇高的東西發誓，事實上也對著更低下的東西發誓。在誤會裡的愛眞是多采多姿；正是因爲愛是這麼豐富，人們又那麼相信它，所以它常常會對著比它更低下的東西發誓而不自覺。結果呢，這原來應該是最嚴肅的事，卻常常成爲最令人迷惑的嘲弄。再者，我們謎樣的朋友，那些詩人們，原本以爲他們最懂得愛了，其實卻是一無所知。我們都知道，如果人們眞的許下誓言，那麼他必定是對著更崇高的事物發誓；這麼說，只有上帝才能夠對著自己發誓。但是詩人不知道這點；如果詩人想到自己是個人，他或許會明白，但是作爲詩人，他就永遠無法理解，因爲「詩人」就是無法理解愛。詩人能夠藉著謎一樣的話語知道所有事物，也神祕地解釋所有事物，但是他終究無法了解自己，無法明白自己就是個謎。如果他被迫認識到這點，即使他不惱羞成怒，也會哀傷地說：我寧可不曾明白眞相，它毀了我最美麗的東西，毀了我的生命，我完全無法忍受。在某些方面，詩人是對的，因爲眞實的理解正是質問生命中最重要的問題。因此，這裡有兩個謎題：一個是戀人所擁有的愛；另一個是詩人的解釋，或者說，詩人的解釋究竟是不是個謎題。

愛就這樣許了諾言，戀人在誓約裡說他們「永遠」相愛。如果沒有這句話，或許詩人就不會插手了。因此，事實上有兩種關係，前者是彼此相愛的戀人，其次是詩人，他將永遠屬於這兩個戀人。而詩人在這點上也是對的，如果兩個戀人的愛不是永遠的，那就不値得一提，更不用說歌頌了。但是詩人不知道他的誤解，以爲戀人是對著「愛」發誓彼此永遠相愛，而不是對著「永恆」發誓相愛。永恆才是更崇高的東西。如果人們眞正發誓，他們必須對著更高的東西發誓；但是如果我們對著永恆發誓，那麼我們就是對著永恆發誓說我們「應該相愛」。唉！但是戀人們的知己，詩人，他比戀人心中的愛人更寶貴，他自己就是愛的奇蹟，他像是個嬌生慣養的小孩，他無法承擔這個「應該」；當人們這麼說時，他不是顯然不耐煩，就是開始哭哭啼啼。

因此，這任性的愛，在人們的美麗想像中，在自身中擁有永恆，但是它不是自覺地奠基在永恆之上，因此是會「改變」的。即使過去不曾改變，將來還是會變的，因爲那只是運氣的問題，當我們到想到永恆的時候，總是感到哀傷，就像人們心懷恐懼地說「只有過去了的幸福，才是存在的」。這是說，只要它持續一段時間，總是要經受改變；直到它過去了，我們才能說它持續了多久。「只有到了生命終結，才能知道他是否幸福。」只要他還活著，命運隨時會改變；只有等到他死去了，命運也隨之煙消雲散，那時候才能知道他是否幸福。過去沒有遭遇過變化的單純存在者，也會有外在變化；那是隨時都會發生的，直到生命的終點，我們才能夠知道，到底有沒有改變。

沒有經過改變的事物當然也擁有存在，但是它們不是長存的；就其單純的存有而言，它們當然是存在的，但是如果它們沒有在變化中持存，它們就會和自己斷裂而無法同時存在，假如眞的是這樣，那麼它們不是快樂地忘掉這個矛盾，就是陷入哀傷當中。只有永恆才會永遠與自己同在；相反地，時間自身會分裂，現在和未來、未來和過去、過去和現在，都無法同時存在。那在變化中持存的，我們不只會說「它存在」，我們還會說「它在存在中獲得了永續性」。這是和幸運完全不同的保障和關係。當愛因爲成爲責任而經歷了永恆的蛻變，那麼它也就獲得了永續性，而它的存在也是自明的。換句話說，某物在這瞬間存在，而它在下個瞬間是否也存在，並不是自明的，但是倖存者確實存在。我們說某物「通過」考驗，也讚美它。但是我們也會說某物是不完美的，因爲存在者無法藉著這考驗顯示自己的存續，它畢竟只是倖存下來而已。無常的事物常常會藉著這考驗而營造永遠存在的假象。

沒有人會認爲純銀必須經過時間的考驗，因爲它是純銀。愛也是如此。那單純存在的愛，無論多麼喜樂、幸福、確信或詩意，還是得經過考驗。但是因爲變成責任而經歷過永恆的蛻變的愛，獲得了永續性，它就像是純銀一樣。難道它在生命中會比較不合適或沒有用嗎？難道純銀比較沒有價值嗎？當然不。但是我們無心的語言和有意的思考，只是從純銀的利用價值去評價它。沒有人想到要去試驗它，畢竟我們都已知道它是純銀的。因此，當我們使用比較無法信賴的合金時，我們就不得不謹慎一些，也語多保留；模稜兩可地說，使用也是一種試驗，因爲它總是有改變的可能。

因此，只有當愛是責任的時候，愛才能夠永恆堅固。永恆的堅固除去了所有的恐懼（《約翰一書》4:18）使愛得以完全，完全地堅固。而如果愛只是單純地存在，那麼儘管再怎麼確信，總還是會恐懼，害怕可能的改變。這樣的愛和詩人都不了解這恐懼，因爲恐懼是潛藏著的，它唯一的表現是熾烈的渴望，從這渴望才可以窺見那伏流的恐懼。不然的話，爲什麼任性的愛那麼依賴或著迷於愛的試驗呢？這僅僅是因爲那成爲責任的愛，不再需要最深層意義下的試煉。詩人會說這是甜美的焦慮，癡傻地執意要作試驗。戀人要考驗他的愛人。朋友要考驗他的朋友。這試煉當然是以愛爲基礎，但是這樣熾烈的欲望，執著要去試驗，正暴露了愛慾本身在潛意識裡是不確定的。在任性的愛和詩人的解釋裡，還有個莫名其妙的誤解。戀人和詩人認爲試煉愛的渴求正是愛的確定性表現。但是眞的是這樣嗎？當然，我們不會想要檢驗無關緊要的東西，但是這並不意味著考驗你的愛人就是確定性的表現。兩個人相愛；他們的愛直到永遠；他們如此確定彼此的愛，所以才要彼此考驗嗎？難道這是最高的確定性嗎？這和對著更低下的東西發誓相愛有什麼不同呢？戀人們的愛的持續性表現，最後發現只是一時的存在，因為他們始終要求試煉。但是如果愛是責任，那麼就不再需要考驗，也不會魯莽地要求試煉，而愛也就高過任何考驗；它已經不只是通過試驗了，就像信仰「已經得勝有餘了。」（《羅馬書》8:37）試驗總是和或然率有關；受試者總是有可能無法通過試驗。因此，如果有人想要考驗他是否有信仰，或是想要獲得信仰，他會讓自己無法獲得信仰；他會使自己陷入渴望的焦慮當中，永遠也無法獲得信仰，因為「你應該信仰」。如果信徒要求上帝考驗他的信仰，這並不能證明他的信仰到了「超乎尋常」的程度（這是詩人的誤解，正如「超乎尋常」的信仰也是個誤解，因為沒有這種程度），相反地，那只會顯示他完全沒有信仰，因為「你應該信仰」。除了這個「應該」以外，不會有其他事物擁有堅定和永恆的安詳。「考驗」的觀念，無論如何迎合眾人，畢竟是不安的想法，而這憂慮幻想有更堅定的保證，因為考驗是人類所發明的事物，永遠也沒有盡頭，就像世俗的智者無法計算所有的偶然性一樣，但是另一方面，眞誠的人會說：「信仰已計算了所有的偶然性。」當某人「應該」做什麼，那麼那件事就已經確定了；當你了解到你應該去愛，你的愛就會永遠堅固。

藉著這個「應該」，愛永遠免於任何改變。單純存在的愛可能會變；它在自身當中可能會變，也可能從自己開始改變。

任性的愛在自身中可能會改變；它可能變成相反的東西，澈底毀滅性的愛。「澈底毀滅」的愛是憤怒的，它是恨的火燄；直到愛燃燒殆盡，恨才會隨之灰飛煙滅。聖經說：「頌讚和咒詛從一個口裡出來。」（《雅各書》3:10）我們也可以說，愛和恨都是一樣的愛。但是正因爲它們都是愛，所以它不是永恆意義下的眞愛，這永恆的愛是長存的、不移的、同源的，而任性的愛儘管同出一源，卻是會變易的。眞實的愛變成了責任，因而經歷了永恆的蛻變，它是絕對不會變易的；它是單純的；愛永遠不會有恨，永遠不會恨所愛的人。任性的愛似乎比較強，因爲它既可以愛，也可以恨。當人們說「如果你不愛我，我會恨你」的時候，似乎有著完全不同的力量，但是這只是幻覺而已。變動不居者的力量會強過不變者嗎？而說「如果你不愛我，我會恨你」的人，會強過「即使你恨我，我還是會愛你」的人嗎？誠然，當愛變成了恨，是很可怕的，但是究竟是誰在覺得可怕呢？難道不是那個由愛轉成恨的人自己嗎？

任性的愛在自身裡也會變易；因爲恣意的燃燒自己，它可能變成妒嫉的狂熱；它從最幸福的天堂掉到痛苦的深淵。任性的愛的灼熱是很危險的，無論它的欲望多麼強烈，這種熱惱都會使它生病。任性就像發酵作用一樣，因爲它還沒有經歷過蛻變，驅走因爲發酵產生的熱毒。如果愛自陷於這毒素中，那麼妒嫉的狂熱也會跟著侵襲它。這意味著對病態的狂熱，或是因狂熱而罹病。妒嫉的人並不會恨他的愛人，但是他會因爲要求愛的回報而折磨自己，而這相互的愛，原本應該可以滌清他的愛。妒嫉的人幾乎是苦苦哀求地擷取來自愛人的愛的光華，但是透過妒嫉的透鏡，他把這些光線都聚焦到他自己的愛上，慢慢地灼傷自己。但是因爲變成責任的愛經歷了永恆的蛻變，永遠不會妒嫉；他的愛不要求回報，而只是去愛。妒嫉的愛要求被愛。當他因爲要求愛的回報而感到焦慮和悲傷時，他懷疑自己的愛面對他人的冷漠時是否值得，也懷疑別人的愛的表現。當他爲了這成見而受苦時，既不敢完全相信他的愛人，也不敢把愛全心交給他人，以免付出得太多，結果只是自尋煩惱而已。這就像是自焚一樣。當任性的愛變成妒嫉時，好像是完全不同的火燄。唉！但是這火燄才是最可怕的東西。妒嫉在面對它的對象時有千萬種方式，但是單純的愛只有一雙眼睛。然而難道碎片會強過整體嗎？破碎的心會強過堅定不移的心嗎；溺水的人緊抓的蘆葦會比單純的心更牢靠嗎？那麼，單純的心如何抵擋病態的妒嫉呢？愛能不能有所比較呢？愛並不出自於任性的喜好，而是單純地去愛。因此，眞愛和病態的愛並沒有比較上的差別，他只是單純地去愛。

任性的愛也會從自己開始起變化，你常看見時間如何讓愛變了質的。到那時候，愛便失去熱情、歡悅、源泉和馥郁芬芳。正如漱石湍泉終究會消失在死寂的水澗中一樣，愛也會埋葬在習氣的惰性和冷漠裡。唉！在所有的敵人裡，習慣或許是最狡猾的，也最隱密，因爲人們總是習焉而不察。人們不會醒覺到它，而侵略性地自我保護；事實上，人們甚至不讓它被發現。因狡猾而聞名的吸血蝙蝠，悄悄地襲擊沉睡中的人；當牠吸飽了血，會拍擊翅膀，爲沉睡者搧風，讓他睡得更安穩。這就是習氣，或許更糟糕；蝙蝠會在沉睡者當中找尋獵物，但是牠不會哄騙人沉睡。但是習氣卻會讓我們打起瞌睡來，然後來吸我們的血，讓我們睡得更舒服。

任性的愛會變易，最後變得無法辨識，因爲人們仍然把恨和妒嫉當作愛的徵兆。有時候俄然夢覺，蘧蘧然發現習氣已經改變了他；他想要匡正自己，卻不知道該往哪兒走，也不知道到哪裡買油（《馬太福音》25:1-10），以重新點燃他的愛。然後他會懷憂喪志、厭惡自己、厭倦生命的荒謬瑣碎、厭倦自己無法去改變它，因爲他很不幸地沒能及時體認到永恆的蛻變，而喪失自我治療的能力。我們看到人們昔時玉液瓊漿、弦歌不輟，最後繁華落盡、形銷骨立，然而，那些經歷過愛的凋萎的人們，他們的哀傷卻尤有甚之。

但是，如果愛因爲變成責任而經歷了永恆的蛻變，那麼習氣就對它無可奈何。人們說，永恆沒有嘆息、沒有眼淚，同樣地，永恆也沒有習氣，當然習氣也不會減損它的榮光。如果你要保護靈魂和愛不受狡猾的習氣侵擾，只有永恆的「你應該」才能做得到（是的，人們相信還有許多保持醒覺的方法）。好啊，或許有個人整天像加農炮一樣對你疲勞轟炸，要你抗拒習氣的力量。就像波斯的大流士國王，他養了個奴隸提醒他，你也可以有幾百個奴隸。你或許有個好朋友，每次見到他時，他就會提醒你。你也可以有個早晚嘮叨的妻子。但是這些也可能變成習慣！你可能太習慣於震天價響的警告，最後聽而不聞，以致於芝麻小事似乎都比這暮鼓晨鐘來得響亮。你可能太習慣於幾百個奴隸每天的提醒，最後卻感覺不到他們的存在，因爲習慣使你耳聾了。不，只有永恆的「你應該」（以及願意聆聽這個「你應該」的耳朵），才能使你免於習氣的污染。習氣是最可悲的改變，但是人們也可能對任何改變習焉而不察。只有永恆，以及因爲變成責任而經歷了永恆的蛻變的愛，才是不變的，而它也不會變成習氣。無論習氣如何僵固，即使人再怎麼無可救藥，都還是會變化，因爲習氣本來就是流轉生滅的；但是不變的永恆不能也不應該有所變易，當然也不會變成習慣。

只有愛成爲責任，它才能夠在神聖的獨立中獲得自由。但是，難道任性的愛不自由嗎？戀愛中的人沒有自由嗎？而另一方面，我們要讚許自戀者抑鬱的踽踽獨行嗎？他的孤立只是因爲他沒有勇氣去付出，換言之，他依賴他的怯懦，抑鬱獨立的他四處飄零，沒有棲身之處，就像是個「居無定所、四處流浪的人」（《德訓篇》36:27），沒有束縛，呃，至少看不見吧。但是事實正好相反，我們曾經說過，最豐盛的生命是懂得有所渴望，因此，自由的人心中的渴望正是自由的表現。當人們心中的愛有所渴求時，他當然會覺得自由，而那最依賴的人，覺得失去了愛人就像是失去所有，卻也是最獨立的人。前提是他不會把愛當作占有。如果有人說「沒有愛，毋寧死」，而且意思是說沒有了愛就不值得再活下去，那麼我們都會同意他的話。但是如果他說愛是占有愛人，然後說如果得不到愛人，就不如去死，那麼我們會說這樣誤解的愛是種依戀。這種關係下的愛，是乖謬的依賴感，愛的存在法則是外在的，是會墮落的、塵俗的、短暫的依賴。然而，當愛因爲「你應該愛」而經歷了永恆的蛻變時，這種愛是獨立的，它的存在原則就蘊藏在它和永恆的關係當中。這種愛不會變成錯誤的依戀，因為它唯一依賴的是責任，而只有責任才能給我們自由。任性的愛忽而給人自由，繼而又教人依戀。譬如人的誕生，當他獲得自我時，他也得到自由，但是下一刻他又必須依賴這自我。然而，責任要人臣屬於它，卻在永恆裡給人們自由。只有律法才能給人自由。唉，我們總是認為是律法在限制自由。其實，沒有了律法，就根本就不會有自由。我們也認為律法造成分別，因為如果沒有法則，就根本沒有分別。然而事實正相反，雖然律法造成分別，給予我們平等的，卻也是律法。

「你應該」使得愛在神聖的獨立中獲得自由。這樣的愛屹立不搖，不會陷入偶然性的事物裡，而站在永恆律法的一邊，不會墮落。這樣的愛不是依賴；因為它只臣屬於那賦予人們自由的事物，因而是永恆獨立的。這是最崇高的獨立。有時候人們會羨慕了無牽掛的感覺，認為他們不需要被愛，儘管他們承認需要別人，不是因為需要被愛，而是因為需要有個人可以去愛。謬矣！他們覺得不需要被愛，卻覺得需要去愛別人；因此他們需要別人，以滿足他們的自尊。這就像有人認為他們需要世界去證明他們不需要這世界一樣！但是因為變成責任而經歷了永恆的蛻變的愛，當然覺得需要被愛，而這「需要」和「你應該」是和諧一致的。反過來說，「你應該去愛」可以沒有被愛的感覺，難道這不是獨立嗎？他的獨立只經由永恆的「你應該」而臣屬於愛的本身。它不依賴其他事物，也不依賴愛的對象。然而這不意味著沒有牽掛的愛就消逝了，或是變成驕傲的自我安慰，那才是依戀。不變的事物才是眞正的獨立不倚。所有的變化都是相待的，無論是軟弱的昏眩或是驕傲的昂揚，無論是嘆息或是自滿。當有人說「我不能再愛你」時，你或許驕傲地回答說：「那麼我也不會再愛你。」唉，這就是依賴感，因爲他能否繼續去愛，依賴於他人是否愛他。但是，如果你回答他說：「即使如此，我還是會愛你。」那麼你的愛就在神聖的獨立中獲得永恆的自由。說這話時，你並不驕矜傲慢，不，你是謙卑的，臣服在永恆的「你應該」中，也因爲這樣，你才是獨立不倚的。

唯有當愛是責任，愛才能是永恆的、幸福的、不會絕望。任性的愛可能會不快樂、可能會絕望。有人說任性的愛有絕望的權力，但是這只是假象，因爲無論他們如何掩飾，絕望畢竟是個困境，人們越絕望，也就越墮落。既然任性的愛可能會絕望，這意味著他無法超脫絕望的深淵，他會愛某個人「多過自己，多過上帝」。只有可能會絕望的人，才會陷入絕望的深淵，當任性的愛爲它的不幸感到絕望時，這表示即使當人們陶醉在幸福當中，終究沒有離開過絕望。

絕望是和某個事物牽扯太深的結果；人只有對於永恆的事物，才會有無限的愛，除非他陷入絕望當中。任性的愛就是這樣，當人們感到幸福的時候，看不見這絕望，當他遭遇不幸時，才會發現他一直都在絕望的泥淖裡。相反地，當愛因爲變成責任而經歷了永恆的蛻變，就不再會有絕望，只因爲它不在絕望當中。這是說，絕望不是像幸福或不幸那樣的個別事件。絕望是個人內在存有裡的困境，命運或事件都沒辦法像絕望那樣深入我們的存有，它們至多只能反映這個困境。因此，唯有透過責任去經歷永恆的蛻變，才能免於絕望，如果我們不曾經歷過這蛻變，我們終究無法脫離絕望。幸福和財富可能會掩飾它，但是不幸和逆境也不能使他絕望，充其量只是讓他明白，原來他始終都在絕望中。是的，有人不這麼說，那只是因爲他們混淆了絕望的概念。換言之，使人絕望的，不是他的不幸，而是因爲他缺少了永恆。絕望是缺少了永恆；絕望是無法藉著責任去體會永恆的蛻變。因此，絕望不是因爲失去了愛人，那是不幸、痛苦、哀愁，不，絕望是因爲缺少了永恆。

那麼，誡命的愛如何治癒我們的絕望呢？很簡單，誡命說：「你應該去愛。」這蘊含著，你的愛不應該因爲失去了愛人就表現出你的絕望，也就是說，你的愛不應該陷溺在絕望裡。那麼愛是否被禁止？絕對不是的。如果說「你應該去愛」的誡命又禁止愛，那是很奇怪的事。這誡命只禁止那悖離誡命的愛。基本上，這誡命並不是禁令，而是命令說「你應該去愛」。因此，這誡命並不是藉著冷漠的安慰去治癒我們的絕望，像是「不要把世事看得太認眞」之類的話。那些教你「不再悲傷」的老生常談，難道就不是某種絕望嗎？他們或許陷溺得更深呢。不，愛的誡命禁止絕望，因爲它命令人應該去愛。

除了永恆以外，誰有這個勇氣，誰有這個權利說「你應該」，誰能夠走出絕望，申命愛的責任？除了永恆之外，還有誰能夠說出這誡命？當我們無法永遠擁有所愛的人時，永恆卻說：「你應該去愛。」這是說，永恆把愛從絕望中拯救出來，因爲祂把愛變成永恆。如果死亡使愛侶天人永隔，如果在世上的人陷入絕望當中，我們如何幫助他呢？世間的慰藉只是更加可悲的絕望，只有永恆才能幫助他。當祂說「你應該去愛」時，祂是說：「你的愛有永恆的價值。」但是祂說這話不是要安慰你，因爲那是無濟於事的；祂用命令的語氣對你說，因爲裡面是充滿危險的。當永恆說「你應該去愛」時，祂必須擔保那是正確的道路。有什麼慰藉能比得上這永恆呢？有什麼屬靈的治療能比得上這永恆呢？如果我們很客氣地說「請好好照顧自己」，悲傷的人或許會抗議，但是儘管悲傷的人如此的煢獨無助，永恆還是命令說：「你應該去愛。」（這不是因爲永恆驕傲地不接受任何抗議。）

多麼不可思議的慰藉和悲憫！從人類的眼光去看，對著絕望的人說「你應該去愛」是多麼奇怪、多麼可笑的事！但是我們需要任何證據去證明這個誡命是否出自神意嗎？如果你有所懷疑，那就找個雁行折翼的人，在他最悲傷的時候，想想該對他說什麼話。如果你想要安慰他，你絕對不會想要對他說「你應該去愛」。試看看，當你對他說那句話時，他是否更難過，因爲那實在太突兀了。唉！但是如果你有過這樣刻骨銘心的經驗，如果你覺得那些安慰你的話語空虛而可憎，如果你駭然發現連永恆的教義都無法拯救你的沉淪，你就知道要珍惜這個能治癒你的絕望的「你應該去愛」了。或許你偶爾想起「苦言藥也」，你就會明白，只有這個「你應該」才能在永恆和至福裡治癒你的絕望。永恆和至福，是的，因爲能夠超越絕望的人，也就永恆地治癒了他的絕望。因爲成爲責任而體驗到永恆的蛻變的愛，並不能豁免世間的不幸，但是它可以使你免於絕望，無論窮通順逆。

你看到激情的火燄，也看到世故的冷靜，但是無論熱情或冷淡，都不是永恆的純淨空氣。熱情使人衝動，冷淡教人心寒，而兩者的混合卻又捉摸不定，像是春天善變的氣候。

但是「你應該去愛」治癒了這些疾病，讓人健康地迎向永恆。無論在哪裡，「你應該去愛」總是健康的、昂揚的。陪陪悲傷的人吧。如果你爲他一掬同情之淚，或許可以使他暫時獲得寬解，如果你給他巧譬善導，或許可以暫時告訴他該怎麼做，但是這些終究是沒有用的。「你應該悲傷」，這句話既眞實又美麗。我沒有權利漠視生命的感受，因爲我「應該」悲傷；但是我也沒有絕望的權利，因爲我應該悲傷；我也沒有不悲傷的權利，因爲我「應該」悲傷。愛也是如此。你沒有權利漠視愛的感受，因爲你「應該」去愛；但是你也沒有權利絕望地去愛，因爲你應該去愛；同樣地，你沒有扭曲這感受的權利，因爲你「應該」去愛。你應該珍惜愛，你也應該藉著珍惜愛去珍惜自己。在人慾橫流之際，誡命遏止它；在人們感到沮喪的時候，誡命給他們勇氣；在人們厭倦且變得世故的時候，誡命點燃他們的熱情，給他們智慧。誡命滌清你的愛裡的塵埃，而藉此你也可以重新點燃熄滅的愛（當然這是從人的眼光去看的，在永恆的光照裡，愛是無止息的）。如果你認爲你可以輕鬆地走自己的路，那麼就儘管把誡命當作建議；如果你絕望地想要走自己的路，那麼就儘管把誡命當作建議；但是當你無所適從的時候，這誡命卻會指引你正確的道路。

第二章 B

你應該愛你的鄰人

事實上，眞正發現且知道鄰人的存在，以及所有人都是鄰人的，正是基督教的愛。如果愛不是責任，那麼「鄰人」的概念也就失去意義，只當我們愛我們的鄰人時，自私的偏愛才會消失，永恆的平等才得以保存。

人們經常會反對基督教的貶抑愛慾和友誼，不管他們的動機或目的爲何。基督教的護教者這時候就會說，我們應盡心愛主，並且愛鄰人像愛自己一樣。這樣的辯論其實沒有什麼用處，因爲打空拳和說空話都一樣沒有意義。相反地，我們應該承認，基督教把愛慾和友誼以陶片放逐，因爲那是基於本能和愛好的偏愛；基督教爲屬靈的愛加冕，那是對鄰人的愛，就誠摯和眞實的程度而言，它比情侶的愛慾還要溫柔，比朋黨的友誼還要忠誠。我們要明白，對愛慾和友誼的歌頌都是異教徒的行徑，詩人事實上就是異教徒，因爲這就是他的工作，所以我們可以確定，基督教的愛，對鄰人的愛，在異教徒裡完全找不到。我們必須劃分清楚，要求個人作出選擇，不要讓他們有所混淆。我們尤其不要急於護衛基督教，而忘記了眞正屬於基督教的本質。

有識之士應該都很清楚如何省思這個問題：愛慾和友誼究竟是不是屬靈的愛？這些愛慾是否應該遜位？愛慾和友誼和情感有關，然而所有的情感，無論是侵略的或自我防衛的，都要求人在兩者之間作選擇：「我不是最高的存在，就什麼也不是，寧爲玉碎，不爲瓦全。」如果護教者辯稱，除了更高的愛以外，基督教也會歌頌愛慾和友誼。這樣的說法透露出，他既沒有詩人的精神，也沒有基督教的精神。談到屬靈的事物，我們不能像商店的售貨員一樣，既標榜高級品，也順便兜售平價商品。不，如果我們確信，根據基督教的教義，只有對上帝的愛和對鄰人的愛才是眞實的愛，那麼我們應該也知道，那些蔑視關於上帝的知識的想法，最後都不得不俯首稱臣，同樣地，愛慾和友誼也會被貶謫。

如果基督教的護教者如此淆亂聽聞，這豈不是很奇怪嗎？在整部新約聖經裡，有哪個地方像詩人或異教徒那樣讚頌崇拜愛慾呢？在整部聖經裡，有哪個地方像詩人或異教徒那樣讚美和希冀友誼呢？當自覺是詩人的詩人體會過聖經關於愛慾的教義時，他會感到很絕望，因爲他找不到任何一句啓發靈感的話，如果所謂的詩人眞的找到某些話語爲自己辯護，也只是在編織謊言，褻瀆上帝，因爲他不但不尊重基督教，反而剽竊聖經寶貴的話語，爲了自己的創作而扭曲它。就讓詩人從新約裡隨興尋找關於友誼的話語吧，他只是徒然陷入絕望的深淵。但是，當那愛自己的鄰人的基督徒去尋找關於愛的話語時，絕不會入寶山而空回；他所找到的話語比其他人所拾得的都要更有力、更權威，幫助他點燃心中的愛，使他堅守在愛裡。

詩人的採擷只會徒勞無功。然而，難道詩人都不是基督徒嗎？我沒有這麼說，我只是說，就其爲詩人而言，他不是基督徒。不過我還是要作個區分，因爲當然有宗教詩人。但是他們並不歌頌愛慾和友誼；他們歌詠的是上主的榮光、信、望、愛（屬靈的愛）。他他們也不會像詩人詠嘆愛慾那樣讚美對鄰人的愛，因爲對鄰人的愛不是要被歌頌的，而是要去成就的。即使詩人一定要讚美對鄰人的愛，除了聖經的話語以外，就只有使他困惑的那句話：「你就去照樣行吧。」（《路加福音》10:37）這是在召喚詩人，要他去歌詠嗎？

因此，宗教詩人是個特例，但是俗世的詩人，就其爲詩人而言，他不是基督徒。我們平常所說的詩人，卻都是俗世的詩人。基督教世界中固然有許多詩人，但是並不改變這事實。他是不是基督徒，不是由我們去決定的，但是就其爲詩人而言，他不是基督徒。基督教在歷史的長河裡，似乎滲透到世間一切事物當中，也好像進入我們每個人的心裡。但是這只是幻象。因爲儘管基督教源遠流長，這並不意味著我們也活得那麼久，也當了那麼久的基督徒。詩人存在於基督教的世界裡，甚至悠然自得（魯莽或妒嫉地攻擊他們，當然不是基督徒的行徑），這提醒我們，我們是多麼的驕矜自大。唉！現在有誰要聽基督教的宣示呢？大家都在傾聽詩人的歌、讚美他、仿傚他、爲他著迷。唉！大家把神父的話置若罔聞，卻爭相傳頌詩人的歌，特別是舞台上演員的台詞！這當然不意味著，我們要用武力驅逐詩人，因爲這只會營造另一個幻象。如果在基督教的世界裡，人們對於存在的認識都和詩人一樣，都嚮往成爲詩人，那麼即使不再有詩人，又有什麼用呢？基督徒也不需要基於盲目的狂熱而拒絕讀詩，就好像基督徒不需要拒絕和他人分享食物或離群索居一樣。但是，基督徒的認知和非基督徒必須有所區別。我們不能只生活在基督教最高的理想裡，就像我們不能只以團契的食物維生一樣。因此，就讓詩人接受他應得的讚美吧，但是在基督教裡的個人，也必須試煉他的基督信仰：他要反省他和詩人的關係、對他的態度、如何閱讀他的詩、如何讚美他。

現在很少有人反省這個問題了。唉！對於許多人而言，這個問題既和基督教無關，也沒有那麼嚴重，因爲他們每個禮拜有六天的時間形爲物役，即使是禮拜天，也沒有花多少時間在宗教上。但是我們自信知道我們在說些什麼，特別是在這個時代，因爲我們自孩提以來，都是在基督教的教義中成長的，當我們長大後，也盡心盡力地侍奉主，即使我們強調我們的話**並沒有權威性**。我們都在基督教中受洗和受教育，當然也要傳播基督教。另一方面，我們並不評判哪些人不是基督徒，因此基督徒和異教徒的分辨並不是我們的重點。然而，個人也必須謹愼地自省，如果可能的話，也幫助別人成爲更深意義下的基督徒（當然，只有上主才能眞正幫助我們）。

「基督教世界」這個標誌常常使個人太過自信。習慣上，公路上的路標指示著那條路通往的地方。當我們開始旅程時，或許已經看到那指向遙遠的終點的標記，但是我們這樣就能到達了嗎？「基督教世界」這個名詞也是如此。它爲我們指引了方向，但是有人因此到達終點了嗎？有人始終循著正途前進嗎？如果我們每個禮拜只花一個鐘頭在這條路上，而在其他六天裡卻覊旅塵俗，甚至不曾察覺這其中的矛盾，這樣算是循道而行嗎？這難道不是很嚴重的事嗎？我們避重就輕，卻不知道它的嚴重性。那傳授學生猶如海市蜃樓的知識的老師，和學習日常技藝的學徒，誰的工作比較困難呢？對於這麼重要的事保持沉默，難道不是在欺騙自己嗎？而把它看作和現實生活沒有半點關係，豈不是同樣危險嗎？如果塵世的浮華虛榮、聲色犬馬，那麼容易俘虜和禁錮我們，那麼我們最該做的事，不是在教堂裡嚴肅地不談俗世的事，就是嚴肅地討論它，好堅固人們，抵禦塵世的危險。我們可能以認眞且眞正莊嚴的心情談論人間的事務嗎？如果這是不可能的，那麼在宗教的對話裡，是否應該拋棄這些話題呢？

因此，我們要就詩人的問題考驗我們的基督信仰。詩人所傳頌的愛慾和友誼是什麼？我們談的不是哪個特別的詩人，而是那些忠於自己的、自覺的詩人。如果所謂的詩人不相信愛慾和友誼在詩裡的價値，而信仰其他事物，那麼他就稱不上眞正的詩人，即使他的「其他」信仰不是基督教，也夠笨拙的了。愛慾奠基在本能衝動上，當它變成愛戀時，在詩裡表現爲崇高的、絕對的、無條件的愛，在整個世界裡，兩情相悅，至死不渝；而初戀是他的一切，以後的邂逅則什麼也不是。平常人們都知道經驗是需要累積的，但是在這裡，第一次接觸就是一切，其餘的只是斷垣殘壁。這就是詩，它強調的就是情感的絕對性：存在或不存在。在詩裡面，第二次戀愛不但不是愛，甚至是可憎的。如果所謂的詩人想要誘騙我們相信一個人可以有多次愛慾，如果所謂的詩人自作聰明地想要玩弄情感的奧祕於股掌，那麼他就不配當作詩人。即使是基督教，也不會這麼做。基督教的愛教我們要愛所有人，而且是無條件的。濃郁且無條件的愛慾眼中的愛人只有一個，但是基督教的愛卻正好相反。如果我們遵循基督教的愛，而例外地無法去愛某個人，那麼這就不是基督教的愛。然而這就像是「基督教世界」概念的誤解一樣，詩人最後也放棄了愛慾的情感，他們撐起了情感的張力，也讓它鬆弛下來；他們減褪了情感，認爲一個人可以愛過好幾回，甚至以爲當他愛過許多人以後，就和基督教的愛沒什麼兩樣了。因此他們既誤解了詩人的愛，也扭曲了基督教的愛，結果只是非驢非馬。情感終究有絕對的性格，情人眼裡容不下一粒沙子，第三者總是意味著感情的迷惑。沒有情感的愛是不可能的。而愛慾和基督教的愛的差別就在這裡。除此之外，我們再也無法找到任何差異。如果有人認爲他可以同時透過詩人和基督教的解釋去了解自己的生命，相信他可以同時領悟這兩種解釋，然後找到生命的意義，那麼他就大錯特錯了。詩人和基督的詮釋正好背道而馳。詩人醉心於愛戀，因爲他心中只有愛慾，認爲把愛當作責任是最愚蠢荒唐的事；而基督教的愛當然要懲忿窒慾，傳佈那作爲責任的愛。

其實，詩人並沒有解釋任何事情，因爲他用謎樣的語言去詮釋愛慾和友誼。他把這些愛解釋成謎語，但是基督教卻是在永恆裡詮釋愛。由此我們更加知道爲什麼無法同時接受這兩種解釋，因爲詩人的解釋根本就不是解釋。

詩人所了解的愛慾和友誼沒有任何道德責任。愛慾和友誼純粹是幸運。對於詩人而言，那是意外的好運（當然，詩人總是能夠把握好運），最大的運氣，就是找到唯一的愛人或朋友。因此，他最多只是感謝老天賜予他幸運。但是這種「感恩」並不是找到摯愛的必要條件，甚至是不相干的；詩人很明白這點。另一方面，如果你「應該」愛你的鄰人，那麼這就是個道德責任，它是所有責任的源頭。正因爲基督教是眞正道德的宗教，它知道它不需要循循善誘，也不必絮絮叨叨，浪費唇舌和時間；基督教直接投入責任當中，因爲它在自身當中就有道德責任。

關於什麼是最終極的價値的問題，始終有爭議。但是不管它是什麼，我們很難想像人們至今仍喋喋不休地河漢其言。相反地，基督教直接告訴個人發現終極價値的捷徑：關起門來，對著上帝祈禱，因爲上帝肯定是最終極的存有。如果你到人間求之於愛慾和友誼，那會是個漫長的旅途，最後可能一無所有。但是基督教從來不會讓人空手而返，因爲當你打開祈禱的門時，第一個遇到的人就是你的鄰人，是你「應該」愛的人。多麼奇妙啊！好奇又迷信的小女孩，或許試著要探究她近在眼前的命運，想要知道她未來的丈夫是誰，她的小聰明告訴她說，在某一天，在路上第一個和她相遇的人就是她的丈夫。既然基督教從來不曾讓世人迷路，那麼在路上遇到鄰人，會有什麼困難嗎（除非你自己不願意見到他）？承認和你相遇的人是你的鄰人，是再確定、再簡單不過的事了。你絕對不會認錯，因爲所有人都是你的鄰人。如果你眞的認錯了，那麼錯也不在那個人，因爲被錯認的人也是鄰人；錯是在你，因爲你不清楚你的鄰人是誰。如果你在暗夜中救了人，以爲他是你的朋友，其實他是你的鄰人，那麼你並不算是認錯。相反地，如果你只肯救你的朋友，那才眞是個錯誤。如果你的朋友因此而抱怨你，那麼他也犯了錯。

我們可以把詩人和基督教之間的問題定義如下：愛慾和友誼都是偏私的愛和情感，基督教的愛是基於責任的忘我的愛。如果愛慾沒有了情感，就會陷入迷惑當中。愛慾最激情的表現在絕對的排他性上，意味著只能愛一個人；而忘我的愛的無限奉獻，卻是不能捨棄任何一個人。

就人們對基督教的了解，可能會認爲基督教反對愛慾，因爲那是本能衝動的愛，也認爲作爲精神宗教的基督教，會主張精神和肉體的分裂，憎惡官能的愛慾。然而這是個誤解，他們誇大了基督教的精神性。我們很清楚，基督教絕不會蠻橫地壓抑人的感性。保羅不是說過，「與其慾火攻心，倒不如嫁娶爲妙」（《哥林多前書》7:9）嗎？不，正因爲基督教是精神性的，它所理解的感性和平常人所說的官能相去甚遠，而且禁止人們滿足口腹之慾，和服從本能一樣都是可恥的事。基督教所理解的官能和肉慾，是強調它們的自私。靈性和肉慾之所以有衝突，是因爲靈性背叛了自己，投向它的敵人；同樣地，靈性和石頭或樹木之間並不會有什麼衝突。因此，自戀是官能的。基督教對於愛慾和友誼的疑慮，是因爲情感的偏愛其實是另一種形式的自戀。

異教徒從未想過這點。因爲異教徒不曾暗示過對鄰人的無私的愛，而那些人是他「應該」去愛的，他們這樣區分愛：自戀是可憎的，因爲那是對自我的愛，但是愛慾和友誼是偏愛，也就是愛。但是基督教卻有不同的解釋：自戀和情感的偏愛本質上都一樣，唯有對鄰人的愛才是愛。基督教會問，對於戀人或朋友的愛算是愛嗎？「就算是外邦人，不也是這樣行嗎？」（《馬太福音》5:46）因此，如果我們認爲異教徒和基督教的差別，只是在於基督徒更忠誠溫柔地愛其所愛，那麼我們就錯了。異教徒的愛慾和友誼，與詩人所歌頌的有什麼差別嗎？但是沒有任何異教徒想過要愛他的鄰人；沒有人覺察到鄰人的存在。因此異教徒所說的愛，只是某種有別於自戀的偏愛。但是如果情感的偏愛只是自戀的另一種形式，那就難怪許多偉大的教父們會說：「異教徒的德行只是冠冕堂皇的罪惡。」

我現在要證明，情感的偏愛只是自戀的另一種形式，也要證明，對於鄰人的愛，是眞正無私忘我的愛。正如自戀自私地擁抱自己，愛慾和友誼的偏愛也自私地環繞在他的戀人或朋友周圍。在更深邃的意義下，戀人和朋友都只是另一個「自我」，另一個「我」，因爲鄰人是「另一個你」，或者更精確地說，是平等的「第三者」。「另一個自我」，「另一個我」。然而自戀究竟藏在什麼地方呢？它就寓居在「我」或「自我」裡。那麼自戀會不會也愛上「另一個我」、「另一個自我」呢？我們並不需要人性的審判者循線發現，愛慾和友誼既讓他人驚慌失措，也侮辱了自我。自戀的烈燄會自焚；自我縱火燒毀自己。但是在詩人所謂的愛慾和友誼裡，也有自焚的衝動。沒錯，我們認爲妒嫉只是個罕見的病態，但是它還是潛藏在愛譽和友誼當中。如果你把鄰人放在戀人或朋友之間，你會馬上看到妒嫉的火燄。鄰人是無私的愛的前提，他介入了自戀的「我」和「我」以及愛慾和友誼的「我」和「另一個我」的關係。當薄倖的人拋棄他的愛人，或是對朋友見死不救，這是自戀在作祟；異教徒和詩人都知道這點。但是戀人爲了緊抓著他心愛的人所做的奉獻和犧牲，也是種自戀；這卻只有基督教才明白。但是難道無限的奉獻和犧牲也是自戀嗎？沒錯，如果他是奉獻給那「另一個我」、「另一個自我」。

當詩人描述過個人心中的愛慾以後，他會說，戀人總會愛慕他的愛人。但是沒有人會愛慕他的鄰人；基督教也從來不說，你應該愛慕鄰人，你只是「應該愛你的鄰人」。因此愛慕是愛慾關係中的特質，而且詩人說，越是兩情繾綣，就愛慕得越深。愛慕他人當然不算是自戀；但是希望得到愛慕的對象的青睞，難道不是「另一個自我」的自戀嗎？友誼也是如此。崇拜一個人當然不是自戀，但是希望成爲這個人的朋友，難道不是自我的自戀嗎？我們不是都希望成爲所愛慕的人唯一的愛侶或朋友嗎？

然而，對鄰人的愛是忘我無私的愛，而無私的愛既放逐了自戀，也摒棄了偏私的愛；否則無私的愛也會起分別心，助長偏私的愛。即使偏愛沒有自私的成分，也會有意無意地任性專擅，他或許是不自覺的，因爲那是本性習氣的力量，他也可能是有意的，因爲他完全向這習氣的力量屈服，並且附和它。無論這任性是否隱伏在潛意識裡，當他沉溺在他唯一的愛慕對象時，總是無法擺脫恣意的葛藤。這個唯一的對象當然不是至高無上的誡命「你應該去愛」所規定的，而是恣意的選擇；基督教的愛也有個唯一的對象，也就是鄰人，但是所謂的鄰人，絕不是那唯一的個人，因爲鄰人是指所有的人。當愛人或朋友在整個世界裡只愛一個人（詩人最喜歡這種愛了），在他的摯愛中有瘋狂的恣意，在他無條件的奉獻裡，事實上是在想著自己，在瘋狂地自戀。藉著永恆的「你應該」，無私的愛要擺脫這自戀和恣意。無私的愛在審判自戀時，也注意到它的兩面性：一方面，自戀可能是不忠實的，另一方面，自戀也可能是眞摯的。因此，無私的愛有兩個不同的任務。對於不忠實的自戀，無私的愛命令說：你要眞誠；而對於眞摯的自戀，無私的愛則命令說：你要捨離這摯愛。詩人最喜歡聽到戀人說：「我沒有辦法愛別人，我不能不愛你，我不能放棄這份愛，否則我會肝腸寸斷，寧可死去。」但是無私的愛可不喜歡這類的話，而它也不容許這樣的摯愛被冠上愛的名字，因爲它是自戀。因此，無私的愛裁定說：你要愛你的鄰人，你「應該」愛他。

每個眞正的基督徒，心中的愛都應該是無私的，這是基督教的本質。要體會基督教的精神，我們得要有純樸的心，而在永恆意義下的純樸，卻是透過無私的愛所經歷的蛻變。另一方面，如果沒有了基督教的精神，人們會沉醉在虛榮裡，它的極致表現就在所愛慕的人身上。愛慾和友誼是虛榮的巔峰，「我」沉醉在「另一個我」裡。此二者越是緊緊相連，自我就越自私地無視其他人的存在。愛慾和友誼的極致，使兩個「我」合而爲一。正是因此在偏私的愛裡存在著某些本性的因素（本能衝動或是癖好）以及自戀，使這兩個分裂的自我統一爲新的自我。相反地，屬靈的愛摒棄了所有本性的因素和自戀。因此，對鄰人的愛不會使我和鄰人合而爲一。對鄰人的愛是兩個存有者之間的愛，他們在永恆裡都是屬靈的存有者；對於鄰人的愛是屬靈的愛。但是兩個靈性存有者不會在自私的意義下成爲一個自我。在愛慾和友誼裡，兩個人因爲沆瀣一氣而互相吸引（他們有共同的習慣、性格、職業、教育，而這些特徵又是其他人所沒有的）。因此，這兩個自我可以在自私的意義下合而爲一。但是這不是靈性的自我。因爲他們都不知道要遵循基督教的精神去愛自己。

在愛慾裡，「我」和我所愛的人是「官能的、心理的、屬靈的」。在友誼裡，我和我的朋友是「心理的、屬靈的」。只有在對鄰人的愛裡，我和我的鄰人才是純粹屬靈的。前面我們說過，只要我承認任何一個人是我的鄰人，就能治癒我的自戀，但是對於所有的愛慾和友誼而言，或許並不全然如此。在愛慾和友誼裡，所愛的對象是「另一個我」，甚至就是原來的我。即使自戀常受到譴責，但是人們在自戀中似乎沒有勇氣獨力承擔，因此只有當他找到「另一個我」時，自戀的虛榮才會表現出來。

如果有人認爲他墜入情網或是找到好朋友，就是認識了基督教的愛，那麼他就大錯特錯。不，即使詩人承認他眞正墜入情網，愛的誡命還是會說：你要愛你的鄰人。愛的誡命會告訴你說：愛你的鄰人，就像愛你的愛人一樣。但是他難道不是愛他的愛人像愛自己一樣嗎？這不就是原來的誡命所說的嗎？他當然是這樣，但是他所愛的人不是鄰人；他是「另一個我」。無論是「第一個我」或是「另一個我」，都不是鄰人，因爲鄰人是「第一個你」。嚴格地說，自戀的對象是「另一個我」，因爲「另一個我」就是他自己。然而這當然還是自戀。反過來說，無論你所愛的是你的伴侶或朋友，他們還是「另一個我」，當然也是自戀的對象。

再者，正如自戀被神聖化一樣，愛慾和友誼（如詩人所理解的）也成爲崇拜的偶像。究其極，對神的愛才是決定性的因素；從這裡衍生出對鄰人的愛，儘管異教徒從未想到過。他們忘了上帝，把愛慾和友誼誤認爲愛，而憎惡自戀。但是基督教的愛的誡命首先是愛上帝，其次是愛你的鄰人。在愛慾和友誼裡，偏私的愛是其前提；在對鄰人的愛裡，上帝是其前提。你要盡心、盡性、盡意、愛主，你的上帝，其次是愛鄰人，而這鄰人就是所有的人。我們只有先愛上帝，才能夠愛鄰人，也就是所有的人。只有明白這點，我們才能說，如果你愛任何一個鄰人，就是愛所有的人。

因此，對鄰人的愛，就是在愛中永恆的平等，永恆的平等和偏私的愛是對立的。關於這點，我想無庸贅述。所謂的平等，不過是沒有分別心，而永恆的平等則是絕對沒有任何分別。反過來說，偏愛就是明顯的厚此薄彼。

但是既然基督教放逐了愛慾和友誼，那麼它是否擁立更崇高的事物？對此我必須小心自己是否違反正統。人們對基督教有太多誤解，其中的誤解之一，是把基督教視爲最崇高、最深刻的宗教，因而也把基督徒視爲最崇高的人。這樣的引喻失義，使得基督教必須去逢迎人類的求知慾和好奇心。沒錯，還有什麼比最崇高的事物更吸引人的嗎？當某家報館公佈他們的最新獨家報導時，馬上會有成群的人們附和，這世界自古以來就有著強烈的被欺騙的欲望。不，眞正基督教的精神固然是最崇高的，但是對於世人而言，卻會傷害他們的自尊。當我們在界定基督教精神時，經常會忽略這個令人不悅的前提，比起打扮得像個芭蕾舞者的家庭主婦，他們的高倨更令人厭惡，甚至比穿著駱駝毛皮衣服的施洗者約翰還要嚇人。基督教精神太過沉重嚴肅了，在那些輕佻的人們的街談巷議裡，恐怕是最掃興的話題了。被描述成至高無上的基督教精神，總是會得罪他們。但是這不並意味著，每當我們接近基督教精神時，總是會被侵犯。相反地，這樣的侵犯性反而是在守護著基督教精神。那不因它而感到受辱的人有福了，「凡不因我跌倒的，就有福了。」（《路加福音》7:23）

「愛你的鄰人」的誡命也是如此。如果這樣的說法會得罪你們，我必須承認，我也經常會退縮，也從來不敢幻想自己履踐了這誡命，對於市井小民而言，它是個侮蔑，而對於智者而言，它又是很愚蠢的事。我的聽眾們，你們或許都是很有教養的人。呃，我也算是受過教育的吧。但是如果你們認爲透過「文化」可以更接近那至高無上的眞理，那就謬之極矣。因爲我們都崇拜文化，而文化卻總是喋喋不休地談論那至高無上的眞理。的確，啁啾的小鳥不會討論它，低頭吃草的牛也不知道它的名字，只有那些有教養的人才會不停地議論至高無上的眞理。你看看周遭的人就知道了。在你們的文化裡，或是你周圍任何有教養的人，有沒有想過要愛他的鄰人呢？唉！這些文化不是在製造分別，製造有教養的人和沒有教養的人的分別嗎？你聽聽他們如何談論愛慾和友誼的，果眞是「談笑有鴻儒，往來無白丁」，「窈窕淑女，君子好逑」。讀看看那些詩，他們毫不掩蓋對於文化的臣服，他們也從未想像愛慾能突破差別的枷鎖，這些議論和詩，或者他們所歌頌的生活，曾經要人們愛他們的鄰人嗎？或許我又在侮蔑他們了。想想那最有教養的人，以及對他說「你要愛你的鄰人」的基督教。當然，社會的倫理、對人的禮節、施惠予卑下的人、節制精神的自由，這些都是文化，但是你認爲這就是愛你的鄰人嗎？

鄰人和我們是平等的。他既不是你特別偏愛的情侶或朋友。鄰人也不是和你同樣有教養的上流社會人士（如果你是的話），因爲在上帝面前，你和你的鄰人都是平等的。鄰人也不是比你顯赫出眾的人物，也就是說，他不是因爲比你優秀，才能成爲你的鄰人，如果由於他的傑出，你才去愛他，那就是偏私的愛，當然也就是自戀。鄰人也不是地位比你低下的人，而基於施惠的愛也是種偏私的愛，當然也是自戀。不，對鄰人的愛是平等對待的愛。在你和地位顯赫的鄰人的關係裡，「你要愛你的鄰人」這誡命是再容易不過了。而在你和卑微的鄰人的關係裡，「你要愛你的鄰人」這誡命卻很令你難堪。但是如果你是基於「你應該」而平等地愛他們，那麼你就會得到救贖。鄰人就是每個個人，因爲他不會因爲和你有差別就不能成爲你的鄰人，也不是因爲和你一樣優秀才能成爲你的鄰人。他之所以是你的鄰人，是因爲你們在上帝面前都是絕對平等的。

第二章 C

「你」應該愛你的鄰人

那麼，你就這樣做吧，拋棄所有的分別，好去愛你的鄰人。拋卻偏愛的分別，好去愛你的鄰人。但是你不必因此就放棄對戀人的愛。如果眞是這樣，那麼「鄰人」這個名字就是最大的騙局。再者，這樣也是自相矛盾的，因爲如果鄰人是指所有人，那麼當然也包括戀愛中的情侶。不，我們要拋棄的，是偏愛的語言。只有偏私的愛才必須被揚棄，不要因此以偏私的愛去愛鄰人，而放棄你的情侶。不，正如我們對孤單的人說，不要陷入自戀的圈套，我們也要對情侶說，不要被偏私的愛引誘到自戀的陷阱裡去。你越是陷溺於偏私的愛裡，就越無法去愛鄰人。丈夫們，不要讓妻子因爲你而忘記了去愛鄰人；妻子們也不要讓丈夫迷失了！愛侶們當然都會認爲他們的愛是至高無上的，而事實並非如此，因爲他們還沒有得到永恆的保證。當然，詩人們都會說，眞愛是不朽的；但是詩人連自己的愛都不能擔保了，他的話能算數嗎？相反地，「至尊的律法」，愛的誡命，卻許諾了生命，永恆的生命，而這誡命卻只是簡單的一句話：「你要愛你的鄰人。」正如這誡命也教人要愛自己，它也會告訴愛慾和友誼什麼才是眞愛：在對自己的愛裡，保存對鄰人的愛。這或許會使你很驚訝，呃，你知道基督教精神總是讓人不怎麼舒服的。不過，請你相信它。那連將殘的燈火都不吹滅的導師（《以賽亞書》42:3）怎麼會吹熄個人心中高貴的火呢？心中眞正有愛的人，會告訴你要愛每一個人。即使所有的詩人聚集在一起詠嘆愛慾和友誼，也比不上那簡單的誡命：「你要愛鄰人，像愛你自己一樣。」不要因爲這誡命得罪了你，或是因爲它不像詩那樣動聽，就不去相信它；詩人會用他的詩歌取悅你，但是這誡命聽起來卻使人感到厭惡和害怕，好像恐嚇你要遠離偏私的愛，不，不要因此就放棄它。誡命之所以是信仰的對象，正因為它是如此表述的。

不要自作聰明，以為你可以討價還價，似乎愛某些人，親戚或朋友，就是愛鄰人，你雖然放棄了詩人，卻還沒有領悟到基督教的精神，他們不容許你討價還價，在詩人的驕傲和至尊的律法的神性權威之間遊走。不，你當然要忠實溫柔地愛其所愛，但是對鄰人的愛卻是你和上帝的聖約裡的神聖元素。你當然要誠摯地愛你的朋友，但是在你與上帝的親密關係中，請彼此學習對鄰人的愛。你看到死亡使一切歸於平等，但是偏私的愛卻總是執著於差別；通往生命和永恆的道路，必須經過死亡，經過差別的泯除；因此，只有對鄰人的愛才是通往生命之道。基督教的福音就包含在人性與上帝原有的親密關係裡，同樣地，基督教的課題也在於傳布人類與上帝的仿同性。而「上帝就是愛」（《約翰一書》4:8），因此我們只能透過愛，在愛裡和上帝同工（《哥林多前書》3:9），才能夠肖似上帝。你愛你的伴侶，這不是在愛上帝，因為對於上帝而言，並沒有偏愛，雖然你經常感到羞辱，卻又不斷重蹈覆轍。你愛你的朋友，這不是在愛上帝，因為在上帝那裡，並沒有分別。但是當你愛鄰人的時候，你就是在愛上帝。

因此，「你去照樣行吧。」（《路加福音》10:37）儘管有種種差別，你還是可以愛你的鄰人。唉！或許我根本不需要對你說；或許你在世上找不到任何伴侶，在一生中也沒有任何朋友，只得踽踽獨行。或許上帝取下你的一條肋骨，賜給你伴侶，但是死亡又會把她從你身邊奪走；死亡又奪去你的朋友，卻沒有回報你什麼，你只得煢獨無依，沒有伴侶相扶持，也沒有朋友相砥礪。或許造化使你們勞燕分飛，即使你們兩情不渝，卻必須忍受分離的孤單。唉！或許你們之中有人變了心，你又是悲傷地孑然一身，雖然你找到了所愛的人，卻發現已經人事全非。多麼令人感傷！是的，你去問問詩人，形影相弔的感覺有多麼淒涼，沒有人愛他，也沒有人可以愛。你問問詩人知不知道如何超脫生離死別的淒楚、琵琶別抱的辛酸？詩人卻是獨鍾孤獨，在孤獨中發現失去的愛慾和友誼，就好像天文學者要在闃黑的夜裡觀測星星。但是，如果有人終其一生尋尋覓覓，卻始終找不到伴侶和朋友，或是遭逢經變，你去問問詩人，如何寬解他的悲傷呢？然而即使是詩人自己，歡樂的先知，在這樣的困境裡，也只有悲嘆而已。但是你或許會說，詩人的感物興懷，正是忠於自己的表現。我不和你爭辯這一點。但是如果你和永恆的忠實作比較，你自然會承認，詩人的心也是遷流不息的。神不像詩人那樣，祂不只是與喜樂的人同樂；也不只是與哀哭的人同哭（《羅馬書》13:15），不，在面對悲傷時，神有某種新的、更幸福的喜樂。

基督教總是會給人慰藉，但是不同於人類的慰藉，後者只是在補償失落喜樂的悲傷；基督教的慰藉本身就是喜樂。對於人類而言，慰藉是事後的謊言。在哀傷和痛苦以及喜樂的失落之後，唉，在很久以後，才有所謂的慰藉。但是基督教的慰藉絕不是事後的補償，因為它是永恆的慰藉，它比任何塵世的喜樂都要久遠。這慰藉是永恆的開端，可以說吞噬了所有的痛苦，因為痛苦和喜樂的失落都是暫時的，即使要好幾年，但是和永恆比起來，只是一彈指而已。基督教的慰藉也不是補償失落的喜樂，因爲它本身就是喜樂。和基督教的慰藉相比，所有的喜樂終究只是絕望。唉！從永恆喜樂的眼光去看，人類的生活有什麼喜樂可言呢？甚至人類自己都曾放棄這些喜樂；正因爲如此，永恆的喜樂在他看來，就成爲慰藉了。正如我們只有戴上墨鏡才能直視陽光，永恆的喜樂也必須喬裝成慰藉，否則人類會無法承受。

因此，無論你在愛慾和友誼上有多麼不順遂和失落，無論你對詩人吐露說你的生活多麼地絕望，至高的眞理仍然是：愛你的鄰人！我說過，你很容易就可以發現他；你絕對可以發現他，而且不能失去他。你可以失去伴侶和朋友；但是無論鄰人如何對待你，你都不能失去他。當然，你還是可以擁有愛情和友誼，無論他們怎麼對你，但是他們再也不是你的伴侶或朋友，很抱歉我要這麼說，他們已經不是以前的他們了。然而，沒有任何改變可以奪去你的鄰人，因爲不是鄰人在緊抓著你，而是你的愛留住他。如果你對於鄰人的愛始終不變，那麼只要他們還活著，就都是你的鄰人。其實死亡也無法奪去你的鄰人，因爲即使它帶走一個鄰人，生命立即給你另一個。死亡可以奪走你的朋友，因爲你對朋友的愛確實和他很接近，但是在對鄰人的愛裡，你卻是在接近上帝；因此死亡不能奪去你的鄰人。即使你喪失了伴侶和朋友，即使你從未得到任何幸福，你還是在對鄰人的愛裡保有最珍貴的事物。

對鄰人的愛中蘊藏著永恆的完美。如果愛的對象是卓越出眾、夭矯不群的，甚至是唯一的，你能夠說這樣的愛就是完美的嗎？我想這只能說那對象是很難得的，這會使我們患得患失，懷疑愛的本身究竟是否珍貴。如果你的愛只能奉獻給那出類拔萃、世間罕見的人，你能夠說這樣的愛就是完美的嗎？我只能說這些人非常優秀，但是不能說對他們的愛就很珍貴。你認爲呢？難道你沒有想過上帝的愛？如果眞要愛那些優秀的人，這樣的愛才是完美的，那麼上帝會很爲難，因爲在祂眼裡，根本就沒有人是眞正優秀的。因此這只是個藉口，不是針對那些優秀的人或是愛，而是針對那只能愛優秀的人的愛。

如果有人只有在四季如春的環境裡才覺得自在，那麼他的孱弱身體稱得上健康嗎？你會欣羨他這樣的健康狀況嗎？當然，我們都希望生活在怡人的環境裡。但是你是否注意到，你的羨慕和讚嘆其實是在諷刺那可憐的人，因爲他到別的地方就無法生活了。因此，對象的完美並不意味著愛的完美。而和戀人、朋友、紳士名流相較之下，鄰人並沒有任何令人稱羨之處，正因爲如此，對鄰人的愛反而遠勝過對伴侶、朋友、紳士名流或是偉人的愛。無論世界如何爭執哪個愛的對象比較完美，我們仍然確信，對於鄰人的愛是最完美的。所有其他的愛都有些缺憾，它們都有個困難，因而顯得口是心非：它們總是會弄不清楚對象的問題和愛的問題。但是在對鄰人的愛看來，問題只有一個，也就是愛的問題；而永恆的答案只有一個：這就是愛，因爲對鄰人的愛不是眾多愛的類型之一。愛慾和友誼都是由對象去界定的，只有對鄰人的愛才是由愛本身去界定的。換言之，由於所有人都是鄰人，因此對象之間的差別就被泯除，而我們也可以這樣去認識它：這愛的對象沒有任何個別差異，這意味著，我們只能透過愛的本身去認識對鄰人的愛。這難道不是至高的完美嗎？如果愛只能透過其他事物才能認識到，那麼這會使我們對愛感到患得患失，懷疑它是否不夠完備周延，也因此不算是永恆意義下的無限的愛。當我們無法覺知愛的本身時，這些「其他事物」就顯得很病態。在這患得患失裡，潛藏著某種焦慮，使得愛慾和友誼受制於他們的對象，這焦慮會點燃妒嫉的火，也會使人陷入絕望。但是對鄰人的愛並不會對他們彼此的關係患得患失，因而也不會互相猜忌。這愛並不會驕矜自持而無視於對象的存在。平等的愛也不會驕傲地顧影自憐，而對愛的對象漠不關心，不，平等的愛會謙卑地走出自己，擁抱每個人，愛每個個人，沒有例外。

我們前面說過，愛是個渴望，而渴望是豐盈的表現。因此渴望越深，他就越富有；如果這渴望是無限的，那麼他的豐盈也是無限的。如果你覺得需要愛某個人，那麼人們會說，你事實上是需要他，即使我們承認需要是某種財富。相對地，如果你覺得需要愛所有的人，那麼這渴望就大到似乎自己就可以創造它的對象。前者強調對象的特別，而後者卻突顯渴望的本質，也唯有如此，渴望才是豐盈的表現，渴望和對象才能在無限之意義下平等對待，因爲每個人都是鄰人，近在咫尺，又至爲珍貴，從優越性的意義去看，沒有任何對象，雖然在無限的意義下，每個人都是愛的對象。當你覺得需要和某個人談話時，實際上你是需要他；但是當你說話的渴望非常地強烈，即使在曠野中，在閉靜裡，你還是必須說話，如果這渴望如此的強烈，以致於你願意對每個相遇的人說話，那麼這渴望就是財富。愛是渴望，最深的渴望，在我們心裡，是對鄰人的愛；你不需要有個人去愛，但是你需要去愛人。然而，這財富中沒有驕傲，因爲上帝是它的前提，永恆的「你應該」會牽引這強烈的渴望，使它不致於墮落成驕傲。而這愛的對象也沒有任何限制，因爲所有人都是鄰人，不需要任何條件。

因此，如果你眞正愛鄰人，也會愛你的敵人。朋友和敵人的區分，是愛的對象差異，但是對鄰人的愛在對象上沒有任何差異。眞正的鄰人沒有親疏愛憎之別，在上帝面前是永恆的平等，即使是敵人，也是平等無差別的。我們始終認爲不可能去愛敵人，唉，因爲所謂的敵人是勢不兩立、眼裡容不下對方的。呃，那麼就閉上你的眼睛吧，如此你的敵人也就和鄰人一樣了。換言之，當你閉上雙眼，人世間的差異都會煙消雲散，更不用說是敵友之分了。如果你閉上雙眼，那麼當你聽到愛的誡命時，你的心靈就不會感到煩惱和迷惑。當你直視愛的對象以及他們的差異而不感到迷惑時，你就能夠全心全意地傾聽愛的誡命，彷彿這誡命是只對你說的，「你」應該愛你的鄰人。當你閉上雙眼、傾聽愛的誡命時，你對鄰人的愛就接近完美了。

前面說過，鄰人是純粹屬靈的，的確，我們只有閉上雙眼，或是忘記所有差異，才能看到鄰人。感官的眼睛總是看到差異，只注視著差異。所以世故的人整天大聲疾呼：「仔細觀察你所愛的人。」唉！如果你眞正愛你的鄰人，就千萬不要這麼做，因爲檢視愛的對象會使你永恆都看不到鄰人，因爲所有人都是鄰人，「執象而求，咫尺千里。」詩人嘲笑這種世俗的智慧，認爲愛情會使人盲目。在詩人看來，戀人會以神祕而無法解釋的方式找到他的對象，墜入情網，並且因爲愛而變得盲目，看不見情人的所有缺點，眼裡只有他的情人，卻清楚知道她是他的唯一。如果眞是這樣，那麼愛慾當然會使人盲目，但是他卻能清楚分辨其他人和這個唯一的戀人。因此，就所愛的人而言，愛情既使他盲目，又教他清楚分辨。對鄰人的愛也會教人盲目，然而卻是最深邃、高貴、神聖的意義下的盲目，戀人愛他的伴侶，而他卻盲目地愛每個人。

在對鄰人的愛裡蘊藏著永恆的完美，**這或許是為什麼它和俗世的人際關係與差異如此扞格不入，人們總是誤解且憎惡它，而似乎很不值得去愛你的鄰人**。

即使是平常不知道要讚美主的人，也會愛他的鄰人，當他恍然發現人們的墮落，發現異教徒藉著俗世生活的差異、種姓制度，很不人道地區分彼此，發現他們褻瀆地教人否認彼此血濃於水的關係，甚至狂妄地說其他人類「不存在」。（譯注：印度自吠陀時代，因出生之身分、階級、職業等之不同，而定其種姓，古代印度社會分爲婆羅門、剎帝利、吠舍、首陀羅等四等種姓。這裡指比這四種姓更低等的人，是「不存在」的。）這時候即使是他也開始讚美基督教。基督教爲人類烙印上親緣關係，要人們永誌不忘，藉此把人類從那邪惡中拯救出來，因爲在基督裡的所有人類和上帝都有著相同的關係，而保證了他們之間的親緣關係；因爲基督教平等對待每個個人，告訴他們，上帝創造人類，而基督拯救了他們，基督教的教義把每個人到叫一邊去，對他說：「你禱告的時候，要進你的內屋，關上門，禱告你在暗中的父。」（《馬太福音》6:6）「你因而獲得至高的眞理；愛你的救主，在生命和死亡中，你就擁有一切，拋開所有的分別；他們終究會殊途同歸。」從山巔俯瞰雲海的人，他會有疑惑嗎？他會爲底下的暴風雨感到困擾嗎？基督教把每個人帶領到這麼高的地方，因爲對基督而言，乃至於對上主而言，一切都不算多，他已經計算了無數的人，所有的個人。基督教帶領人類到這麼高的地方，教導人們不爲物喜，不以己悲，不因爲塵世的差異而驕傲或呻吟，因而傷害他的靈魂。基督教無意泯除所有的差異，正如基督也不求天父教使徒離開世界一樣。（《約翰福音》17:15）即使是基督教世界裡的人，也都沾染塵世的差異，更何況是異教徒。但是基督徒不能放棄他們的軀殼，同樣地，他們也不能沒有塵世生活的差異，特別是天賦、地位、環境和教育的差別，我們之中沒有人是純粹理想的人。基督教太認眞了，以致於無法浪漫地想像純粹理想的人性；它只是要使人類更純粹一些。基督教不是童話，即使它所許諾的幸福比童話的結局要璀璨得多；它也不是只有傻瓜才會相信的、神祕難解的天才幻想。

因此，基督教滌清了那異教徒所見的可憎現象，卻沒有摒棄世間生活的差異。只要世界存在，這差異就始終無法消除，而成爲基督徒並無法使人們豁免這些差異，相反地，只有克服差異的試煉，他才能成爲基督徒。在所謂的基督教世界裡，人間的差異還是會繼續誘惑人們，唉，或許它不只會迷惑我們，甚至使我們驕矜、妒嫉。驕傲和妒嫉都是基督教精神的叛徒。我們不能狂妄地認爲只有強凌眾暴的土豪劣紳才有罪，因爲如果貧窮卑微的人只是妒嫉或羨慕那些他所沒有的權力財富，而不知道要謙卑地渴求基督教神聖的平等，那麼這妒嫉同樣會腐蝕他們的心靈。基督教既不盲目也不片面，藉著永恆的冷靜，它平等觀照世界的種種差別，但是不偏頗任何一方。它很難過地看到許多打著基督教名號的生意人和假先知營造這樣的假象，彷彿只有上流社會的人才會沉迷於世俗的差異，彷彿卑微的人可以為了爭取平等而為所欲為，卻忘了眞正基督教的精神。我懷疑這樣子能否達到基督教精神的平等？

基督教無意抹煞高下尊卑的差異。但是基督教也不偏袒任何一方。基督教並不在乎人們所沉迷的俗世差異是令人感到厭惡或是值得追求的，它對世界並不作分別，但是它關心人如何傷害自己的靈魂。傷害自己的靈魂絕不是小事。在最尊貴和最卑微的人之間，還有許多更嚴苛的俗世差異，而基督教特別關心這些嚴苛卻不很明顯的差異。差異是人間無遠弗屆的羅網，在這張網裡又有許多不同的結構，有人會比較容易掉入陷阱，無法自拔；但是基督教並不在乎這些差異，因為對這些差異的成見和關切也是俗世的事。基督教和俗世將不會互相了解，即使某些人沒有明辨這點，以為有時候還是可以融通的。

為世界帶來平等和分配的正義，是人間的最高理想。然而即使是這最高尚的情操，也不能夠理解基督教精神。淑世的理想相信必定有個平等的俗世狀態或差異（無論是經過計算或是其他的省思），如果所有人都能達到這個狀態，就能夠實現平等的理想。但是這種平等永遠也無法實現。再者，這樣形式的平等也不是基督教所要的。其實，淑世的理想也承認這點。當有越多的人平等相處時，我們當然感到欣慰，但是我們也承認，這個努力只是個不可能實現的夢想，猶如蟻蜉之撼大樹，即使窮數百世之力，也無法竟其功。

相反地，基督教取道永恆的捷徑，直接達到目標：它承認差異的存在，卻教導人們永恆的平等。它告訴我們如何超越俗世的差異。請注意基督教的平和主張，它不說窮人的地位可以提高，而富人必須從高樓上爬下來，不，這是俗世的平等，而不是基督教的理想。即使是站在世界屋頂的人，即使是世界的王，也必須超越他的高傲，而行乞的人也必須超越他的卑微。基督教容許人間的差異，但是它要人們超越俗世的差異，以獲致眞正的平等，而這就蘊涵在愛的誡命裡：愛你的鄰人。

但是窮人和富人都不知道要遵循著基督教的精神，超越人間的差異，而失去了靈魂，唉，這樣一來，對鄰人的愛就特別的危險。每個絕望的人，攀緣著世間的某些差異，他的生活圍繞著這些差異，而不是活在上帝之中，他要求和他地位相同的人們聯合起來對抗所有人。而如果他們想和其他階級的人或是和所有人類友好相處，這個絕望的人就會斥責他們是叛徒。另一方面，其他階級的人也會因爲相同的條件而黨同伐異。怪哉，人們汲汲於消弭他們眼中的差異，卻以另一個差異取代它。當人們這樣做時，無異是在捍衛俗世的差異。因此，如果你愛你的鄰人，並不執意摒除人與人的差異，而是虔誠地以基督教的平等滲透到他的差異裡，那麼你很可能會和俗世生活扞格不入，甚至不見容於所謂的基督教世界；你可能會遭到各方的攻擊，成爲餓狼群中迷失的羔羊。

我舉幾個俗世差異的例子，以澄清某些問題。請你們耐著性子繼續讀我謹愼且費力的文字，因爲寫作是我唯一的工作，我有能力和責任精確地表達我的想法，我不知道其他作家在寫作之外，是否必須花費更多的天賦和時間在其他事情上，因而無法反覆推敲他們的作品。

因出身而決定的社會階級的時代已經過去了。這得歸功於基督教，但是這並不意味著權勢不再引誘人掉入差異的陷阱，傷害他的靈魂，而忘記了對鄰人的愛。如果還是有這些誘惑，那麼應該會更隱密地出現，而基本上和過去並無二致。你或許傲慢地告訴別人，他們的存在對你毫無意義，而且要他們服從你的命令，你可能避免和他們接觸，迂迴含蓄地讓他們知道，他們的存在對你毫無意義（或許是害怕會激怒別人而危害你自己），這兩者並沒有什麼不同。這種否定人性和基督教精神的行爲，其本質不在於表現的方式，而是因爲它要否定和所有人的親緣關係。唉！「保守自己不沾染世俗」（《雅各書》1:27）是基督教的課題和教義，但是如果以世俗的眼光攀緣附會它，彷彿這教義是所有差異中最榮耀的，那卻是公然褻瀆。行爲粗鄙並不是褻瀆，如果你是懷著純眞的心；生活清寒也不是褻瀆，如果你虔誠地過著寧靜且有尊嚴的生活；但是羅綺絲翠、輕裘肥馬，卻可能是褻瀆，如果它們斲傷了你的靈魂。假如貧窮的人由於他的不幸而妄自菲薄，因而沒有勇氣接受基督教的精神，那就是褻瀆；假如富有的人埋首於金錢堆裡，而怯於接受基督教的精神，那就是褻瀆；而假如你沒有超越和你的個別差異，像基督教那樣崇高，那也是褻瀆。

因此，墮落的上流社會會告訴那些有錢的人說，他們只爲上流社會而存在，他們只能生活在這個社交圈裡，他不能爲其他階層的人而存在，就好像他不能爲自己而存在一樣。但是，就像他們說的，請仔細想想；你必須學會敏捷便給，避免激怒別人，而唯一的技巧就是把祕密藏在心裡。避免和別人接觸，不要有任何牽連，也要避免啓人疑竇，不，你的沉默是要掩飾自己，因此要小心不要被人察覺到，更不要說冒犯到別人了。因此，當他走在人群中時，會閉上雙眼（請不要和基督教所謂的「盲目」混淆在一起）。你會驕傲卻又含蓄地從某個上流社會逃遁到另一個上流社會。你不可以注視他們，以免別人也注意到你，你的眼睛躲在屏風後窺伺著他們，以免遇見同儕或是地位更顯赫的人。你的眼神飄移不定，掠過所有的人，以免引起某人的注意，使他想起你們之間的親緣關係。你不可以廁身於卑微的群眾之中，不可以與他們爲伍；如果這些都無法避免，你就必須紆尊降貴、和光同塵，以免冒犯或激怒眾人。如果你夠便給慧黠，既優雅又機巧，而始終隱藏心中的祕密（也就是，別人的存在對你毫無意義），那麼你就可以把上流社會的墮落掩飾得很好。

然而世界在變，這墮落也已經改變。但是我們不要輕率地認爲世界因此就變得更好。你看看那些傲慢的人，如何沾沾自喜地讓「那些人」自慚形穢，而不知道要謹言愼行，保守這祕密。唉！世界已經變了，而墮落的形式也變得更狡猾，更無法捉摸，但是他們當然沒有變得更好。

這就是上流社會的墮落。但是如果有個出身豪門的人，無法苟同對於鄰人的黨同伐異，那麼，如果他知道將會遭到的指摘，他還是相信上帝會給他力量去承擔這些後果，只是他還沒辦法下定決心。首先，墮落的上流社會將會指控他是個叛徒和自戀者（因爲他要去愛鄰人），因爲上流社會的維繫需要愛、忠誠、誠實和奉獻！而如果貧窮的人又誤解他（因爲他不屬於他們的團體），以嘲笑和侮辱回報他，因爲他想要愛鄰人，那麼，他豈不是左右爲難呢？換言之，如果他是要帶領貧窮的群眾起義革命，打倒階級的差別，那麼他們或許會尊敬他、喜歡他。但是他不是要這麼做，他只是要表達內心裡作爲基督徒的渴望，愛他的鄰人。正因爲如此，他的處境就特別困難，四面楚歌、孤立無援。

然後墮落的上流社會無疑地會嘲笑他，指責他說：「這是他自找的。」他們當然是要拿他殺一儆百。其他有良知的年輕人，在威權的脅迫下，不敢爲他辯護，在「褻慢人的座位」（《詩篇》1:1）上，也不敢不和眾人一起嘲諷他，如果有人膽敢爲他辯護，就會遭到最嚴厲的撻伐。在上流社會裡，或許有些諤諤之士，可以在社交圈裡慷慨激昂、辯才無礙地讚揚對鄰人的愛，但是在現實世界裡，他卻無法克服心理的障礙，奉行他所讚揚的理想。而反對差異的隔閡，讚揚基督教的（而不是革命的）超越差異，當然還是沒有捨棄差異。在重視門閥的學術圈裡，學者或許會很熱情地闡述人類平等的學說，但是他當然不會放棄這些差異。那些在上流社會踔厲風發、屈伏四座的人，在現實生活中或許正是最怯懦的。

我們會用「與主同在」這句話祝福他人。如果上流社會中良知未泯的人願意和人群一起與主同在，而不是驕傲地逃避他們，那麼他或許會無法對自己或上帝承認他過去一直在躲藏（而上帝早就看見了）。換言之，與主同在當然是沒有任何危險的，但是他會被迫以非常獨特的方式去觀照自己。當你與主同在的時候，你只需看看任何一個可憐的人，你就無法逃避基督教要你明白的事：人類的平等。唉！但是這良知未泯的人或許不敢至死不渝地追隨上帝和祂的印記；他或許會退縮，雖然在晚上的社交宴會裡，他還是會讚美上帝的理念。是的，為了認識生命和自我而追隨主（而他們只有在宴會裡才能發現鄰人，因為上帝是發現他們的前提），是很重要的道路。然後，名聲、權力和榮耀都會黯然失色；當你與主同在的時候，就再也無法在俗世的蝸角虛名中感到喜樂。如果你攀附某個階級的人，執著於某種生活方式（即使是為了你的妻子），那麼這世界就會來誘惑你。即使在你眼裡，這些都不算什麼，但是他們仍然會以「偏待」（《羅馬書》2:11）的方式誘惑你。但是當你與主同在，追隨著祂，在永恆的光照下認識世界時，你就會發現鄰人（或許這是你的損失），然後上帝會要你去愛鄰人，或許這也是你的損失，因為愛你的鄰人是徒勞無功的事。

理念的針鋒相對或是辯才無礙，那是一回事，而在現實生活中永矢弗諼，則是另一回事。無論你在概念或辯論上如何懾服對方，終究只是空談。重點是認知和行動的差距有多大。我們都認識至高的眞理。小孩子和智者都知道這眞理，因為那是我們每個人都被分派到的功課。差別在於我們是否能夠知行合一，就像路德所說的，「我不得不這麼做，上帝保佑我，阿門。」當我們遠離生命和世界的困擾時，都明白至高的眞理；當我們啓程前往時，我們也明白這眞理；當沿途風光明媚的時候，我們還是了解它；但是在遭遇困厄時，這些認知都會煙消雲散，或是發現我們原來都只是霧裡看花。高居廟堂之上，冥想遙遠的眞理，這每個人都會。但是如果你置身於銅匠不斷敲打的鍋子裡時，你必須理解的就是最切身的事了；或者你終於發現，你過去的理解都只是空談。

當我們遠離生命的困厄時，小孩子和智者都能夠理解我們應該做些什麼。但是在迷途中問到他「應該」怎麼辦時，他才發現這些理解多麼華而不實，和人性的距離多麼遙遠。

當人們在辯論、宣誓、懺悔的時候，當他們遠離行動時，每個人都知道最高的眞理。在傳統的保護傘下倡言變革，能算是革命嗎？唉！人們總是呶呶不休地談論別人能做什麼、不能做什麼；但是永恆卻預設著每個人都做得到，只有我們做得到，祂才會要求我們。在華麗的傲慢中，上流社會的人知道人與人是平等的。在潛藏的優越感中，學者和有教養的人也知道人與人是平等的。在庸俗的人群中竊喜的佼佼者，也知道人與人是平等的。他們站在遙遠的地方，都知道誰是鄰人；但是只有上帝才知道，在現實中有多少人承認他們的鄰人。但是遠眺之下的鄰人只是想像的產物，只有近在咫尺時，我們才發現所有人都是鄰人。在遙遠的地方，鄰人只是在我們的想像的旅途中掠過的幻影，而在眞實世界和我們擦身而過的，才是眞正的鄰人，只是我們都不曾發覺。站在遙遠的地方，每個人都知道誰是鄰人，但是鄰人卻只有在近處才看得見的；如果你靠得不夠近，不能在上帝面前、在所有人當中看到他，那麼你也就根本看不到他。

我們看看窮人的差異。現在的窮人已經有了自覺，不再認爲自己只是個奴隸，他們知道自己不再只是個窮人，他們也是人。法國大革命後的恐怖政治或許過去了，但是我懷疑人們是否就不再墮落了？墮落的窮人帶領其他窮人，要他們相信所有上流社會的人都是他們的仇敵。他卻又說，因爲敵人的勢力太龐大了，和他們決裂可能會有危險，因此，他不會鼓動窮人叛亂、拒絕順從或是洩漏心中的祕密，他會告訴他們該怎麼做，才不會使當權者不悅，但是他不會讓他們知道，其實他隱瞞了更多的事。因此，在表面的阿諛奉承背後，他們隱藏著蔑視、仇恨和妒嫉。不以暴易暴，不能決裂，這會很危險；但是潛藏在心裡的敵意和沮喪，會使他們更憤世疾俗，而上流社會的人卻仍然不明就裡，因爲這是他們的祕密。

如果有個窮人，在他心裡沒有妒嫉，拒絕墮落者的宰制，他不怯懦屈從，不畏懼群眾，謙虛而喜樂地、公正對待世界的所有利益，在付出時比那些獲得的人更快樂幸福，那麼，這個窮人的處境就更危險、更孤立。他的同伴會視他爲叛徒，嘲笑他的奴性，而那些上流社會的人會說他是攀權附貴。就像前面那個有良知的上流社會人士一樣，對於這個窮人而言，「愛你的鄰人」似乎只能是個夢想。

於是我們看到了，願意愛你的鄰人，是多麼危險的事。世界有太多的差異；而個人藉著這些差異，也可以和其他差異或多或少地妥協。**但是永恆的平等，對鄰人的愛，不是讓步得太多，就是要求得太多，而和俗世生活的人際關係無法相容**。

如果有個人舉辦個晚宴，邀請瘸子、瞎子和乞丐當他的賓客。我想世人會認爲這是非常美好的景象，即使有些古怪。但是如果那個主人對他的朋友說：「昨天我辦了一場很棒的宴會，」這個朋友難道不會很驚訝自己沒有受邀嗎？然後，當他知道受邀者名單時，我想他也會認爲這是好事，即使有些古怪。不過，他還是會很訝異，或許會說：「在我的語彙裡，我很難形容這是什麼樣的晚宴，沒有朋友的宴會，問題當然不在於酒、賓客或侍者。」他會認爲這樣的晚餐不能算是宴會，而只是慈善晚會。但是筵席上的佳餚美饌、玉液瓊漿，遠勝過貧民窟裡僅供果腹的食物，我不知道有什麼理由不能稱之爲宴會，或許是他們的語言不同吧。

而那個主人或許會回答說：「但是我有我自己的語言。」在《路加福音》14:12-13裡，耶穌說：「你擺設午飯或晚飯，不要請你的朋友、弟兄、親屬和富足的鄰舍。以免他們也請你，你就得到了報答。你擺設筵席，倒要請那貧窮的、殘廢的、瘸腿的、瞎眼的，你就有福了。」耶穌不僅用了「筵席」，也說到了「午飯」和「晚飯」這兩個沒有節慶意味的語詞。但是耶穌只有在提到貧窮和殘廢的人時，才用「筵席」這個語詞。你是否想到過，基督要暗示我們，邀請窮人和殘障的人，不僅僅是我們應該做的事，而且是值得慶祝的，相反地，邀請朋友、親屬和富足的鄰舍吃飯，卻稱不上是宴會，因爲只有邀請窮人才是宴會。我當然知道我們的語言用法不是這樣，根據世人的想法，邀宴的名單應該是：朋友、同事、親戚和有錢的鄰居，只有這些人才有資格禮尚往來。在基督教的平等裡，你不僅僅是要賑濟窮人，你還要稱之爲宴會。但是如果你在現實生活裡堅持這麼說，認爲在基督教裡，邀請窮人吃飯是很有意義的事，那麼人們一定會嘲笑你。

讓他們去訕笑吧，他們也嘲諷過托彼特，就像托彼特一樣，愛你的鄰人總是會使你的危險加倍。國王要追捕托彼特，處死他，因爲他埋葬了同族的屍體。但是托彼特敬畏上帝甚於國王，他愛死者甚於自己的生命，於是埋葬了屍體。（《多俾亞傳》1:17-19）這是第一個危險。但是鄰人卻嘲諷托彼特的德行（《多俾亞傳》2:8），這就是第二個危險。

邀宴的主人也是如此。讀者們，你們認爲他是對的嗎？人們是不是會有些蜚短流長？爲什麼偏偏只邀請殘障者和窮人，而故意不邀請朋友和親戚？的確，他可以一視同仁地邀請所有的人。沒有錯，如果他有所偏私，我們也不會讚許他或他所理解的宴會。但是根據福音所述，重點在於其他人即使受邀了，也不會赴約。所以，當那個朋友知道受邀者是哪些人之後，他就不爲自己沒有受邀而感到訝異了。如果那個主人舉辦宴會，卻沒有邀請他，他當然會生氣；但是他沒有生氣，因爲反正他也不會去。

我的讀者們啊，你們覺得在「筵席」這個語詞上大作文章只是牽強附會嗎？你們沒有覺察到，爭論的重點正是在於「愛你的鄰人」嗎？有些人賑濟窮人，但是他們無法克服心理的障礙，不願意稱之爲宴會，認爲窮人和卑微的人就只是窮人和卑微的人。但是舉辦宴會的主人，在窮人和卑微的人當中看到他的鄰人，不管世人覺得如何荒唐可笑。唉！我常常聽到人們抱怨世人不夠誠懇，然而問題是，他們所理解的誠懇究竟是什麼，談的是不是俗世的事務。問題是，這個總是把誠懇和虛榮混爲一談的世界，會不會是在開玩笑，以致於當他們看到誠懇的人的時候，總是忍不住要譏笑他。這就是世界的誠懇！如果這世界各式各樣的差異不會妨礙我們看到某人是否愛鄰人，如果有許多人愛他們的鄰人，那麼這世界就會發現許多可笑的事。

從世俗差異的角度去看，對鄰人的愛基本上是希望平等地爲所有人類著想。如果僅僅是基於俗世差異的優越感，才願意爲他人著想，那只是貢高我慢；但是世故的人拒絕爲他人著想，爲自己的優越竊喜，則是怯懦的驕傲。兩者都是某種決裂，只有愛鄰人的人才有眞正的平安。對於世俗加諸其身的差異，無論是富貴貧賤，他都安之若素；再者，他接受這些差異，也認爲這是他此生需要接受的。你不可覬覦屬於鄰人的事物，他的妻子、驢子，以及他此生的一切好處。（《出埃及記》20:17）如果你無法擁有它們，那麼你也應該爲擁有這些事物的人感到高興。

如果你這樣去愛鄰人，那麼你也會獲得平安。你既不怯懦地附和強權者，也不傲慢地迴避卑微的人，你只是愛你的鄰人，並且希望平等地爲所有人著想，無論窮通順逆。你有一對巨翅，卻不是驕傲地翱翔在世界上空；你會無私地、謙卑而顚躓地貼著地面飛行。如果你是上流社會的人，躲在珠圍翠繞的深宅大院裡自然是舒適得多，如果你是卑微的人，或許隱居在茅茨土階的陋室裡會自在一些，的確，每個人都喜歡選擇隱藏自己的生活方式，保護自己不要面對太多的衝突。

但是，即使在生活中迴避衝突可以使自己快樂一些，我懷疑面對死亡時能否這麼自在。臨終前唯一快樂的事，就是不必再忍受這些對立。這不是我們可以宰制的事，我們只能服從這世界。因此，我們不能要求哪個地方最舒適愜意，什麼樣的人際關係最有利，每個人只能正其性命地服事上主，取悅祂。而所謂的正其性命，就是愛你的鄰人，並且平等地爲所有人著想。任何其他的選擇都是偏私的，無論這些選擇是否很誘人、很愜意。作這些選擇的人不能服事上主，因爲他事實上已經背叛了祂。但是當你接受這受到輕視、嘲笑和侮蔑的天命，而不執著於世間的差異，不攀緣任何人，平等地爲所有人而存在，那麼即使你一無所獲，即使你遭到窮人的嘲諷或富人的訕笑，甚至是四面楚歌，孤立無援，臨終之前，你卻可以欣慰地對自己的靈魂說：「我已經盡力了，不管我完成了多少；我不知道我造福了多少人；但是我知道我爲他們而存在，因爲他們的嘲諷。而使我感到慰藉的是，我不必把這祕密帶進棺材，我沒有爲了安逸的生活而否認和其他人血濃於水的關係，我不曾爲了潛在的驕傲而否認和窮人的關係，也不曾爲了避居山林而否認和富人的關係。」

或許有人藉著結黨營私而獲得他所要的，但是從來不曾爲他們著想過，或許他至死都不願意改變他的生活。而那致力於喚醒人們彼此平等對待的人，當人們因爲獲得自覺而迫害他時，他並沒有過錯。相反地，他對人類是有貢獻的，因爲人們的自覺就是他的努力成果。但是軟弱而鄉愿的人，無論是趨炎附勢或是滑泥揚波，怯懦地不敢喚醒人們面對眞實，因爲他害怕離開他的圈子，害怕擔負「沒有愛他的鄰人」的責任。

如果有人說：「好吧，但是這樣的生活有什麼好處呢？」我會回答說：「你認爲這藉口在永恆裡又有什麼好處呢？」永恆的誡命無限地高於世故的藉口。我們都是上帝的工具，用來成就眞理，我們也必須這樣認識自己的生活。作爲上帝的工具，我懷疑有任何人能夠背離這安排，不願意平等地爲所有人而存在。那些趨炎附勢或是滑泥揚波的人，從來沒有平等地爲所有人而存在。的確，只有透過對鄰人的愛，我們才能獲得至高的眞理，因爲至高的眞理就是成爲上帝手中的工具。但是前面說過，當人們不願意正其性命，結黨營私，想要自己去操縱世界時，那麼他的所有成就，終究只是鏡花水月。他在永恆裡也不會因這些成就而得到喜樂，因爲上帝沒有拿他作爲祂的工具。他是個恣意任性、自以爲是的人，他的所有成就，上帝都會取走，讓他錯失他的賞賜。（《馬太福音》6:2）對鄰人的愛，無論在世人看來有多麼地荒唐、挫折、笨拙，仍然是我們能夠達到的至高眞理。但是這至高者永遠也無法和俗世的關係相容，它既讓步太多，又要求太多。

看看在你面前多彩多姿的世界；它就像一齣戲，只是要複雜得多。由於個別的差異，每個在世界上的人都是個殊的，也代表個殊的階級，雖然他的本質並非如此。但是你在此生無法看到這本質，你只看到他所代表的個殊性。就像是戲劇一樣。但是當戲落幕時，扮演國王和扮演乞丐的人又有什麼不同呢？他們都是演員。而在死亡的時候，現實生活的舞台落幕（在我們的語言裡，我們很難想像，永恆的舞台在面臨死亡時，布幕才升起，因爲永恆根本不是舞台，祂是眞理），到那時候，所有人都沒什麼兩樣，他們都是人類。你可以看到他們的本來面貌，那是你在差異中無法察覺的，也就是，他們都是人類。

藝術的劇院正如魔咒中的世界。如果有一天晚上，所有的演員因爲太過投入了，而誤以爲自己就是所扮演的那個角色。就像戲劇藝術的魔咒一樣，我們是否也可以說，這是邪靈的魔咒，而我們都是附魔者？同樣地，在現實生活的魔咒裡（我們每個人都著魔於自己的差異），我們都迷失了本來的理念，以爲自己就是所代表的那個差異。我們似乎忘記了，俗世生活的差異只是演員的戲服、旅行者的斗篷，我們要留意長袍的帶子不要繫得太緊，尤其是不要打死結，以免換裝時脫不下來。我們都知道，當某個演員該換裝時，他必須到後台去把繩帶鬆開。唉！但是在現實生活裡，我們把「差異」這長袍的衣帶繫得太緊了，而時常忘記那只是一件外衣，因爲平等的內在光華不會也不應該從這外衣裡透顯出來。

演員的藝術是僞裝的藝術，藝術就是欺騙。能夠欺騙是很偉大的事，而讓人欺騙也一樣偉大。所以我們要學會不去透視戲服下的演員；因此，當演員完全融入他所扮演的角色時，他就達到藝術的巔峰，也是欺騙的巔峰。然而現實生活和永恆的眞理一樣，也應該是眞理的一部分，雖然它經常背離眞理，而人的本性的其他光輝也應該會穿過這些僞裝。唉！但是在現實生活裡，個人的成長始終無法擺脫這些差異，而和永恆的成長背道而馳。個人因而開始墮落；從永恆的觀點，每個人都是瘸子。唉！在現實中和我們糾纏一輩子的差異，到頭來死亡卻會把它從我們身邊奪走。

如果你眞正愛你的鄰人，你必須時常提醒自己，差異只是個僞裝。前面說過，基督教無意剷平所有的差異，無論貧富貴踐，它也不想以俗世的方式和這些差異妥協；它只希望我們不要執著於差異的葛藤，就好像國王脫掉披風告訴我們他是誰，或是衣衫襤褸的聖者的僞裝。換言之，如果這些差異只是可以輕易脫掉的戲服，那麼在每個人心中閃爍的人性本質，永恆的回憶，人的平等，就可以透顯出來。

如果每個人都能如此正其性命，那麼俗世也可以接近至高者。它不能和永恆一樣，我們所期待的生命的莊嚴，也不會阻斷生活的節奏，但是它每天都會透過永恆以及永恆的平等而重獲生機，每天都會拯救我們陷於差異裡的靈魂——這應該就是對永恆的反省。或許你在現實生活中遇到國王，你親切且恭敬地招待他，而你仍然看得到他內心的光輝，那被他的頭銜所遮蔽的平等的光輝。或許你會遇到乞丐，爲他的境遇感到非常難過，而你仍然看得到他內心的光輝，那被他的粗褐短裘所遮蔽的平等的光輝。是的，如此一來，你舉目四顧，滿街就都是你的鄰人了。自太初以來，我們的鄰人就沒有國王、學者、親戚的區分，沒有任何的特例，每個人都是鄰人。作爲國王、乞丐、富人、窮人、男人、女人，我們彼此都不相同。但是作爲鄰人，我們每個人絕對都是一樣的。差異是俗世用來迷惑我們的方法，但是鄰人卻是永恆的印記，銘刻在每個人心裡。拿一疊紙，在上面寫些不同的字，沒有兩張紙是完全一樣的。但是你拿起一張紙，不要被那些紛亂的字跡所迷惑，對著燈光仔細地觀察，你會發現每一張紙上都有個相同的浮水印。同樣地，鄰人也是這浮水印，而你必須透著永恆的光照才能夠穿透差異的外表，看到這浮水印。

我的聽眾，我想你們都曾感受過榮耀的光輝，當你們在靜默中冥想著永恆的時候（如果你不是站在遠處眺望）。啊，或許你們不曾感受這榮光，而無法下決定和上帝立下聖約，追隨祂，在生活中保守著你的理想，無論窮通順逆，甚至犧牲生命，戰勝所有羞辱和錯誤。請牢記：決心選擇眞理的人會得到神聖的慰藉；你或許會有困擾，但是你的勝利是永恆的。

你看詩人口若懸河地歌頌愛慾的奉獻、它使人墜入情網的偉大力量、它滲透到整個存有的多樣面貌，以及神聖的差別，詩人說，戀愛會改變整個人的存在。可是啊，眞正的奉獻是放棄對生命、權力、榮譽和利益的所有要求（而愛慾和友誼卻可能是要求最多的），放棄所有的要求，好去體會上帝和永恆對個人的至高要求。能夠接受這個認知的人，也就可以去愛他的鄰人。在我們的生活中，自始至終，世界和我們遙遙相望，給我們固執的幻覺，以爲我們有充裕的時間去要求許多事物。詩人是這個固執而美麗的幻覺最優雅也最狂熱的支持者。但是當你在許多角色的轉換後發現永恆和生命如此接近，沒有任何要求、托辭、藉口可以逃避這個「你應該」，那麼你會知道，成爲基督徒是唯一的道路。成年人都知道如何說「我」這個字；但是眞正的成熟和永恆的奉獻，是理解到，「我」這個字不會有任何意義，直到它變成了「你」，變成了永恆的「你應該」中的「你」。年輕人認爲他自己的「我」就是全世界；眞正的成熟是體會到這個「你」，即使他不曾對別人說過。「你」應該，「你」應該愛你的鄰人。我的聽眾，現在不是「我」在對「你」說話，而是永恆在對「我」說：「你」應該。我沒有什麼可以對你說的，我只能轉述永恆對我說的話，我也相信你以及所有人會願意聽。

第三章 A

愛是律法的滿全

「承諾是值得敬佩的，但是履行卻是困難的。」人們常這麼說，這是爲什麼？我們都知道，履行承諾是既值得敬佩又困難的事。但是我們要承諾什麼？這句俗諺並沒有說明。或許，光是承諾並不代表什麼；或許，這諺語是要我們小心不要隨便下承諾，言下之意，好像是說，不要浪費時間在承諾上，因爲履行承諾固然可敬，卻很辛苦。老實說，給予承諾不並那麼值得敬佩，即使你並沒有惡意。但是現在人們習於輕諾寡信，使我們不由得懷疑這些承諾是否值得尊敬。就這諺語而言，我們也聽人說過：「只憑一句承諾就借錢給人家，那麼錢還要得回來嗎？」所以你甚至可以說：「承諾是不光榮的事。」你假設眞正的忠實並不輕易給予承諾，也不浪費時間在承諾上，不爲承諾而沾沾自喜，既不要求承諾、也不要求履行承諾。然而，儘管這些俗諺警告我們不要輕易下承諾，我們還是必須先認識履行承諾的意義。

聖經上有個比喻（《馬太福音》21:28-31），在宗教研究上雖然很少被提及，卻很發人深省。聖經說：「一個人有兩個兒子，」就像「浪子的比喻」（《路加福音》15:11-32），那個父親也有兩個兒子，而且，他們的小兒子也都是個敗家子。

父親「對大兒子說：『我兒，你今天到葡萄園裡去作工。』他回答說：『我不去，』以後自己懊悔就去了。又來對小兒子也是這樣說，他回答說：『父啊，我去，』他卻不去。你們想這兩個兒子，是哪一個遵行父親呢？」我們也可以這樣問，這兩個兒子，哪一個是敗家子呢？難道不是那個對父親說「我去」而陽奉陰違的兒子嗎？難道不是那個暗地裡任意放蕩、浪費資財，和娼妓廝混，因而只得去放豬，最後卻又失而復得的兒子嗎？那個答應父親去葡萄園工作的兒子，不正像是那個浪蕩子嗎？正如在福音裡對那個浪子的質疑（儘管他自稱是個好兒子），那個陽奉陰違的兒子（他也認爲自己是個好兒子），是不是也說過「父啊，我去」呢？而諺語說，承諾是值得敬佩的！

然而，另一個兒子卻說「不」。雖然他拒絕，卻實際上履行了父親的命令，這暗示著某種很難解釋的彆扭心理。在反抗的拒絕背後，隱藏著某種誠實，有些憤世疾俗的意味，或許是因爲看到許多人信口開河而感到厭惡，所以他習慣會說「不」；或許是因爲他沒有自信，而不敢承諾自己做不到的事；或許是因爲他想誠實地履行責任，而不想以虛僞的承諾誇耀自己。但是在福音裡並沒有說明這些；大兒子實際上拒絕了父親的命令，但是他隨即懊悔，而到葡萄園去工作。

但是這比喻究竟想說些什麼？太過倉促地答應別人，是不是很危險的事，即使當時你是認眞的？那個說「好」的兒子，當他承諾時，他**不是**個騙子，而是因爲他沒有履行承諾而變成了騙子，甚至是因爲太急於給予承諾而變成了騙子，承諾因而成了陷阱。如果他沒有承諾，或許還比較可能會去做。換言之，那許下承諾的人，很可能會欺騙自己，也欺騙別人，彷彿他已經履行承諾了，或是以爲在承諾的時候便已經實踐了這承諾，或是以爲承諾本身就是個恩惠。當他言行不一時，距離眞理的道路就越加遙遠，只能回到當初承諾的開端。他的承諾或許可以拖延多時，但是由於這沒有實現的承諾，他會被遙遠的幻覺所惑，偏離了承諾的起點。他必須溯洄從之，想辦法回到這起點。相反地，當你說「不」時，因為懊悔而回頭去補償它，要比輕易給予承諾容易得多。

承諾說「好」，是很平常的事，而說「不」則會使人覺得很刺耳，通常也很容易反悔。當你說「好」的時候，通常會很自在；而當你說「不」時，幾乎是很害怕自己的。在第一個片刻，這差別非常重要，而在第二個片刻，也具有決定性的意義，如果說第一個片刻是瞬息的判斷，那麼第二個片刻則是永恆的判斷。這就是為什麼世界如何輕易地給予承諾，因為世界本來就是瞬息萬變，而在承諾的當下看起來都沒有什麼問題。這也是為什麼永恆不信任承諾，就像它不相信短暫的事物一樣。

假設兩兄弟都沒有照著父親的話做。即使如此，那個哥哥也比較可能遵行父親的命令，因為他比較**清楚**自己並沒有遵行。

說「不」或許並不隱藏任何事，而說「好」卻會變成自我欺騙的幻覺，是最難以克服的難題。唉！「善意是通往地獄的捷徑，」最危險的事就是因為善意或承諾而向後退。這些人實際上很難發現他們是在後退。當你轉過頭去離開某人的時候，你會很清楚你在遠離他；但是如果你心裡總是會想起他，彷彿時常和他打招呼說「我來了」，那麼你就沒有那麼容易發覺自己正在遠離他。當心懷善意而輕易承諾的你遠離自己的承諾時，也是如此。你確實是面向著承諾和善意，而實際上卻越走越遠。你不斷地許下承諾，彷彿藉此你可以向前進，但是事實上你不但不是駐足不前，甚至是在退卻。沒有結果的善意，沒有實踐的諾言，只留給人們失望和沮喪，或許讓人們期待更誇張的承諾，而失望和沮喪也越深。酗酒者需要越來越烈的酒精刺激，最後就造成酒精中毒。同樣地，沉迷於承諾和善良的人也需要越來越強的刺激，最後則是不斷地後退。

我們並不是要稱讚那說「不」的哥哥，而是從福音裡認識到說「好」的危險。和行動相比之下，承諾很可能被偷天換日，因此要小心！當小孩誕生的時候，讓母親更高興的，或許是她的痛苦終於過去了，而她一不留神，邪惡的精靈可能會用個醜八怪調換她的小孩。就在承諾的危險開端，邪惡的力量可能會潛入承諾，讓人們一開始就無法前進，唉！有多少人這樣受騙而沉迷其中。

這就是爲什麼我們要窮本溯源。愛也是如此，爲了不讓愛的面貌變形，成爲欺騙的假象或陷阱，以阿諛諂媚自娛，它必須認清楚自己的目標，覺今是而昨非，了解到愛的其他表現都是停滯不前，甚至是退卻。這就是我們以下所要闡述的：

愛是律法的滿全。

如果有人問保羅「愛是什麼」，保羅會回答：「愛是律法的滿全。」（《羅馬書》13:10）這答案涵攝了所有其他的問題。律法，唉，聽起來很囉嗦，但是實踐律法，如果你知道那是必須去做的事，那就不是在浪費時間。在這世界上，「愛是什麼」這問題經常是出於好奇，而回答這問題的，也多半是游手好閒之輩，這些人彼此唱和，樂此不疲。但是保羅既不是清談之流，也不是道學家。相反地，他藉著這個答案，把那些問題禁錮在律法的服從之下；他當下指出我們的方向，給予我們恪遵律法的動力。事實上，保羅所有的回答，乃至於所有基督教的回答，都有這個力量。這樣的回答使問題轉向，讓人不得不面對他應該做什麼的問題，這就是基督教的特色。那個老智者蘇格拉底，為知識而努力，審判那些異教徒，他知道詰問的藝術，知道如何以問題困住那些不假思索就回答的人。然而基督教關心的不是知識，而是行動，它的回答始終如一，透過答案要人面對他們的責任。因此，對於法利賽人、詭辯學者、吹毛求疵的人、枯坐冥想的人而言，問基督問題是很危險的事。詢問者不一定可以得到答案，但是在答案以外，他可以獲得更多的事物。那令人困窘的答案，並不絮絮叨叨地對人說教，而是藉著上帝的權威要人信守奉行，相反地，詢問者或許只是要保持距離，出於好奇心或知識的探索，才問些問題。我們之中誰不曾問過「眞理是什麼」這個問題？反正眞理臨到我們面前，是很久以後的事，至少現在它不會告訴你應該做什麼。當法利賽人要為自己辯護，而問「誰是我的鄰人」時（《路加福音》10:29）他心想這會是個冗長的探究，甚至不知其所終，最後只得承認無法絕對精確地定義「鄰人」，所以他提出這問題作為遁詞，拖延時間，以證明自己有理。但是「上帝使智慧的人中了自己的詭計」（《哥林多前書》3:19），而基督以那蘊含著責任的答案困住詰問者。他不以枝辭蔓語和詰問者論辯，那會正中他們的下懷。不，他怎麼教導我們的，就那麼回答，憑藉著上帝的權威。僞善的詰問者只聽到他該得到的答案，而不會得到他想要的答案。他所聽到的答案不會滿足他的好奇心，也無法讓他到處宣揚，因爲如果他對別人說，馬上就會使那人禁錮在責任當中。即使我們放肆地把基督的話當作傳聞去說，還是沒有用。人爲機巧的答案，無論是誰說的，或是對誰說的，都沒有分別。但是基督的所有回答卻正好相反：一方面，這些答案之所以重要，是因爲那是基督說的，而當他對任何一個人說的時候，重要的則是**那個人**聽到了。永恆所要強調的，正是「那個人」聽到了，雖然是對所有人說的。人爲的機巧總是沉陷在自我當中，對外界反而置若罔顧；它不知道有誰在看它，也不會正視他人。相反地，上帝的權威留意到所有的人，祂首先讓人不得不注意和他說話的人是誰，然後以銳利的眼光要人知道：這些話是對你說的。這就是爲什麼人們偏好深奧詭辯的答案，因爲他們可以在那裡魚目混珠，但是他們害怕權威。

或許正因爲如此，人們不願意回應保羅的回答，因爲他的答案會使他們很困窘。換言之，如果「愛是什麼」這個問題有其他的答案，他們就有時間喘息，就可以對好奇心、游手好閒和自私讓步。然而如果愛是律法的滿全，那麼他們就沒有時間去承諾，因爲承諾是推托敷衍的最後手段，會使人誤入歧途，而無法劍及履及地滿全律法；承諾自始就在說謊，彷彿他會開始行動，其實則不然。因此，即使愛的承諾不全然是短暫的欺騙，在刹那間消翳，只留下冷漠，也沒有那麼反覆無常，然而這承諾還是某種愛的耽溺，虛幻的、快樂的、錯愕的、輕薄的耽溺，彷彿他會專心思考承諾的事，彷彿對自己和他所能做的事感到很驚訝；這承諾是愛的耽溺，因而是戲謔，而且是危險的戲謔，因為認眞的愛是律法的滿全。但是基督教的愛透露了一切，因此再也沒有什麼可以透露的，包括任何承諾。

但是這不是俗世的蠅營狗苟。我們爲什麼要爲塵務所羈？我們通常會認爲，一個人做事的態度，會決定他是否忙碌。其實不然。只有確定了對象是什麼，他的態度才會有決定性。在每個當下專注於永恆的人，從來不會形爲物役。汲汲營營於俗務的人，在紛擾中分裂，而無法成爲整全的人，因而也是種病態。但是基督教的愛是律法的滿全，是整全的、專心致志的、眞正的行動；雖然他們從不勞役其心，卻不是怠惰敷衍。在行動之前，他們從不接受任何事物，也不給予承諾；他們從不陷溺在承諾的幻想裡；基督教的愛從不自滿，也不怠惰。它不是詩人所謂潛藏的、隱私的、神祕的感覺；它不像驕縱的靈魂的情緒那樣，視律法爲無物，或只聽任自己的律法；基督教的愛是眞正的行動，它的所有成就都是神聖的，因爲它是律法的滿全。

這就是基督教的愛。即使人類過去或現在從不曾感受過這種愛（雖然基督教徒「常在主的愛裡」〔《約翰福音》9:15〕，而可能使他的愛接近基督教的愛），但是在耶穌基督的愛裡，卻曾經出現過，因爲祂就是愛。因此使徒說「基督是律法的終結」（《羅馬書》10:4）律法做不到的事，包括拯救任何一個人，基督做到了。當人們無法遵守律法，而只是知道他們有罪時，律法就使他們滅亡，但是基督卻終結了律法；因爲祂就是律法所要求的。祂是律法的終結，因爲當要求被實現時，它就只存在於這滿全中，但是因爲這樣，它也不再是要求了。正如被滿足了的渴望只存在於暢懷的慰藉裡，基督也不是要廢除律法，而是要使它完美；因此，從那時起，它就存在於完美的滿全裡。

是的，祂是愛，而祂的愛就是律法的滿全。「你們之中誰能指證我有罪呢？」（《約翰福音》8:46）即使是和良知一起統攝世界的律法，也沒有辦法；他「口裡也沒有詭詐」（《彼得前書》2:22），他所說的一切都是眞理。在他的愛裡，沒有一絲一毫的感情和意圖偏離過律法的滿全。他不像那兩兄弟，他既不說「不」，也不說「好」。因爲「我的食物，就是遵行差我來者的旨意，作成他的工。」（《約翰福音》4:34）因此他與天父爲一（《約翰福音》10:30），與律法的每個要求爲一；因此完美地滿全律法就是他心中的渴求，是生命唯一的必需品。在他心裡，愛是眞正的行動；在他一生中，愛從來不曾是怠惰的感情，只是嘴巴說說，而讓時間虛度，也不是驕傲的情緒，只有自戀而不知道責任；不，愛是眞正的行動。即使當他哀哭的時候，也不是整天無助地悲傷，因爲雖然耶路撒冷不知道關於和平的事（《路加福音》19:41-42），但是耶穌基督卻知道。即使在拉撒路墳前悲嘆的人們不知道將要發生什麼事，他卻知道他要怎麼做。（《約翰福音》11:33-46）

他的愛在最卑微的事物上透顯出最偉大的精神；它並不只是出現在某個莊嚴的時刻，彷彿律法遺棄了日常生活。它在每個時分出現，從他的誕生到在十字架上斷了氣。當他說「馬利亞已經選擇那上好的福分」（《路加福音》10:42），當他轉過身去看彼得時（《路加福音》22:61），都是相同的愛。當他看到門徒因主的名而行神蹟，最後歡喜地回來時（《路加福音》10:17），當他見到門徒睡著時（《馬太福音》26:40），都是相同的愛。在他的愛裡，並不要求任何人，他不要求他們付出時間、精力、幫助、服侍或愛的回報。基督只要求他們都能蒙恩，而從來都只會爲他們著想；和基督在一起的人，他們對自己的愛遠不如基督對他們的愛那麼深。在他的愛裡，沒有討價還價的、妥協的、黨同伐異的協定，在他心裡，只和律法的無限要求定約。在基督的愛裡，沒有人有任何特權。

他的愛是沒有分別的，在他的母親和他人之間，沒有任何差別，因爲他「伸手指著門徒說：『看哪，我的母親，我的弟兄。』」（《馬太福音》12:49）他對門徒的愛也沒有差別，因爲他的神性或人性的愛是平等的，因爲這愛是要拯救所有人。

基督的一生是眞正的愛，但是他的一生只是一個工作天而已；「趁著白日，我們必須作那差我來者的工。黑夜將到，就沒有人能作工了。」（《約翰福音》9:4）在那之前，他的工作是不分晝夜的，如果他不作工，他就守護著祈禱者。

他就這樣滿全了律法。他不爲此要求回報；他唯一的要求，從生到死，就是純眞地犧牲自己，即使是律法都不敢這樣要求人們。他就這樣滿全了律法。他一生只有一個知己，始終追隨他，能夠和他一起警醒；那就是律法本身，它和基督須臾不離；然而基督就是律法的滿全。

不曾有過愛的人，是多麼貧窮啊！然而即使你因爲愛而獲得的豐盈，和這個滿全相比，只會顯得更貧乏！但是我們不要忘記，基督和每個基督徒之間，有著永恆的差別。即使律法被廢除了，它還是守在那裡，在人子和世人之間永遠的深淵，他們完全無法了解，而只能相信神的律法所說的，也就是，他是律法的滿全。人們無法在任何時候都了解它，只能堅守著信仰，以免被自己的理解所迷惑。

基督是律法的滿全。但是我們如何理解這個眞理呢？因爲他自己就是解釋，解釋者自己就是被解釋者，而唯一的解釋方式又是比喻。唉，我們如何解釋它呢？如果我們一無所獲，那就在上帝面前學習謙卑吧。我們短暫脆弱的俗世生活，堅持存在與思維的差異，而這正好證明我們在上帝面前的渺小。即使你盡心盡意地愛上帝，唉，上帝早就先愛你了；上帝是在永恆的前方，我們人類不知落後祂多遠。我們的永恆任務也是如此。當我們終於開始旅程時，不知道已經浪費了多少時間，即使我們暫時忘卻這差距以及我們的不完美！當你開始去尋求他的國、他的義（《馬太福音》6:33）時，你不知道已經浪費了多少時間，才知道要去追尋。同樣地，每一次行動開始之前，不知道流逝多少光陰。我們常常說「創業維艱」，在開始的時候，總是負債累累；而在和上帝的關係上，每個人都背負著無限的債，即使我們在開始旅程後總是會忘記欠了多少債。人們在生活中忘了這些債，或許是因爲他們也忘記了上帝。然後人們就互相比較，爲自己的優越而沾沾自喜。他們卻不曾想過，在上帝面前，他們什麼也不是。但是由於人們那麼急於肯定自我，難怪當他們談到上帝的愛時，總是虛應故事，因爲這愛的要求和標準會使他們自慚形穢。

利用上帝賦予你的十分之一的力量，把它發揮到極致，然後你背對上帝，和其他人相比，你馬上會發現自己遠遠超越他人。但是當你回過頭來面對上帝，即使你榨取所有的力量，你仍然什麼也不是，除了無限的債！因此我們會說，在某個意義下，對人們談論至高的眞理是徒勞無功的，因爲清談無法使人們眞正願意改變自己。換言之，如果你要過得愜意一些，那麼就忘記上帝吧，絕對不要想起祂，不要想起祂是自虛無中創造你的主；然後你假設，人類不必浪費時間去想起我們無限的、絕對的債。你也無權去提醒他人；所以你忘掉上帝，和眾人一起呶呶不休，又哭又笑，從早到晚塵務鞅掌，受人敬重愛戴，作爲他們的朋友、公眾人物、國王和抬棺者。特別是要認眞地忘記上帝，認眞地忘記，在上帝面前你什麼也不是。喔！但是當你面對上帝，你才會知道你失去了什麼，你在上帝面前的歸於虛無，是多麼幸運的事，這會使你在任何時候都更渴望回到這虛無，就像血液渴望流回心臟一樣。當然，對於世故的人們而言，這是愚不可及的事。因此，千萬不要和上帝「走得太近」（這意味著那些敷衍了事的人的態度），「不要和上帝走得太近，因爲你會一無所有，即使是那些執著俗世的人，也不會像你這樣損失慘重。」的確，世界不會剝奪你任何東西，正如它也無法給予你任何東西一樣。只有上帝才能這麼做，祂拿走一切，爲的是要給予一切，祂不會零碎地拿走你的東西，而是整個拿走，如果你眞的信守祂的話。「所以說啊，逃離祂吧。在國王面前肯定自己，是很危險的；和聰明狡猾的當權者接近，也很危險；但是這些都遠不及靠近上帝的危險。」

但是如果我們擺脫且遺忘了上帝，我不知道「愛是律法的滿全」這句話還有什麼意義。我們不要臨陣脫逃，不去理解它的意義，彷彿我們害怕知道太多（即使人們誇耀他們的淵博知識，也會害怕）；主張「愛是律法的滿全」的時候，當然必須同時承認自己的罪，也會使所有人都成爲罪人。

愛是律法的滿全。**儘管有許多的規定，律法還是有些不確定**，而愛正好使它滿全。律法是個笨拙的演講者，它無法說明一切，而愛使律法滿全。

「律法是不確定的。」這話聽起來很奇怪，因爲它的規定具有強制力量；是的，它擁有且控制所有的規定。但是它確實如此，這也是律法的弱點。陰影總是沒有眞實事物那麼清晰，律法也是如此；陰影總是有些模糊，而律法的剪影也會有些不明確，無論它的表現多麼精確。所以聖經說：「這一切原是未來事物的陰影。」（《歌羅西書》2:17）律法不是伴隨著眞實的愛的陰影，律法會被吸納到愛裡，它是未來事物的陰影。藝術家畫的草圖，無法如何精細，都還是草圖，都有些不確定的地方。直到作品完成了，我們才能說：現在沒有任何不確定的地方了。因此只有一張草圖是完全確定的，那就是作品本身。只有一種力量可以完全實現律法所描繪的藍圖，那就是愛。然而，草圖和作品都是同一個藝術家的創作，同樣地，律法和愛也同出一源；它們甚至比草圖和作品之間的關係還要一致。

因此，保羅說：「愛是命令的總歸。」（《提摩太前書》1:5）這句話是什麼意思？是的，它和「愛是律法的滿全」是一樣的。在另一個意義下，愛就是所有個別誡命的總和，包括「你不應該偷竊」等等。你沒有辦法計算出總和是多少，因爲律法是源源不絕、無窮無盡的。每個規定都會衍生出更精確的規定，以至於無窮。愛和律法的關係，在這裡就像是信仰和理解的關係一樣。理解會不斷地計算，卻總是無法達到像愛一樣的確定性；律法必須不斷地界定，卻無法得到總和，而這總和正是愛。「總和」這個語詞似乎和計算有關，但是當你殫精竭慮地計算而不知所終時，你會了解到，這個語詞應該有更深層的意義。同樣地，遍佈四處的律法讓你疲於奔命，但是再確定的規定，都有更確定的可能（在這些規定裡，總是潛藏著暫時的不確定和對其雜多的不安），這使你不得不懷疑，律法的滿全是否得另闢蹊徑。但是愛和律法之間沒有任何衝突，整體和部分之間也沒有衝突，他會發現，他遍尋不著的東西，早就在那裡了。

人們在律法之下呻吟。舉目四望，盡是無止息的要求，唉，就像身處無盡的海洋當中。他到哪裡去，都只有更嚴峻的誡命，看不到有任何寬恕的邊際。律法使他更饑渴，他無法獲得滿全，因為律法的目的是要拿走一切，不斷地要求，而在所有規定的不確定性當中，只看到這些要求越來越嚴苛。律法藉著規定要求我們，而這些規定卻沒有止盡。因此律法是生命的對立面，而生命是滿全，所以律法就像死亡一樣。但是生命和死亡認識的是同樣的世界，在某個意義下，就認知而言，律法和愛並沒有衝突；然而愛是施予，而律法是要求。愛並不需要廢除任何律法的規定；相反地，只有愛才能給予這些規定所有的滿全和確定；這些規定在愛裡比在律法中更確定。在饑餓和飽足的幸福之間，並沒有衝突。

愛是律法的滿全，因為愛不逃避責任，也不耽溺，既不給予任何豁免或溺愛，它從不驕矜自持。只有傻子才會認爲愛和律法是對立的，是的，但是**在愛裡**，愛和律法沒有任何衝突，它是律法的滿全；只有傻子才會認爲律法的要求和愛有著根本的差異，是的，但是**在愛裡**，滿全和要求沒有任何差異。只有傻子才會認爲愛和律法之間有齟齬，以爲他可以在其中說說閒話，挑撥離間。

愛是律法的滿全。但是這裡的律法指的是什麼？我們引用的是使徒的話，我們談的是**基督教的愛**，因此這裡的律法只能是**上帝的律法**。無論是世界或上帝，世俗或基督教，都認爲愛之所以是愛，就必須滿全某個律法，只是他們對於律法是什麼的問題有所爭議，而這爭議卻是永遠無法調停的。**世俗認為，愛是人與人之間的關係；而基督教卻告訴我們，愛是一個人透過上帝和另一個人的關係，也就是，上帝是他們的中項**。無論人間的愛情如何的美麗，在相互犧牲奉獻中成就了所有的慾望和幸福，即使每個人都在歌頌這愛情，如果抹煞了上帝以及人神關係，那麼，就基督教的意義而言，這並不是愛，而是愛的相互引誘和欺騙。**愛上帝就是真正的愛自己；幫助他人去愛上帝就是愛他們；受到他人的幫助去愛上帝就是得到他們的愛**。

世俗的人當然不認爲愛是我們可以任意定義的。愛的確是犧牲奉獻，因此他們認爲，人們是否願意犧牲奉獻，取決於愛的對象，而愛則取決於是否願意犧牲奉獻。因此這就得看我們是否正確判斷愛的對象。如果我們不知道「愛自己」的眞義是什麼（也就是愛上帝），那麼我們也不知道「愛他人」是什麼意思了（幫助他們去愛上帝）。如此一來，我們會把乖謬的犧牲奉獻誤認爲眞愛，而錯失了眞正的愛。人類自己對愛的判斷，並不是眞實的判斷，因爲愛上帝是眞正的愛自己。即使我們在愛的判斷上以上帝爲前提，我們還需要最關鍵的判斷，而這判斷是人類認知所不能及的。

這判斷是：在神的意義下，爲了愛的對象而奉獻自己，這就是愛嗎？在神的意義下，愛的對象要求奉獻，這就是愛嗎？每個人都是上帝的僕人；因此他不能奉獻自己，除非在同樣的愛裡，他也奉獻給上帝；他也不能占有任何人，除非他自己和他的所愛都在這愛中奉獻給上帝。他不能完全屬於另一個人，彷彿這個人是他的一切；他也不能完全占有另一個人，彷彿他是這個人的一切。詩人爲之狂喜歌詠的愛情，並不是最究竟的愛。基督教更進一步，探詢人和上帝的關係，我們每個人和上帝的關係是否先於一切關係，而愛的關係是否和上帝有關。如果不是這樣，眞正的基督徒，愛的守護者，奉主之名，會毫不猶豫地抽離關係，直到他的愛人願意理解這點。如果只有一方理解這點，基督徒會毫不猶豫地割袍斷義，這是詩人所無法想像的。正如詩人無法接受基督教的要求「愛你的敵人」，他也無法接受基督教的要求「出於愛而恨所愛的人」。但是基督教，奉主之名，卻毫不猶豫地把關係推向最緊張的程度。基督徒不只是要藉此上帝彰顯的權威（因爲上帝已經是我們的主），他也是出於對世人的愛，因爲愛上帝就是愛自己，而愛他人如愛上帝，則是在欺騙自己，讓他人愛他如愛上帝，是在欺騙他人。

從人類的眼光去看，基督教就是這麼深思高舉、這麼瘋狂，要求說「愛是律法的滿全」。因此，基督教告訴我們要能夠恨自己的父母、妻子、兒女、弟兄、姊妹，從人的眼光，我懷疑我們怎麼做得到？啊！不要因此而憎惡基督教。但是在神的意義下，我們確實必須把這些最忠實、最親密的愛當作恨，無論我們實際上是否恨那些愛我們的人，因為他們拒絕理解「愛自己」和「被愛」的眞義是什麼。

我們看到世人有各種愛的奉獻。我不知道他們是否也承認這種愛：出於愛而恨所愛的人、恨自己、恨同儕、恨自己的生命？世人知道各種以悲劇收場的愛。我懷疑他們能否忍受出於愛而恨所愛的人的痛苦、必須以恨為愛的唯一表現的痛苦，或是所愛的人必須以恨來回報你的愛，只因為兩個人所理解的愛在基督教的眞理裡有著淵壤之別？

在基督教以前的世界，人們所看到的悲劇的愛，因為愛的理念有若干程度的差異而產生衝突，但是這些理念卻有著共同的基底——在基督教以前的世界，人們不知道愛的理念之間可能會有永恆的差異，神性和人慾的理念差異。而如果眞正有這樣的分裂，那麼從神的意義去看，忠於眞實的理念，也就是永恆的理念，才是眞正的愛，而人慾的愛則必須被視為恨了。我們從世人的眼光去看至高者，卻不要忘記這其中有著永恆的差異：基督的生命是個悲劇的愛。在神的意義下，他就是「愛」；他以神性意義下的愛去愛世人。因為愛，他不願意放棄這理念，因為那意味著欺騙世人。正因為如此，他的一生都與世人所想像的愛相衝突。褻瀆神的世界把他釘在十字架上；但是即使是使徒們也不了解他，企圖以他們自己的想法曲解他，使得耶穌不得不對彼得說：「撒旦，退我後邊去罷。」（《馬太福音》16:23）這是這衝突中最深層的痛苦：最誠實、信仰最堅定的使徒，心中燃燒著愛，希望給他一些建議，表現他對主最深的愛，但是他對愛的想法是錯的，使得耶穌必須對他說：你錯了，而你的話聽起來像是撒旦所說的話！

基督教就是這樣臨到世間的；而基督教也給予我們愛的神性意義。我們總是抱怨被誤解，特別是摻雜著愛的時候，當我們發現愛的種種表現總是令人感傷，我們誠然被愛，但是沒有被了解，而被誤解的愛總是最痛苦的；然而，所有的誤解，都不如人們對於基督的誤解，對基督的愛的誤解！我們以爲只有褻瀆神才會和基督衝突。這眞是天大的誤解！不，即使是充滿了愛的人（從世人的眼光去看），也必定會和基督衝突，誤解他，因爲他們不曾了解神的愛。在世人的眼光裡，基督的愛根本不是奉獻，他是在折磨自己；大家都看到，他原本擁有重建以色列王國、宰制一切的力量！他有這力量，卻不願意利用，他心中便有些瑕疵，他不願意放棄他的想法，他的幻想，寧願殘忍地犧牲自己和他所擁有的一切，失去自己的生命以及他所愛的人的生命！他在人間沒有建立任何王國；他的犧牲也沒有讓使徒繼承任何利益。不，從世人的眼光去看，他發瘋了：他犧牲自己，爲的是要讓他所愛的人和他一樣不幸！

聚集貧苦的群眾，贏得他們的奉獻和愛，給他們希望，相信他們最驕傲的夢將要實現，然後卻突然改變計畫，不管他們的哀求，完全不爲他們設想，讓自己從榮耀的巔峰墮到危險的深淵，向敵人束手就擒，在嘲諷侮辱聲中，像個犯人一樣，被釘上十字架，而世界還爲之歡呼——難道這就愛嗎？這樣拋下使徒們，讓他們在世界上爲他而受人排擠，如同羊入狼群（《馬太福音》10:16），而他卻激起那些餓狼的嗜血本性——難道這就是愛嗎？

這個人到底要什麼？他爲什麼要欺騙那些純樸誠實的窮人？他爲什麼說他和他們的關係就是愛，他爲什麼自始至終都堅持那是愛，爲什麼到死的時候都不肯承認他欺騙了他們，到死的時候都堅持那是愛，唉，心碎卻忠實不渝的使徒們，對他的舉動沒有任何疑問，或許是因爲他們太相信他了，而從旁人看來，他簡直是個騙子！然而他就是愛，他的一切舉動，都是出自愛，他要拯救世人。但是憑著什麼呢？憑著和上帝的關係，因爲他就是愛。他就是愛，在他最深層的存有和對上帝的回應裡，他知道他的犧牲是爲了救贖，他知道他眞正愛他的門徒，愛所有人，或者說，愛任何願意接受他的救贖的人！

在世人對愛的觀念中，最根本的錯誤在於他們認爲愛和上帝無關，也和「愛是律法的滿全」無關。由於這樣奇怪的誤解，你或許認爲只有對鄰人的愛才需要抬出上帝來，至於愛慾或友誼就不必那麼大費周章，你或許以爲基督教只是個半吊子，以爲他們所謂對鄰人的愛不是要轉變愛慾和友誼；由於這樣奇怪的誤解，許多人或許認爲，他們需要上帝幫助他們去愛鄰人（比較不值得去愛的對象），至於愛慾和友誼，有他們自己就夠了，唉，彷彿上帝只會礙手礙腳地煞風景而已。但是，沒有任何世間的愛可以脫離和上帝的關係。

愛是情感的事，但是人的情感在面對愛的對象之前，必須先面對上帝以及律法的要求：愛是律法的滿全。愛是人與人的關係，但絕不只是夫妻、朋友、純粹人爲的協定或黨派，無論多麼忠貞，多麼溫柔！每個人在面對戀人、朋友、同儕之前，必須先面對上帝以及祂的要求。當他們拋棄了和上帝的關係之後，他們自己對愛的定義，對彼此的要求和判斷，就成爲最高的判斷。全心歸屬上帝的人，不應該想著女人，以免成天只是要取悅她（《哥林多前書》7:33），不僅如此，深愛著妻子的人必須先全心全意地臣屬於上帝，不可以只想著要取悅她，而要盡心盡意地取悅上帝。因此，妻子無法教先生如何愛她，同樣地，先生也無法教妻子如何愛他，朋友、同儕間亦復如此，只有上帝才能告訴我們如何去愛，如果我們相信「愛是律法的滿全」的話。

世人眼裡的愛，在基督教的意義下，只是自戀，或者說根本不是愛。然而，當人與上帝的關係決定人與人之間的愛，那麼愛就不致於掉入自我欺騙或幻覺的陷阱，而無我和犧牲也會成爲無限的要求。那不以上帝爲依止的愛，那不曾想過要帶領人們走向上帝的愛，對於何謂愛、犧牲和奉獻，只會得到世俗的判斷；這判斷裹足不前，當然也迴避那最究竟的、最可怕的衝突：在愛的關係中，對於愛的理念存在著無限的差異。

純粹從人的眼光去看，這種衝突根本不可能發生，因爲世人對於愛的觀念基本上都是一樣的。只有從基督教的角度看，才會有這樣的衝突，因爲那是基督教和世人之間的衝突。但是基督教知道如何走過這困境，從來沒有任何學說像基督教那樣，告訴人們如何堅守基督教的愛。它屹立不搖，爲所愛的世人著想，告訴我們要保守著愛的眞實理念，甘心忍受所愛的人以憎恨去回報他的愛，因爲這其中眞的有著無限的差異，在這兩種愛的解釋之間，存在著永恆的語言差異。遷就所愛的人對愛的想法，從世人的角度看，是愛的表現，如果有人爲他而這麼做，那就是愛他。但是，直接否定所愛的人對愛的看法，違背他的願望，從世人的角度去看，那是衝突的來源。在他們的眼裡，不會有愛的理念衝突。但是，在基督教的意義下，那卻是可能的，因爲那種愛阻礙了戀人們與神的關係。

但是我們又該怎麼做呢？對這樣的人保持距離，並不能解決問題，因爲這會使他更吸引人，而陷入情網的人也更容易受騙。基督教知道如何摒除這衝突，而不必放棄愛。它只要求這樣的犧牲（我承認這非常難）：願意忍受他人以憎恨回報他的愛。當你因爲眾人的愛和讚美而危及你與上帝的關係時，衝突就會產生；在這衝突中，人們會根據世俗對愛的看法提出犧牲的要求。基督教精神是：眞正地愛自己即是愛上帝；眞正地愛他人是犧牲一切以幫助他們去愛上帝（即使被他們憎恨）。

要理解這點並不難，但是在世上卻顯得窒礙難行，因爲世俗的、詩人所營造的觀念，不是認爲所有與神的關係都是個幻覺，就是在談論到愛時盡力迴避這問題。現在人們努力反抗各種枷鎖，他們也想要讓人與人的關係擺脫和上帝或生命的情感糾葛。而至於愛，他們想要鼓吹新的想法，而其實在所謂過時的聖經裡早已記載，他們要給予人們自由，「活在世上，沒有指望，沒有上帝。」（《以弗所書》2:12）那令人厭惡的束縛和奴役已經過去了，他們想要進一步掙脫上帝的枷鎖，人類不只是生來就是上帝的僕人，祂甚至自虛無中創造人類，世界上沒有任何奴隸制度比得上這枷鎖，他們至少容許奴僕在思想和情感上的自由；但是你的所有思想、感情和舉止，即使再隱蔽、再神祕，都還是屬於上帝的。這個所謂的枷鎖果眞是人類的負擔，爲了人權而必須去之而後快嗎？不，不需要。上帝爲了彰顯祂的權力，已經這麼做了。如果我們拒絕了上帝，那個位置將會空無一物。

根據這假設，所有的存在都會捲入懷疑的漩渦。那麼人們還需要律法嗎？呃，這要由人民來決定。哪些人民呢？這裡就產生疑點。既然每個人本質上都沒有高下的差別，我就可以恣意附和任何人的意見，甚至可以自己加上新的規定。我也可以隨自己高興，接受任何律法。或者也許律法的規定需要經過眾人的協議，而個人也必須服從這決議？好主意。但是我們必須找個時間地點聚集所有的人（所有的活人吧，但是死去的人怎麼辦？），即使做得到，他們可能有一致的結論嗎？或者只是由某些人去做決議吧。那要多少人才夠？再者，如果律法是由人們去規定的（但不是個人恣意的意見），那麼個人還有自由決定的行動空間嗎？在開始行動之前，你必須先從「他人」那裡得知律法的規定，而每個「他人」都得先問其他的「他人」。這樣一來，人類的生活有個偉大的藉口，這難道就是人類偉大的成就嗎？「他人」的範疇變得很異想天開，而人們天眞地要在其中找尋律法的規定，無異緣木求魚。

在人們之間取得協議的努力，當然不是一蹴可及，而是延宕了好幾個世代，這樣說來，人的行動就只是純粹偶然的；那要看他什麼時候加入這遊戲。有些人很早就跳進來，有些人半途才參加，但是他們都沒來得及看到結果，事實上只有到了歷史的終點，才能知道律法的規定是什麼。

如果有七個人都被控告犯下罪行，而眞正的罪犯只有一個，這時候，第七個嫌犯說「不是我，是其他人幹的」，「其他人」指的就是另外六個人。但是如果每個嫌犯都這麼說，那該怎麼辦？我們會不會產生幻覺，彷彿嫌犯不只七個人呢？如果人類都得問問「他人」的意見，這些「他人」就成了幽靈，好像人類除了現實世界以外，還存在於其他的地方，但是我們很難指出他們的錯誤，甚至摸不著任何頭緒，因爲人類多到數不完。這情形就像我們所說的「七個嫌犯和七個『他人』的童話」一樣。世人對於律法的觀念也是如此，我們藉著「他人」的障眼法哄抬自己的意見，又回過頭來附和這些虛構的「他人」的想法。這裡所說的人類存在，的確是第二義的存在，但不是虛構的；人類第二義的存在是存在於上帝之中，其實，更正確地說，這才是第一義的存在，人類在那裡認識到上帝的律法；而現實世界的人類才是第二義的存在。

然而有其他狀態可以比擬這個伊於胡底的困境嗎？這難道不是個叛變嗎？或許我們要謹言愼行，因爲我們都有罪，都背叛了上帝？是否可能因爲大家都犯了錯，就積非成是了？然而這個解釋本身不是叛變，就是信口雌黃，因爲我們取代了上帝，自己去決定律法是什麼。因此，忘記這點的人，不但自己犯了背叛上帝的罪，也成了他人的共犯。那麼誰來阻止這叛亂呢？我們會不會重蹈覆轍地說「我不行，『其他人』可以吧」？每個對上帝負有責任的人，難道不應該挺身而出，阻止這叛變嗎？這不是要呼朋引類，也不是要強迫他人服從上帝，而是無條件地服從自己，絕對地堅守和上帝的關係及其要求，明白地對他人說，就他個人而言，上帝是存在的，而且是唯一的主，而他只是個無條件服從的主體。

只有當我們每個人各自無條件地服從同樣的秩序時，人類的存在才會豐盈、眞實、有目標。只要這秩序是唯一的，別人就可以理所當然地告訴你這秩序，假如他的傳達沒有錯誤的話。不過，世界上還是會有失序的現象，它和上帝的命令相抵觸，基於確定性、平等和責任，上帝要每個人自己去認識律法的要求。如果是這樣，那麼人類的存在就有了連續性，因爲有上帝在維繫著它。不再有漩渦，因爲每個個體不再以「他人」作爲逃避的藉口，而以人神關係爲開端，一步一腳印，不再墮入混亂的深淵（這混亂正是變節的開端）。

愛的律法也是如此。我們自己從上帝那裡發現律法的要求，我們抗拒人性的迷惑（當然，如果我們都這麼做，世界上就再也沒有迷惑了），萬不得已時，我們甚至會遠離朋友、伴侶、所有親近的人，因爲他們要誘引我們誤入歧途，反過來說，我們也會謝謝他們，如果他們告訴我們正確的道路，這時候，人類的存在中也會豐盈、眞實且綿延。我們不要忘了它；我們不要被模糊的愛的觀念所欺騙，而要傾聽上帝的解釋，不管所愛的人是否也這麼想，不，我們並不睥睨以對；相反地，如果他們不認同，我們會感到很遺憾，但是不會爲此而動搖，而且會繼續愛他們。

世人和上帝對於愛的理解，的確存在著衝突。要獲得表面的妥協也非常簡單（反正都是叫做「愛」），但是我們卻很難察覺到他們的差異；如果我們想認識眞理，這是無法避免的困境。你常聽世人說，自戀是世界上最聰明的策略。但是即使如此，這也不能讓愛更高貴一些。的確，人總是自戀的，但是這世界並不因此認識到愛是什麼。

的確，我們很容易就可以獲得表面的一致，「愛是高貴的」這句話就是很好的例子。然而其中還是隱藏著誤解。如果世人曲解愛的眞義，而同樣冠以「高貴」的名字，這樣歌頌的愛又有什麼用呢？不，現實的世界會說：「自戀固然是最聰明的策略，如果你要世界愛你，如果你要世界稱讚你的愛是高貴的，那麼在基督教的意義下，你必定是自戀的，因爲世界所謂的愛就是自戀。」在世人的眼裡，孤芳自賞的你當然是個自戀的傢伙，但是自戀的你和其他自戀的人彼此唱和，世界卻會說這是愛。在對愛的定義上，世界始終無法擺脫這桎梏，因爲他們不以上帝或鄰人爲前提。世界所歌頌的愛，只是一群自戀者的相濡以沫。他們同樣要求犧牲奉獻，要求你對他們忠實，要求你放棄與神的關係，因爲他們不是拒絕上帝，就是拿祂作幌子。但是上帝所理解的自我犧牲的愛，是在神性意義下的愛，犧牲世間的一切以接近上帝，即使因爲千夫所指而使得這犧牲更艱難；這是眞正的犧牲，而人們所理解的犧牲，卻會要求回報。因此，在理解使徒所說的「愛是律法的滿全」時，我們不能苟同那些空疏浮誇的話，以爲「愛人者，人恆愛之」。你甚至會被斥爲自戀，如果你不願意以那些自戀者所相信的愛去愛他們。世界就是這樣，攬鏡自憐固然是自戀，但是自戀者的沆瀣一氣，他們卻稱爲愛；而高貴的、自我犧牲的、胸懷磊落的、人性的愛，雖然不是基督教的愛，世界還是譏笑其愚不可及；但是基督教的愛卻遭到世人的憎恨、仇視和迫害。我們不要因爲表面的妥協而錯看了世界的乖謬：他們會說，世界就是這樣，和基督教不同。話雖如此，但是如果每個受洗的人都是基督徒，而受洗的基督教世界裡都是基督徒，那麼在這些國度裡，所謂的「世界」就不存在；從教堂司事或警察的記錄裡，就可以了解這點。

不，上帝和世人所理解的愛確實有衝突。但是如果為了家庭和祖國而奮戰是有意義的事，那麼為上帝而戰就更有意義了：忠實面對上帝，忠於與上帝的關係，以及愛的定義！是的，獨立不倚的上帝不需要任何人，不需要祂自虛無中創造出來的任何受造者。但是，那打過美好的仗的人（《提摩太後書》4:7），證明上帝存在，以絕對的服從證明祂是唯一的主，這就是為上帝而戰。

人神關係是人與人之間的眞愛的試金石。如果愛的關係沒有引領我走向上帝，或是我沒有帶領他人接近上帝，那麼無論這種愛如何的幸福歡愉，即使它是人間的至善，仍然不是眞正的愛。世人永遠無法了解，上帝不只是在每個愛的關係中的媒介，祂甚至是愛的唯一對象，妻子所愛的人不是丈夫，而是上帝，丈夫只是幫助妻子去愛上帝。人們對愛的觀點總是無法脫離相互性的窠臼：愛人者即是被愛者，而被愛者也是愛人者。基督教告訴我們，這樣的愛還沒有找到眞正的對象——上帝。愛的關係需要三個元素：愛人者、被愛者和愛。但是上帝就是愛。因此，愛他人即是幫助他去愛上帝。

世界關於愛的種種說法總是令人迷惑。初出茅廬的年輕人聽到世界對他說：「愛人者，人恆愛之。」這話是沒錯，特別是當你朝向永恆或完美前進時。但是這個年輕人必須走進世界，如果世界對他說這話時忘了提醒他要忠於上帝，好認識愛的眞義，如果世界背棄了主，扭曲了愛，那麼世界就是欺騙了他。

如果基督不是愛，如果愛不是律法的滿全，那麼他還會被釘上十字架嗎？如果他淈其泥而揚其波，和世人一樣放棄在神性意義下的「愛是律法的滿全」，如果他拒絕作爲世界的導師和救主，而附和世人對愛的想法，豈不是會受到所有人的愛戴和崇拜嗎？如果使徒們不堅持「愛是律法的滿全」，堅信它不同於世人的履行合約，如果他們不堅持拒絕以世人眼光下的愛去愛人們，他們還會受到迫害嗎？

世間所說的愛，在永恆的意義下，都只是兒戲罷了。那堅守上帝的命令的人，忠實地愛世人，即使人們誤解他，甚至迫害他，仍然愛著他們，這樣的人總是被斥爲自戀。當人們看到他的愛勝過他們，難怪要感到憤怒了。如果你是要獲得世間的利益，你當然可以抱怨找不到任何朋友，因爲你的愛應該多少有些回報。但是當你犧牲一切，忍受困頓和譏諷，被趕出他們的殿堂，只是無條件地信守著上帝，愛所有的人，那麼你當然找不到朋友，就好像你登報徵友，卻在條件項目上註明「不要求任何回報」一樣。

我們奇怪耶穌爲什麼選擇那些卑微的人作爲他的使徒（我們當然知道，使徒越是卑下，越能夠彰顯主授予他的權柄），然而我們是不是更驚訝耶穌如何找到他們，如何讓這十一個使徒凝聚在一起，而他們共同的命運卻是從容赴義，遭受鞭笞、迫害、嘲笑、被釘在十字架上、被斬首，從不自誇，而只是相互扶持、謙卑地面對主？這對世人所理解的愛豈不是最大的諷刺？而當這麼多愛的團契前仆後繼，會不會讓世人有所警醒呢？如果有個人犧牲了，而許多人怠惰地剝削他的犧牲，世界很可以了解這是怎麼回事；這世界充斥著各種只顧著剝削而不願付出的社會。你的確可以在這世界上找到眞正的團契，但是你會發現世界如何地憎恨且迫害他們。

請想像一個人（姑且不論那些聖潔的人），他無法從世間的事物得到快樂，甚至這些事物對他沒有任何吸引力，「因悲愁衰殘」（《詩篇》6:6），就像《多俾亞傳》裡的莎拉，心中十分憂傷，想要懸梁自盡（《多俾亞傳》3:10）；就在他心靈最困厄的時候，即使是得到全世界的財富，都無法減輕他的痛苦，因爲這些財富只會讓他想起他的不幸，而人間的逆境也不會增加他的悲傷，這些困境最多只是更讓他觸景生情罷了；他清楚知道，那至高的眞理還在等著他：愛人的心，爲善和眞理奉獻的心，只有它才能使終日嗟嘆的他重新昂揚，去追求永恆的生命（你可以想像他的處境會是多麼艱難），他不會贏得世界的愛，沒有人會了解他。有些人會爲他惋惜，有些人會嘲笑他，有些人會躲避他，因爲他是個危險人物，有些人會妒嫉他，卻也會幸災樂禍，有些人對他又愛又恨，有些人會攻訐他，卻在他死後歌頌他，有些年輕人會像戀人一樣地被他吸引，但是年長以後卻不再了解他——但是世界會指責他是自戀狂，因爲他既不爲自己也不爲他人要求世界的回報。世界就是這樣，他們固然知道要去愛人類和善，但是他們更在意的是世間的利益，無論是自己或是他人的利益。世界完全無法了解超越這範疇的任何事物；你往前踏一步，就會失去世界的友誼和愛。即使以浮秤計算液體重量得到的密度，都沒有我對世間的愛的了解那麼確切，它不全然是邪惡的，也不是純眞無瑕的，而是某個程度下的善惡交集。但是在基督教的眼裡，這個「某個程度下」就是邪惡的。

我並不是要指控任何人，我也不想在這上面浪費時間。我只是想藉著思考和對人性的些許認識，透視世間的種種幻象，在生活中體會使徒的話語。我們是如此容易受騙，而要花好多時間才能夠從夢中醒來。沉醉在幻想的愛裡，且滿足於自己的想像，或許要容易得多；自戀的人們彼此唱和，相濡以沫，或許要容易得多——毀滅的路似乎總是輕鬆愜意得多。但是如果你的最終目標是讓生活更輕鬆愜意，那麼你就永遠無法接受基督教，甚至會躲避它，因爲它的目標正好相反；它會使你的生活很辛苦，而只是爲了讓你獨自面對上帝。誠實的人總是鍥而不捨地揭露世間的幻象，因爲有思考能力的他，最害怕陷於謬誤而不自覺，無論那些幻象多麼愜意，無論沿路的風光多麼旖旎，同伴們多麼阿諛諂媚——作爲基督徒，他最害怕的是迷途而不自知。

這種矯飾顯然不是愛，我們也無法想像有誰會相信它。然而事實卻不是這樣，你可以看到人類的判斷如何營造各種假象。如果有人佯稱那是愛，而你隨即反駁他，那麼自然就不會有假象。重點在於你是否希望成爲這虛僞的愛的對象，把它當作愛，歌頌它以及愛你的人。如果沒有法官那樣的判斷力，我們很難分辨，在生活中的哪些情況下，人們會那樣盲從某個人，以愛之名，爲他做任何事。畢竟，還是有許多人把愛當作某種慰藉。這些人顯然需要他們所愛的那個人，也喜歡受騙。

有些人忘記了要堅守著人生而平等的神聖意義，無論男女、貧富、貴賤，沒有人可以崇拜任何人或是受人崇拜。這道理如此的明白，使我們以爲那只是權力的誤用，只有那些有錢有勢的人才會這麼狂妄無知。唉，殊不知卑下的人也是始作俑者，希望藉此討好在上位者。當人們遺忘了這永恆的平等，那麼，縈弱的婦人和傲慢的丈夫，窮人和富人，市井小民和統治者，除了貶抑自尊，搖尾乞憐之外，他們不知道還能怎麼辦。他們**拒絕**認識更高的眞理，當然也不會知道它，於是他們自己就渴望這樣的不義，瘋狂地崇拜它。他們的慾望就只是爲那些在上位者而活。這不是權力的表現；自暴自棄變成了他們的慾望。

我們不也常常看見年輕女子忘我地崇拜偶像，渴望能爲他做任何事，只希望能歌頌他的愛，卻不知道在上帝眼裡，人類的所有差異都是子虛烏有，只會使人墮落而已。但是如果那個偶像告訴那女孩這個道理，她反而會說那是自戀。卑微的人（他們也遺忘了上帝）只希望能夠匍匐在上位者的腳下，至少這樣可以爲他而活，渴望他可以踩過他的背，歡喜地感激統治者高貴的仁慈和愛！這些愚昧的人完全遺忘了上帝，只希望能夠攀附權貴，甘心把最卑躬屈膝的關係當作愛的記號！而如果他拒絕這關係，想要幫助他人了解永恆平等的眞理，人們卻會指責他是自戀。當永恆被人遺忘時（它可以冷卻人類關係中所有病態的激情，而當俗世使人的關係變得冰冷時，它也可以重新點燃這關係），我們就再也無法阻止人們把這屈辱的關係稱爲愛，他們甚至渴望成爲這關係的對象。人們不僅會病態地藉著權力去彰顯自己，也希望藉著屈辱證明自己的存在，俛首貼耳，搖尾乞憐，把別人的狂妄稱爲愛。

永恆的要求不會使人豁免於實踐上帝的律法，即使世界要免除這義務，即使整個世界愛他的狂妄，卻誤解他的愛，因爲或許只有藉著絕望，永恆的要求才能夠讓絕望的人知道要忠於上帝，而不是搖尾乞憐地傷害自己的靈魂。永恆的要求不會讓愛陷溺在自我欺騙或幻象當中。你不能找藉口說這是人們自己的慾望，是人們自願成爲這種虛僞的愛的對象，是他們稱之爲愛的。是上帝使人間有愛的，也只有上帝才能決定愛是什麼。

但是當你的朋友和戀人知道你想從上帝那裡認識愛是什麼的時候，他們或許會對你說：「省省吧。幹嘛那麼認眞。爲什麼要把生活弄得那麼嚴肅呢？輕鬆看待那些誡命。你可以擁有友誼和歡樂，享受美好而有意義的生活。」如果你接受這些錯誤的建議，你會得到掌聲和他人的愛。但是如果你拒絕他們，如果你不想在愛的關係上背叛上帝、自己或他人，你很可能被斥爲自戀狂。你相信愛上帝才是眞正愛自己，愛他人就是幫助他們去愛上帝，但是你的朋友不會理睬你的信念。即使你不發一語，他也會注意到，你的信守上帝的誡命，對他是個沉默的勸誡，而這是他避之唯恐不及的。你們是好朋友。而很不幸地，當世人談到什麼是損友時，總是馬上想到世俗利益的欺騙和侵犯。你的朋友當然不想占你的便宜，他只是要詐取你和上帝的關係，而也希望你幫他欺騙他自己，在這欺騙當中，他和你成爲共犯。

人們談到人間的爾虞我詐時，馬上就想到利益的侵害、背信或是愚弄；但是他們都忽略了世界上最可怕的欺騙：當它忠於所有事物，幾乎多過它所承諾的，那正是最危險的謊言——透過誠實的友誼，它要你忘記上帝。有人說過，和魔鬼交易的好處是權力、榮譽和慾望的滿足。但是他們忘記了，交易的條件也可能包括他人的愛，以及讚美你的愛。當有人在對上帝的愛中愛所有的人時，世界總是以憎恨回報他。世界會以權力和宰制誘使人遺忘上帝，如果他拒絕誘惑，世界則會棄之如鄙屣，同樣地，世界也會以友誼去引誘人，而當他拒絕成為世界的朋友時，它就轉而憎恨他。世界不願意聽到上帝關於愛的永恆誡命，更不願意看到它表現在生命裡。但是世界會說它自己是自戀嗎？當然不會。那麼它會怎麼做？它會說那忠於上帝的人才是自戀狂。這已經是個老伎倆了：「讓一個人替全民死，免得整個民族被消滅。難道你們看不出這對你們是一件合算的事嗎？」（《約翰福音》11:49-50）

上帝和世界都同意「愛是律法的滿全」；所不同者在於世界認爲律法是由它決定的，附和這看法的人就是愛世界。有多少人因爲男女戀情而墮落（在神的意義下），她剝奪了你和上帝的關係，你對她一往情深，而她也耐心地讚美你對她的愛。有多少人因爲親戚和朋友而墮落，即使外表上看不出來，因爲他們都喜愛他，而且讚美他的愛。有多少人因爲同儕而墮落，把他當作偶像去崇拜，因爲他們可以藉此忘記上帝，叫囂隳突，四處炫耀，而拒絕想起有更高的眞理存在。我們對基督教世界的任何人問個嚴肅的問題：蘇格拉底這位純樸的老智者，在法官面前，爲什麼說他自己是隻「牛虻」（柏拉圖《辯護篇》），而同時又說他是受神的差遣，爲什麼他那麼愛年輕人？難道不是因爲他在更高的眞理下愛所有的人，因爲他的思想足以振聾發聵，不願被世俗迷惑，隨波逐流，陷溺在愛慾、友誼和令譽裡，而寧願當個自戀、憤世嫉俗、受人唾棄的人？由於某些永恆的「神性經驗」，使得他對人們的愛沒有陷入自我欺騙和幻象當中，因爲他堅守著永恆的要求，使得他自己也成爲對人們的要求。

如果脆弱的你渴望實踐使徒所說的「愛是律法的滿全」，那麼你得留意其他人。在這意義下，你是否再也不能愛他們？眞荒謬，這樣你的愛怎麼能滿全律法呢？但是要小心，不要讓「我是不是愛他們」的問題困擾你對他們的愛。不要讓「他們是否愛我」的問題阻止你們彼此相愛；不要因爲你不能忍受「自戀」的責難而放棄了至高的眞理！不要讓人們的判斷來證明你的愛，因爲只有和上帝的誡命一致時，他們的判斷才是有效的，在其他時候，他們只是你的共犯！不要忘記，這是人間很令人感傷的眞理，所有人與人之間的愛都不會是完全幸福的，也不會是始終不渝的！在神的意義下，所有人間的愛都潛伏著他們無法察覺的危險：塵世的愛可能太過熾熱，而妨礙了人神關係，而人神關係也可能要求犧牲最幸福的愛，即使你看不到任何危險。基於這可能的危險，你必須戒愼恐懼，不要在最幸福的愛裡忘記了上帝。而你也會有承諾的困難，因爲承認可能會招致他人的憎恨。上帝是愛的唯一對象，只有對上帝的愛才是眞正幸福快樂的；在這愛裡，你不會有焦慮，而只有愛慕。

愛是律法的滿全。但是律法有數不清的規定，我們怎麼樣才能討論得完呢？我想就討論最關鍵的問題吧。律法的要求有兩個層面，**它要求眞誠和恆久**。

什麼是眞誠呢？世人的愛也要求眞誠、奉獻和犧牲，但是這只是世俗意義下的眞誠。人們所謂的眞誠奉獻是：犧牲一切以滿足所愛者（愛的對象）對愛的理念，或基於責任而冒險去決定愛是什麼。但是在神的意義下，愛自己就是去愛上帝，眞正的愛他人是幫助他們去愛上帝。因此這眞心是無私的，和所愛者（愛的對象）對愛的理念無關，而是要幫助他去愛上帝。這樣的愛才是誡命所要求的犧牲奉獻。

眞心的愛必須是自我犧牲的，因此也不要求任何回報。世人所謂的愛也說他們不要求回報——他們只要求被愛，彷彿這不算是回報，彷彿這愛的關係超越人類的關係範疇。但是基督教的眞誠的愛，是甘心接受所愛者（愛的對象）以憎恨回報他的愛。這眞誠的愛是眞實的人神關係。你沒有任何回報，甚至沒有人愛你：因此這愛完全屬於上帝，在這愛裡，你也完全屬於上帝。人與人之間的無私、節制、自我犧牲，和基督教的眞誠相比之下，只是徒託空言，和基督教的決意相比之下，只是虛應故事。你願意犧牲一切，卻還是希望有人了解你，希望在理念上和人群一致，希望他們認同你的犧牲，並且感到高興。你願意捨棄一切，但是你仍然不想被人們的言語和理解捨棄。因此你的犧牲變得虛有其表；表面上你捨離世界，其實還是在世界裡。我絕不是要瞧不起你，唉，或許現在連這樣的犧牲也很難看到了。但是，從基督教的觀點看，我必須說，這還是不夠的。從世人的觀點看，你爬上了高峰，你的犧牲確實也很偉大；你放棄了一切，才得以振衣千仞崗上，你也得到眾人的讚美，他們都看到你的犧牲。然而，四顧蒼茫的你，像最卑微的人一樣受到所有人的指摘、嘲諷、厭惡和譏笑（你超越人性的界限，站在高處，而在他人眼裡，你卻是在泥塗之中），在基督教的意義下，這才是犧牲，而眾人會說這是瘋狂。只有一個人看到眞正的意義，而他卻不自誇，因為上帝並不讚許任何人類。相反地，儘管眞正的犧牲只有一個依歸，那就是上帝，然而他似乎被上帝遺忘了，因為他知道，在上帝面前，這犧牲不算什麼，而他也知道，只要一半的犧牲就足以贏得群眾的理解和讚許，而對上帝而言，這和眞正的犧牲沒有什麼差別，因為在上帝面前，任何犧牲都不算什麼。在基督教的意義下，這是犧牲，而眾人一樣會說那是瘋狂。在基督教的意義下，這就是愛，而如果愛是最高的幸福，那麼接近上帝也應該是最幸福的事了。

律法也要求愛要恆久。世人當然也會這麼要求，差別就在愛的眞誠上。恆久是指眞誠的愛能夠持續，其實也是眞誠的另一種表現。一旦你開始覺得你的愛夠多夠久了，開始覺得需要他們的回報，這時候你會發現你的愛慢慢變成了要求，彷彿無論你的愛多麼自我犧牲和奉獻，在某個界限上，你的愛基本上仍然是個要求——然而，愛是律法的滿全。我不想討論什麼偉大的忘我無私；律法要求人們自始至終的眞誠。自始至終的！然而要求你的愛既深邃又長久，是不是矛盾呢？你看到箭矢劃空而過，但是你卻要它穿入地底，以同樣的速度前進！在靈感的偉大時分裡，永恆歷久存在，但是當時間在俗世流轉時，你不再和靈感的時間同步，汲汲於俗世的時間，而把永恆的綿延拋在腦後！當你躺在死亡門前（當無私的你犧牲了一切，他人卻以憎恨回報你的愛時，確實像是躺在死亡門前一樣），律法卻要求在未來仍然能昂首闊步地前進！這是最大的矛盾。你看到疲倦的旅者背著沉重的行李，舉步唯艱，努力不讓自己跌落谷底；他奮力地抬頭挺胸，不讓自己倒下。你在死亡門前倒下，卻又必須掙扎著站起來，努力向前進，多麼奇妙的要求啊！律法正是要求你自始至終百折不撓。

唉，在精神的世界裡，有許多幻覺是外在世界無法想像的。我們說，小孩在會閱讀前必須先學習拼音。無論如何，這是學習的必然途徑。你無法想像還不懂得字母的小孩如何能夠閱讀。但是在精神的領域裡卻是可能的，多麼誘人啊！在這裡，一切不都是從決意、志趣和承諾開始的嗎？他們比課堂上的老師讀得流利多了。然而他們就可以飽食終日，無所用心了。唉，正好相反，你必須經過漫長的拼音學習，而不知道它們的意義是什麼。人們總認爲，以無私的心克制自己是最難的事，而和時間對抗更是不可能的。

某個意義下，時間是我們最沉重的負擔（因爲這是我們自找的）——當然我們沒有說它是永遠的！另一方面，時間卻有緩和痛苦的誘人力量。然而這力量卻是另一種危險。如果你犯了罪，隨著時間的推移，你也改過向善，你的罪惡感或許會減輕許多。然而眞的是這樣嗎？當自私恣意的人，不經心地忘記他的過錯，這過錯就眞的被遺忘了嗎？

那麼，告訴我，當我們說到「愛是律法的滿全」時，即使只是要自我反省，能夠不去評判別人嗎？你知道我們離這律法的滿全有多遠嗎？不要說時間治癒了罪惡感，甚至只是一轉眼的時間，我們都無法正確地描述我們的罪惡感，因爲時間模糊了我們對過去的評判，唉，但是無論多久的時間，都無法改變永恆的要求：「愛是律法的滿全」。

第三章 B

愛是良知的問題

但是誡命的總歸就是愛。這愛是從純潔的心、清白的良知和純眞的信心所產生出來的。

——《提摩太前書》1:5

關於基督教征服世界的勝利，或更正確地說，「得勝有餘」（因爲基督教從未想過要以俗世的方式去征服世界），或是基督教所帶來的無限改變（儘管所有事物仍舊維持原貌，因爲基督教並不標新立異，但是在無限的意義下，它們卻完全不同），我們可以一言以蔽之：它使得人與人的關係變成了良知的關係。基督教無意推翻任何政權，登上王座；它從不競逐外在世界的地位（在心靈的空間裡，如果它找到位置，那麼它就不會占據世界的任何位置），然而它卻無限地改變一切，並且讓這改變持續到永遠。

換言之，就像血液在每條血管中脈動，基督教也希望以良知的關係滲透到一切事物當中。這改變並不顯現在外，卻是無限的。異教徒們曾經嚮往身體中流著神的血液，基督教也希望人們可以呼吸永恆的、神性的生命。這就是爲什麼基督教被稱爲「屬於上帝的子民」（《彼得前書》2:9），而心存良知關係的我們，也可以說那是國王的國度。

那最卑微的僕人、純樸貧窮的女傭，她以最低下的工作維生，從基督教的觀點，當她談到自己和上帝時，她當然有權利說（而我們也以基督教之名懇求她這麼做）：「我是爲了薪水才做這工作的，但是我會盡心去做，因爲這是良心的問題。」唉，世間上只有一個人，除了良知的責任，沒有任何其他責任可以約束他，那個人就是國王。但是最卑微的清潔婦，在基督教的意義下，卻和國王一樣有權利對上帝說：「我是基於良心在從事這工作。」如果這婦人因爲沒有人聽她說的話而生氣，這只是顯示她沒有基督徒的心靈；對我而言，只要上帝允許我這樣對祂說，那就足夠了，貪婪地爭取言論自由，在這裡只顯得短視愚昧。有些事情，特別是內心的祕密，一旦公開了，就失去了意義，更不用說媒體的大書特書。基督教的神性意義，是祕密地告訴每個人：「不要汲汲於改變世界或自己的境況，彷彿妳可以由清潔工搖身一變成爲貴婦。不，妳要接受基督教，它會指引妳在世界以外的支點，妳可以撐起整個天堂和人間；是的，妳可以成就美妙的事，靜靜地、輕輕地移動天堂和人間，而沒有人察覺。」

這是基督教的神蹟，比把水變成酒更神奇，不需要新的國王，在神性的意義下，把每個人都變成國王，靜靜地、輕巧地，世界並不需要覺察到這改變。唯有國王才能夠根據他的良知去統治世界，而所有人都必須服從（也是基於良心）；這是無法避免的事。然而基督教以良知的關係深藏在內心的世界，在那裡，一切都變了。

你看熙來攘往的世界錙銖必較，他們讓人間不停地轉動，卻找不到任何意義；而基督教默默地成就了無限的改變，卻若無其事；這改變是如此地靜默，而不屬於這世界；它是如此地靜默，而只存在於死亡和內心當中。的確，基督教只存在於內心世界。

就這樣，基督教把人與人的關係轉變成良知的關係，因而也成爲愛的關係。這就是我們現在要思索的問題：在基督教的意義下，愛是良知的問題。

前述使徒的話，顯然有兩層意義，首先，「誡命的總歸就是愛」。我在前面已經闡述過了，雖然我引用不同的話：「愛是律法的滿全」。而這裡接下去說：如果愛是誡命的總歸，那麼它必須是從純潔的心、清白的良知和純眞的信心所產生出來的。然而，我們選擇討論「愛是良知的事」，它基本上涵攝了其他兩個部分。

我們大家都知道，在基督教裡，愛是良知的事。我們談談婚姻。在牧師爲兩個新人福證的時候，他會先個別問男女雙方：您是否問過上帝和您的良知？這時候他是把愛劃歸爲良知的事，這也是爲什麼他稱呼「您」，好像對陌生人說話一樣。他讓新人們的心靈都了解，這是良知的問題；他讓心靈的問題成爲良知的問題。這問題再清楚不過了；但是裡面還有個重要的詢問形式：對每個個人的詢問。對個人的詢問是良知關係的普遍形式，這也是基督教對人類的基本觀點，把芸芸眾生都視爲單一的個體。

所以牧師個別地問他們兩人，是否問過上帝和自己的良知。這是基督教爲愛慾所作的無限變化。像基督教的所有改變一樣，它非常樸實無華、非常神祕，因爲它只存在於個人心裡，寂靜的靈魂中不會腐敗的存有。在男女關係上，人間有太多醜惡，相較於男人，女人幾乎是另一種動物，是骯髒的存有者。女人爲了爭取平等的權利，經歷了多少次抗爭；

然而，基督教只是沉默地成就無限的改變。外在世界裡的舊有事物沒有多少改變。男人還是主人，女人還是在侍候著他；但是在內心世界，一切都改變了，只因爲這個簡單的詢問：她是否問過上帝和自己的良知要不要接受這個男人——作爲她的丈夫，因爲除此之外，他們無法成爲眷屬。耶穌說：「我的國不屬於這世界。」這是每個基督徒都信奉的眞理。它是事物的秩序，周遍一切，卻無法捉摸。就像守護天使，圍繞在我們四周，卻看不見他們，眞正的基督教精神也要成爲世界的異鄉人，因爲它屬於另一個世界，屬於內心的存有。無知的人們以基督教之名，爭取男女的平權，但是基督教從不這麼要求。如果女人願意成爲基督徒，她會明白基督教爲她所做的一切；如果她不願意，那麼她因爲不義所遭受的不幸，只能藉著抗爭，在支離破碎的外在世界裡獲得平庸的補償。

這就是婚姻。基督教透過婚姻，使得愛慾變成良知的關係，然而這似乎無法證明所有的愛都是良知的問題。但是我們不要誤解基督教的意思。它不是有選擇性地讓愛慾變成良知的關係，而是因爲它使所有的愛都成爲良知的事，而愛慾只是其中之一。如果其他的愛無法蛻變成良知的關係，那麼以本能和習性爲基礎的愛慾就更不可能了。本能和習性是愛慾的決定因素，因此愛慾似乎和基督教扞格不入。當兩個人相愛（當然他們自己最清楚），而又沒有任何阻礙結婚的困擾，那麼爲什麼要多此一舉，在婚禮上詢問他們是否問過上帝和自己的良知呢？基督教並不想改變外在世界；它也不想摒棄本能和習性，它只要在內心裡成就無限的改變。

基督教要在世界各處成就無限的改變（它潛藏在內心，並且指向人神關係，因而不同於對外在世界的意向），因而也要讓所有的愛都蛻變爲良知的關係。我們不要誤以爲它只選擇愛慾。良知的問題無法容忍任何妥協，它不能只存在於部分個殊的事物裡。良知的內在力量，和全在的上帝一樣，遍佈在整個世界；你不能說上帝「全在」於某個限定的地方，因爲這樣就等於否認祂的全在。同樣地，把良知的問題侷限在某些個殊的事物裡，其實就是否定良知的關係。

如果我們在基督教關於愛的教義中尋找個起點（即使在圓周運動中是不可能鎖定起點的），我們不能說基督教以將愛慾轉化爲良知關係爲起點，彷彿這是基督教最關切的問題。不，基督教要從基奠開始，那就是關於愛的屬靈教義。在問到愛是什麼的時候，它會以上帝或鄰人爲起點，因爲要在愛中發現鄰人，你必須從上帝開始，而反過來說，你也必須在對鄰人的愛中去發現上帝。在這基奠上，基督教擁有愛的所有表現，並且守護著它。因此你可以說，使愛慾蛻變爲良知的關係，既是人神關係的教義，也是「愛你的鄰人」的教義。它們都反對本能和習性的任性恣意。因爲在男人踏入任何關係之前，他一直是屬於上帝的，所以牧師必須先問他是否問過上帝和他的良知。女人也是如此。其次，因爲在踏進任何關係之前，包括戀愛，你們都是鄰人，所有牧師要問你們是否問過自己的良知。在基督教裡，所有人在上帝面前都是平等的，在對鄰人的愛的教義裡也是如此。或許有人認爲，在最放肆的愛慾裡，也可以有對鄰人的愛；唉，他們不知道，對鄰人的愛是最終極、最高的愛，怎麼能和那愛慾相提並論呢？

這就是基督教。它並不汲汲於尋找愛人，相反地，在對愛人的愛裡，我們首先必須愛鄰人。對於本能和習性而言，這當然是奇怪的、冰冷的倒置；然而這就是基督教，它並不比靈性和肉慾的關係更冷淡；再說，無燄的火正是靈性的特質。你的妻子必須先是你的鄰人，你們的夫妻關係是彼此個別關係的明確表述。但是永恆的基奠必須是所有個殊關係的基奠。

如果不是這樣，「愛你的鄰人」的教義就沒有容身之處；可惜我們經常忘記這點。懵懂無知的我們，像異教徒一樣地談論愛慾和友誼，過著異教徒的生活，然後再點綴一些基督教「愛你的鄰人」的教義，也就是多愛幾個人。然而如果你不明白，你的她必須首先是你的鄰人，然後才能成為你的妻子，那麼你就永遠無法愛你的鄰人，無論你愛多少人——因為你使你的妻子成為例外。你或許會終身摯愛這個例外，或許你的愛最後會冷卻下來。當然，對妻子和朋友的愛與對鄰人的愛有所不同，然而這不會是本質的差異，因為在「鄰人」的範疇裡，它們有共同的基奠。「鄰人」的範疇就像「人類」的範疇一樣。我們都是人類，當然我們每個人都是獨特的個體，但是「人類」是更根本的範疇。我們不應該因為太過沉迷於我們的差異，而怯懦地或狂妄地忘記了我們也是人。我們不會因為個別差異而成為例外，相反地，我們都是人，然後才是獨特的個體。因此，基督教並不特別反對丈夫對妻子的愛，但是他不能由於特別愛她，而使她成為例外，不再屬於鄰人或人類的範疇，如此他就混淆了基督教的本質，他的妻子沒有成為他的鄰人，其他人也沒有。如果有個人因爲他的個別差異而成爲人類的例外，那麼「人類」這概念就會產生混淆；這個例外不是人類，而其他人也不能算是人類了。

我們會說，丈夫應該出於良知去愛他的妻子、朋友，或其他親近的人，但是我們時常會有錯誤的觀念。基督教說你應該出於良知去愛所有人，包括你的妻子和朋友；這確實是良知的問題。然而，當我們說丈夫應該出於良知去愛他的妻子或朋友時，我們通常認爲這樣的愛是有分別的，或者說是有遠近親疏的愛。但是在基督教眼裡，這根本不是基於良知的愛。我們也看到，人們的愛是否誠實，常常取決於愛的對象，他們的妻子或朋友。這是不對的，因爲評判你對妻子或朋友的愛是否出於良知的，是上帝自己以及「鄰人」。換言之，只有通過這考驗，你的愛才是良知的關係。當然，只有在良知的關係裡才有眞正的「出於良知」，否則你也可以說某人「出於良知」而收受賄物。在討論我們的愛是否出於良知之前，我們必須先確認，愛是良知的事。但是只有當上帝和鄰人作爲愛的前提，而不是愛慾或友誼，愛才能夠成爲良知的事。而如果在愛慾和友誼裡，愛不能成爲良知的事，那麼他們的愛越是執著，也就越不可能是出自良知。

換句話說，基督教和異教徒或一般人對愛的定義之間，有著根本的改變。基督教不是要告訴你如何**個別地**愛你的妻子或朋友，而是要告訴你如何**普遍地**、**仁慈地**愛所有人。藉著這改變，基督教也使愛慾和友誼蛻變。

我們有時聽到人們說，愛情是良知的問題。但是他們的理解經常是錯的。愛之所以是良知的問題，是因爲人在愛慾中首先是屬於上帝的。所以當牧師問這問題時，沒有人會生氣，因爲他是奉主之名。但是人們卻曲解爲「愛慾是親密關係，不容第三者存在，包括上帝」，而在基督教看來，這並不是良知的問題。我們無法想像排除了上帝的良知問題，因爲所謂的良知，正是心存上帝。如果上帝不存在，我們的良知就是空洞的，因爲良知就是個人與上帝的關係，這也是爲什麼良知如此的沉重，因爲人們在良知裡感受到上帝的無限重量。

愛是良知的問題，因此不是本能、習性、感覺或理性衡量的問題。

世人知道許多不同種類的愛，以及它們之間的差異。他們不斷地分析最微細的差異。而基督教則剛好相反。它只承認一種愛，屬靈的愛，而不在意這普遍的愛不同的表現方式。在基督教的眼裡，各種愛的分殊都消弭了。

人們對愛的看法，或者是直接性的本能和習性，摻雜著責任、自然關係和權利，或者是渴望的目標，因爲受人喜愛和擁有所愛的人一樣，都是世間認爲的幸福。基督教既不關心直接性，也不在意幸福的問題。基督教讓人們在外在世界裡保有這些愛，但是它的教義並不著眼於任何人間的幸福，而是要在內心裡成就無限的改變。基督教的永恆力量對外在世界的承認如此的冷漠，這對世界而言，是既奇妙又無法理解的；它之所以是奇妙的，是因爲眞誠的心就是這樣，就像是外在世界裡的異鄉人。的確，有時候基督教的某些思想洩漏了這祕密，他們在俗世的表現，就是放棄婚姻，隱遁在修道院裡。但是在內心深處，或是在隱遁者心裡，「固守信仰上的奧祕」（《提摩太前書》3:9），當然是更好的隱遁處。和基督教的內心世界相較之下，避居寂寥的深林、人煙罕至的山巔或是修道院的小室裡，都顯得非常幼稚，就好像小孩子玩捉迷藏一樣，只是等候別人來發現他罷了。隱修院裡的修士告訴世界他躲在那裡，在基督教看來，他不是眞的要隱遁，而是在玩躲貓貓而已。

幼稚的人們誤解基督教，認爲基督教不要朋友、不要家庭、不愛祖國，當然不是，基督教並不是要捨棄人間，相反地，它以屬靈的方式關心人間的一切。反過來說，汲汲於要別人發現他的捨離，當然不能算是眞正的捨離。這種漠不關心就像是跑到別人面前對他說：「我才不在乎你呢。」那人可能回答說：「那麼你何必跑來告訴我？」以這種方式去分辨基督教，未免太過幼稚了。

眞正的基督教是很難辨認的。它根本不想在外在世界裡改變什麼；它想抓住世界，使它變得純潔、神聖，而世界既像是浴火重生，看起來又風景依舊。基督徒當然可以結婚、愛他的妻子，可以有朋友、愛他的國家；但是他對他和上帝之間的關係必須有個基本的理解，這就是基督教。

上帝和人類不同；祂不需要可見的證據去檢視祂的勝利；祂也可以默默地觀照世界。而你也無法幫助上帝去認識它，相反地，是上帝幫助你重新認識世界，讓你擺脫世界眼見爲憑的看法。如果基督覺得需要任何證據，他可以降下災難，召喚「十二營多的天使」（《馬太福音》26:53）。但是他拒絕這麼做；相反地，當門徒希望看到證明時，他責備門徒，說他們在說這話時，不知道自己是屬於哪一種靈（《路加福音》9:55），因爲他們要求外在世界的證明。但是基督教不想要外在世界的證明（除了某些觸怒世界的徵象，例如聖餐禮）；基督教拒絕這些證明，以考驗個人的信仰，試驗個人能否保守信仰的祕密，並且樂在其中。世人需要這樣的證明，否則他們就會產生懷疑。但是這樣的懷疑正是考驗信仰的屬靈審判。對世人而言，證明上帝存在的最好方法，大概是掛一幅聖像；但是我們會問，這樣上帝就存在嗎？或者存在的只是偶像呢？而基督最好是在街上大張旗鼓，而不是以僕人的形象（《腓立比書》2:7），毫不起眼，看起來就像凡人一樣，最後甚至被釘上十字架——然而這正是考驗信仰的屬靈審判。

基督教對愛的看法也是如此。世人要求屬靈的愛表現在外，唉，但這是不可能的，因爲它屬於內心世界。這當然激怒世人，而當基督教以任意的外在記號作爲唯一的證明，例如浸禮中的水，同樣也使他們不滿。世界就這麼矛盾，在內心和外在世界之間，基督教總是動輒得咎，這也說明爲什麼基督教精神總是會得罪世人。

然而基督教只認識一種愛，屬靈的愛，而它是愛的所有表現的基礎，也在其中顯現。多麼奇妙啊！如果你記錄且比較過人們生活中所有的差異，你會說：「我看到所有不同的人，但是我看不到普遍的人。」基督教的愛和其他的愛的關係也是如此；它在所有愛裡，但是你看不到它。從戀愛中的女子身上你看到愛慾、從眞誠的朋友身上你看到友誼、從國家的象徵上看到對國家的愛。但是你無法從對敵人的愛中看到基督教的愛，因爲那可能是更深層的怨恨，如果你這樣做是要把炭火堆在他頭上（讓他羞慚交加）（《羅馬書》

12:20）。你也無法從對所愛者的根裡看到基督教的愛，因爲如果你沒有親身經歷過，如果你不知道這是和上帝有關的事，你就不可能看到它。上帝如此信任和重視人類。但是我們卻要求證明的記號。上帝和基督教不要任何記號，這意味著祂對人類的信任。當你不要求他人證明他的愛時，表示你完全信任他，即使有許多表象困擾著他。然而你爲什麼會相信上帝信任你呢？難道不是因爲祂在暗地裡看著你嗎？這是多麼嚴肅的事！

但是**你**和所有人類，都不曾看到過基督教的愛，就好像你看不到「普遍的人」。然而「普遍的人」才是最本質的東西，基督教的愛也是最本質的愛，而在基督教眼裡，只有一種愛。我前面說過，基督教並沒有改變人們過去習慣的愛或友誼，並沒有增損任事物，但是它卻也改變了一切，改變了整個愛。從這根本的改變開始，它在內心世界裡使愛慾和友誼發生變化。它使所有的愛變成良知的問題，在愛慾和友誼裡，固然象徵著激情的冷卻，然而它也體現了永恆生命的內在世界。

愛是良知的問題，因而必須出自純潔的心和純真的信仰。

純潔的心。我們通常不會說，愛的奉獻需要自由的心。當然，這顆心不屬於他人或其他事物，即使是奉獻的那雙手，也都要是自由的。這自由的心，在給予的時候，會找到眞正的自由。從手中飛走的鳥、離弦的箭、反彈的樹枝，都沒有奉獻的心那麼自由。你鬆了手，鳥兒才能自由地飛；弓離了弦，它才能疾馳；拿掉壓條，樹枝才能夠反彈。但是自由的心不需要擺脫這些障礙就能擁抱自由，因爲它自身是自由的，而它也發現它自己是自由的。多麼美麗的想法，當它發現自己擁有自由的時候，又是多麼幸福啊！

我的陳述太像詩人了，如果這可以使你們印象深刻一些，或許無傷大雅。所以，我們儘可能諂媚地說些人們想聽的話，免得他們因爲我們笨拙的表達而忘記了最高的眞理：基督教的精神。

純潔的心不是這裡所謂的自由的心，因爲純潔的心自始至終都是**有束縛的心**。因此，當人們談到它的時候，總不如自由的尊嚴或是自我奉獻那樣的愉悅。純潔的心必須是有束縛的，心靈對上帝負有義務，即使是下了錨的船，都不如純潔的心那樣受束縛。受到加冕典禮最嚴厲的宣誓約束的國王、受到最沉重的責任禁錮的個人、受到每日工作羈絆的工人、負擔教育責任的家教老師，都不如純潔的心那樣受束縛，因爲他們的束縛都是有限度；但是純潔的心必須無限地對上帝負責。它超越所有的強制力；國王死了，就卸除宣誓的義務；地主死了，長工的義務也就到了盡頭；學期結束，教學的責任也就中止；但是上帝不會死，束縛也就永遠不會解除。

因此，心靈必須是有束縛的。渴望愛慾和友誼的你，請你牢記，基督教不曾否定你所說的自由；但是如果你和你所愛的人的心靈要能夠純潔，就必須先有這無限的束縛。也就是說，先有這束縛，然後才能開始談所謂的自由。有個名詞，在學界或商界都常聽到，那就是「優先權」。學者會談到上帝的優越性，商人則常提到抵押的優先權。我們說：基督教告訴我們上帝有第一優先權。學者不喜歡這樣解釋，商業上的優先權是某種主張。上帝有第一優先權，所有人和事物都有義務附屬於這優先權。如果你記得這點，你就可以隨意談論自由的慾望，但是，唉，如果你眞的記得，這慾望也不會來誘惑你了。

自由的心不會深思熟慮；它率性地投入自我奉獻的喜悅當中；但是無限地受上帝束縛的心有個無限的考慮，而無時無刻操心慮患的人，也不及這考慮的束縛。無論你在哪裡，這考慮總是跟著你。當你對所愛的人說她對你多麼重要時，請記得，對你的靈魂和你所愛的人而言，這個考慮才是最重要的。忘記了這考慮，罪惡就會接踵而至。

自由的心沒有歷史；當它付出自己時，它獲得了愛的歷史，無論是幸福或悲傷。但是受到上帝無限束縛的心，卻有先前的歷史，愛慾和友誼只是這唯一且永恆的歷史中的插曲。歌詠愛情和友誼的你，如果知道這只是永恆歷史中的片簡，你如何把你的讚美擠壓在這短暫的瞬間呢？你的歷史以愛的開端爲起點，以墳墓爲終站。但是愛的永恆歷史早已開始；當你從虛無中被創造出來時，它就在那裡了，而直到你回歸塵土，它還在流行不息。當死亡的床爲你鋪好，當你一覺不醒，只有死亡在等著你，一片沉寂，身邊所有的人事物都走遠，只有死亡陪著你；一切都走遠，留在病床旁邊的，只有永恆的上帝，如果你的心是純潔的（只有愛祂，你的心才會是純潔的）。

這是我們所說的純潔的心，以及「愛是良知的問題」。如果說，愛慾和人間的愛是生命的喜悅，而滿心歡喜的人誠懇地說：「我在這時候才獲得生命，」而談論戀人的幸福和生命的歡愉，也是種生命的喜悅，那麼，死去的人，對生命不曾厭倦、眞正擁有永生的人，就應該談論良知的愛。但是對許多人而言，這卻是個禁忌，因為人們不敢傾聽他的喜樂，寧願聽別人說他還活著。但是人總是會死，當人們舉杯祝賀長生不死的時候，永恆卻說死亡到了，如果你的心是純潔的話。愛一個人總是會有幸福和悲傷，但是除非你的心是上帝的，否則永遠不會變得純潔。

純真的信心。有什麼會比虛僞的愛更令人厭惡的嗎？當然，這種愛也不可能存在，因爲虛僞的愛就成了恨。不只是這樣，愛甚至不容許一點點的不誠實。只要有一點點的不誠實，就會有隱瞞，自私的自戀也躲在裡頭，而這樣的自戀也不算是愛。戀人誠實地面對所愛的人，像鏡子一樣纖塵不染地映現一切，如果他們可以穿透愛慾的遮翳，忠誠地互相映現。

但是如果兩人可以如此眞誠相待，莫逆於心，那麼基督教爲什麼還要談「純眞的信心」，誠實地面對上帝呢？如果兩人以純眞的信心相愛，是否必須預設他們得先誠實地面對上帝呢？是不是只有欺騙自己或他人，才算是不眞誠呢？如果某個人無法認識自我，可以說他不眞誠嗎？這樣的人能夠以純眞的信心許下愛的承諾，或是信守承諾嗎？而如果他無法承諾，他如何能夠履踐他無法承諾的事呢？不認識自己的人，也就無法以純眞的信心許下愛的承諾。

「信任」這個概念又更強些：這意味著有個關係親近的人，可以對他傾吐心中的祕密，只有他才是可以信賴的。但是這信任本身卻有個無以名之的基礎，和人們所想像的不同。例如說，即使和妻子最親密的人是她的丈夫，她當然還是可以對她的父母透露某些祕密，但是這信任是建立在其他的信任之上，是「對信任的信任」。妻子會覺得無法像對丈夫那樣告訴父母所有的事情，尤其是夫妻床笫間的事。外在瑣碎的事不算是心中的祕密；如果妻子想要和他人傾訴她最私密的事，她和丈夫的關係，這時候她會發現只有一個人是可以完全信任的，那就是和她關係最親密的丈夫。

然而，和我們關係最親近的究竟是誰呢？難道不是上帝嗎？如果是這樣，所有人與人之間的信任最後就成為「對信任的信任」了。只有上帝才是**信任**，正如祂是愛一樣。當兩人眞誠地訂下誓約時，他們其實已經各自對他人訂過誓約了。如果他們在基督教的意義下是以純眞的信心相愛的話，這卻是必要的。當兩人互吐衷曲時，他們其實已經對第三者傾訴過了。而如果他們是眞誠的傾訴的話，這卻是必要的，即使他們對上帝的信任是言語道斷的；這也證明他們和上帝的關係是最親密的。

無論人們如何歌頌戀人們的相知相守，總是有不眞誠的感覺，就好像在這信任中的不眞誠一樣。但是當我們談到以純眞的信心相愛時，人們總是會覺得兩人之間彷彿有些隔閡，使他們無法終身相守。是的，那看起來像是個阻隔，而其實是永恆的信任。人們總是在親密關係中感到幸福洋溢，但是如果沒有與上帝的親密關係，他們就無法以純眞的信心彼此相愛，事實上，戀人的相知相守是經過上帝應許的。只有當愛是良知的問題時，愛才能從純潔的心和純眞的信心中產生出來。

第四章

愛我們所看見的人們的責任

如果有人說「我愛上帝」，卻恨他的弟兄，他就是撒謊的：他既然不愛那看得見的弟兄，怎麼能愛那看不見的上帝呢？

——《約翰一書》4:20

人性中**深植**著對愛的渴望。我們所引的經文，可以說是對人性的描述，而眞正能說這話的，也只有上帝。我們在聖經裡讀到：「上帝說，人單獨生活不好。」（《創世記》2:18）所以上帝**拿下**那人的肋骨造了一個女人，**給予**那人，作他的伴侶——因爲愛和生命總是先拿走再給予的。歷來探究人性的人都承認人類對於伴侶的本有渴望。人們不斷地吐露這渴望，感嘆他們的孤單，敘述孤單的痛苦和不幸，而他們也經常遠離腐敗、喧囂、混亂的人群，踽踽獨行，只爲了要找到眞正的伴侶。我們就這樣時常回想起上帝的話，關於我們最深層的人性渴望的話。在擁擠擾攘的人群中，舉目言笑，誰與爲歡，社會只會使得人們更疲倦；但是治療的方法不是去證明上帝的話是錯的，不，我們只需重新思考上帝的話，認識我們對於伴侶的渴望。它如此深植於人性中，從創造人類以來就不曾改變過，當然也不會有新的發現，只是在不同的時代裡，總是有不同的表現方式。

它如此深植於人性中，也是人性的**本質**，即使那與聖父爲一、與聖父和聖靈在愛的交流中合一的主耶穌基督，也覺得需要去愛人和被愛。他的確是神人，和人類有著永恆的差別，然而他也是眞正的人類，在各方面都和人們相同。另一方面，他的這種體驗也說明了這渴望是人類共同的本質。他是眞實的人，有著人類共同的感受。他不是吸風飲露、不食人間煙火的神仙。不，他會憐憫那挨餓的人們（《馬太福音》15:32），他也在曠野中忍受饑餓（《馬太福音》4:2）。他也會和人們一樣，同情那渴望愛人和被愛的人們。《約翰福音》21:15說：「耶穌問西門彼得說：『約翰的兒子西門，你愛我勝過這些嗎？』他回答：『主啊，是的，你知道我愛你。』」多麼動人啊！基督說：你愛我**勝過這些**嗎？這聽起來像是愛的懇求；彷彿對他而言，成爲他們的最愛是非常重要的事。彼得察覺到這倒錯的關係，就像耶穌請約翰施洗一樣。因此彼得不只是回答「是的」，他還說：「主啊，是的，你知道我愛你。」這回答正暗示著那倒錯的關係。即使你過去聽某人說過他愛你，你還是會渴望聽他再說一次，當然，基督早就知道彼得愛他。

然而，「耶穌第二次問：『約翰的兒子西門，你愛我嗎？』他回答：『主啊，是的，你知道我愛你。』」他的回答並沒有兩樣，但是重複的問題使得這倒錯的關係更明顯。「耶穌第三次再問：『約翰的兒子西門，你愛我嗎？』彼得因爲耶穌一連三次問他『你愛我嗎？』就難過起來，對耶穌說：『主啊，你無所不知，你知道我愛你。』」彼得不再回答說「是的」，在他的回答裡，也沒有提到耶穌應該知道他的心意。他回答說：「你無所不知，你知道我愛你。」彼得不再回答「是的」，他被這倒錯的關係嚇壞了，因爲「是的」是對於確實問題的確實回答，詢問者可以從回答中更確知他從前不知道的事物。但是一個「無所不知」的人，需要從他人的保證才能確信某些事物嗎？然而如果眞是如此，他也就無法以人類的方式去愛人，因爲這是愛的迷障：沒有任何事物會比愛人的一再保證更確定的。就人性而言，只有不去愛人，才能絕對確定是否被愛，因爲這意味著他能夠跳脫朋友之間的關係。

上帝以人類的方式去愛人，這簡直太荒唐了，因爲這意味著祂愛某個人，而且希望成爲他的最愛。這就爲什麼彼得對這個重複三次的問題感到灰心。在兩人的戀愛關係裡，這樣重複的問答可能會不斷帶來喜悅，也可能因爲它透露出不信任而使人灰心。但是當「無所不知」的人連續問了三次，而且認爲這是有必要的，這一定是因爲全知的他知道彼得的愛不夠堅定深邃，也沒有聖靈充滿，事實上，他也曾經三次不認耶穌（《馬太福音》26:69-75）。彼得當然會認爲這是連續問三次的主要原因，他無法理解耶穌爲什麼需要聽他回答三次「是的」，這超出人類的理解能力範圍。唉，多麼無知的人類。對於那詛咒他死亡的祭司們、那掌握他的生死的彼拉多，耶穌一句話也不說，卻連續三次問彼得是否愛他，他問彼得是否愛他「勝過這些」。

愛如此深植於人性中，屬於人性中的本質，然而人們卻總是選擇逃避，逃避這至福。因此他們也選擇欺騙，只爲了欺騙自己，使自己痛苦。有時候這逃避是因爲某種沮喪。人們感慨人情冷暖、際遇困蹇，因爲沒有人可以去愛而感傷，畢竟抱怨世界和際遇總比捶胸頓足地埋怨自己要容易得多。有時候這自我欺騙會僞裝成控訴；他們抱怨不值得去愛那些人，一群「互相埋怨」的人，因爲指責別人總是比承受責難要容易得多。有時候這自我欺騙是驕傲的自滿，認爲沒有任何事是有價值的，因爲藉著苛責世界而顯得自己的超軼絕塵，要比苛責自己容易得多。然而，他們都承認這是個遺憾，「應該不是這樣的」。但是到底錯在哪裡，難道不是在於他們的追逐和摒棄嗎？人們不知道他們所說的話其實是對自己的嘲諷，因爲沒有辦法找到值得去愛的人，其實就意味著他們沒有能力去愛。

向外求得的愛，眞的就是愛嗎？我想，心中始終有愛，才是眞正的愛吧。而心中有愛的人應該更容易找到值得他去愛的人。儘管他有許多缺陷或弱點，而仍然願意愛他，這還不算是完美的愛；儘管他有許多缺陷或弱點，卻仍然認爲他值得去愛，這才是完美的愛。我們開始互相認識對方吧。苛刻地要求佳餚美饌，甚至挑剔其中的缺點，這是一回事。但是能在粗茶淡飯中領略到菜根香，卻又是另一回事，因爲我們的責任不是要提高我們的品味，而是要改變我們自己和我們的品味。

假設有兩個藝術家，其中一個說：「我走遍世界，閱盡繁華，但是我找不到任何值得入畫的人。我找不到值得我去描繪的完美的臉；每張臉孔都有些缺陷，因此我只得空手而回。」這是否就意味著他是個偉大的藝術家呢？而另一個藝術家說：「呃，我事實上沒有那麼專業；我也不曾出國，只待在家裡，和一些親近的人相處，但是我覺得他們對我都非常重要且美麗，我很滿足於繪畫的工作，雖然我並不自認是個藝術家。」或許他才是眞正的藝術家；他心中沒有成見，因而看到了那走遍世界的畫家看不到的東西。如果使生命更美麗的努力最後竟是對生命的詛咒，這豈不是很令人難過嗎？「藝術」不但無法使我們看到生命之美，反而苛刻地發現我們之中沒有任何美麗的事物！愛也是如此。如果愛也變成了詛咒，豈不是更令人傷感迷惑？對於愛的對象的要求，只是使我們發現沒有人值得去愛，卻不知道，當我們發現所有人都值得去愛的時候，愛就在其中！

很遺憾的，現在人們總是在談論什麼樣的對象才值得去愛，卻不談我們需要什麼樣的愛，才能夠去愛人。詩人們不斷地挑剔批評，以彰顯他們陽春白雪的品味，對於愛也是如此，彷彿他們的任務就是教導人們如何尖酸刻薄。而跟著詩人一起吹毛求疵的人們，只會傷害他們和別人的生命。如果我們不曾知道這些缺陷，我們或許會覺得生活更美麗一些。而如果我們知道要指摘他人的短處，我們就再也無法重拾上帝賦予我們的善良本性和愛。

如果我們沒辦法看到這眞理，使徒們會指引我們正確的道路，告訴我們如何善待他人，也讓自己更快樂。於是我們選了《約翰福音》的一段話：「如果有人說『我愛上帝』，卻恨他的弟兄，他就是撒謊的：他既然不愛那看得見的弟兄，怎麼能愛那看不見的上帝呢？」我們探討的主題是：

我們必須愛我們看見的人們。

這裡不是要談對所有人的愛，這在之前已經討論過了。我想要說的是，我們有責任在現實世界中找到值得特別去愛的人，在對他們的愛中，我們也愛我們看到的所有人。**當它**

是個責任時，就不是在尋求值得愛的對象，而是去發現那既有的、被揀選的、值得去愛的對象，無論他有什麼改變，仍然會認為它是值得去愛的。

但是這樣在解讀使徒的話時便產生了困難，這是自負洞察力敏銳的世人無法想像的。當使徒說：「他既然不愛那看得見的弟兄，怎麼能愛那看不見的上帝呢？」世人可能會反駁說，那是個有陷阱的問題。他們會認爲，他們所看見的弟兄固然不值得愛，這並不會阻礙人去愛看不見的上帝。但是使徒卻認爲這是不可能的，雖然他所謂的「弟兄」不是指特別的人，而是愛所有的人。使徒認爲上帝不會相信那「不愛看得見的弟兄，而愛看不見的上帝」的人的話，當然，如果有人「只愛看不見的上帝，而不愛看得見的人」，那麼他大概是個狂熱份子。這句話正是要反對人們對上帝的狂熱的愛，因爲這樣去愛看不見的存有者，即使不是僞善，也太瘋狂了。

事情很簡單。你必須先去愛上帝，因爲這樣你才會知道愛是什麼。但是你對看不見的上帝的愛，將會在你對弟兄的愛裡顯現；你越是愛看不見的上帝，就越會愛你所遇見的每個人。你不會因爲拒絕去愛周遭的人，就能夠更愛上帝一些，因爲如此一來，上帝就變成了幻象。而你不是找藉口逃避的僞善者或騙子，就是對上帝的認識錯誤，以爲上帝會妒嫉你或被愛的人。仁慈的天父總是會轉移話題說：「如果你要愛我，就去愛你看見的人們；你爲他們所做的一切，也是爲我做的。」上帝是何等的崇高，祂不會直接領受你的愛，也不會喜歡狂熱者的作爲。如果你把奉獻給父母的東西當作供物獻給上帝（《馬太福音》

15:5），這不是在讚美上帝。如果你眞是要奉獻給上帝，那就丟掉它，但是要心存上帝。如果你要證明你誠心要侍奉上帝，那麼就去侍奉人們，但是要隨時心存上帝。上帝不會要和你分享生命；祂要一切，但是當你奉獻給祂時，你馬上就得到回報，而且獲得更多，因爲上帝不是爲自己去要求一切，雖然祂要你奉獻一切。因此，使徒的話直接帶領我們到所要探討的主題。

當「愛我們看得見的所有人」是個責任時，**你必須先放棄找尋愛的對象的美夢和幻想，你必須腳踏實地，在現實賦予你的責任裡發現眞理**。

談到愛的問題時，最危險的藉口就是只肯愛那看不見或還沒看見的東西。這個好高騖遠的藉口完全脫離了現實，它也會沾沾自喜地以爲那就是最完美的愛了。我們很少聽到人忝不知恥地說他對愛感到厭惡，相反地，許多人狂熱地談論愛，卻因而無法眞正去愛人。這個自我欺騙比你所想的還要根深柢固。他們甚至把不去尋求愛的對象的罪過，誤以爲是不幸或壞運氣。如果他們知道這是罪惡的問題，他們當然會去找尋對象。人們總是以爲，愛就是戀慕者睜大了眼睛尋覓心中的完美對象。因此他們也會抱怨尋覓的結果一無所獲。我們不想討論他們說的是否有道理，他們所追尋的對象是否完美，是否把追尋和揀擇混淆在一起。我們不想在這樣的愛的概念下和人們爭執不休，因爲整個概念都是錯的，眞正的愛應該是閉起雙眼的寬恕和敦厚，看不見任何缺陷和遺憾。

這兩個概念其實有著淵壤之別；這是個差異和倒錯的世界。只有後者才是眞實的愛；

前者是錯誤的。而錯誤不會自我修正，總是積重難返。錯誤的發現並不困難，難的是如何找到正確的道路，就像是維納斯山一樣（《唐懷瑟》的故事），它在世界的某個角落，但是上山的人始終找不到路回去。對於愛的本質懷著錯誤觀念的人，在世界中尋覓愛的對象，最後總是一場空。然而，他不曾想過，或許那是他的錯；相反地，他不斷地挑剔，自我膨脹，認爲他的觀念才是完美的，最後只是突顯人們的缺陷，當然也一無所獲。

他始終不認爲自己有錯，他沒有半點惡意，畢竟他只是在追尋愛罷了。他沒有放棄愛，事實上，你會看到他越來越狂熱。他不會停止這個錯誤，他渾渾噩噩地蹣跚前進，追尋對於看不見的事物的愛，就像在找尋海市蜃樓一樣。看到海市蜃樓和看不到有什麼兩樣呢？拿走這海市蜃樓，你什麼也看不見，這時候你或許可以認識自己；但是拿走你的視覺，你卻看到海市蜃樓，這時候你什麼也察覺不到。但是他不會放棄愛，也不曾侮蔑它；他狂熱地談論愛，堅持這對於看不見的事物的愛。多麼可悲的錯誤啊！

我們常說世間的榮華富貴如夢幻泡影，確實如此。但是當生命的源泉也幻滅時，當人們沉醉在這泡影中，以爲他們獲得了最高的眞理時（他其實是緊抓著不著邊際的幻想的雲朵），這才是眞正可怕的事。唉，人們會虔誠地告誡不要糟蹋上帝的恩賜，卻對上帝在人們心中灌溉的愛棄如敝屣！世間的智者愚昧地認爲不要把愛浪費在有缺陷的人身上；我卻知道這才是善用上帝給我們的愛。無法找到愛的對象、把愛浪費在無謂的追尋上、在虛空中執著對於看不見的事物的愛，這才是愛的虛擲。

清醒吧，問題是在於你對愛的錯誤觀念，所有存在都無法滿足你的要求，而你也無法證明你爲何有權利這樣要求。當你改變對愛的觀念，了解愛不是要求，而是上帝交付你的責任時，你就發現了眞實。這是你的責任，閉起雙眼去發現眞實（在愛中的你會閉起眼來，無視於任何缺陷的存在），而不是睜大眼睛，卻無法看到眞實（像牧羊人那樣目不轉睛）。這是你開始去愛所有看得見的人的責任和條件。這條件就是要發現眞實的堅定基礎。錯誤總是含混不清的；這是爲什麼它有時候看起來像是屬靈的，因爲它總是那麼捉摸不定。眞理始終是一步一腳印，因而難免有些崎嶇；它的腳步堅穩踏實，因而有時候又顯得舉重若輕。這的確是極大的改變：從要求回報到付出的責任；從走遍天涯賞盡名花，到把世界擔在肩上；從熱情地追尋愛戀的甜蜜果實，到耐心地接受缺陷。愛正是透過這個改變才臨到世界，滿全我們的責任——在愛中，我們愛所看見的每個人。

當「愛我們所看見的人們」是個責任時，**那麼在愛某個人時，我們絕不能把自己的想像或希望加在他的身上**。如果你這樣做，你就不再是在愛你所看見的人，而是愛那看不見的人，愛你心中想像的人。

在愛中總是會摻雜著揀擇的行爲。當然，過盡千帆，遍覓不著愛的對象，這是一回事；而在愛中盡心盡意地滿全這責任，則是另一回事。我們總是希望所愛的人完美無瑕，不只是爲了自己，也是爲了別人的關係。我們尤其希望所愛的人和我們心意相通，琴瑟和諧。但是，天啊，我們不要忘記了，如果他眞的很完美，那不是我們的功勞，如果眞有所謂的功勞問題，那也應該屬於眞誠溫柔的愛。

揀擇總是和愛作對，想要阻止我們去愛所看到的人，因爲挑剔的眼神雖然總是游移不定，在另一個意義下，卻像鷹隼一樣，睥睨愛的眞實形式，狡猾地要我們向外馳求。有些人或許還是很迷惑，不知道他們是誰，想要什麼。他們很容易搖擺不定，因爲他們的愛總是無法下定決心，總是希望有更完美的人出現——彷彿交易還沒結束似的。這樣挑剔的人其實並不是眞正在愛他所見到的人，而正如他對他人的譏評一樣，他的愛也很令人作嘔。

我們的愛人和朋友們當然也都是人，像我們一樣地存在，但是如果你眞的滿全了這責任，去愛你所見到的每個人，那麼對你而言，他本質上就只能作爲被愛者而存在。如果他有雙重的存在身份，那麼你就不是眞正愛你所見到的人。這就像是分別用兩隻耳朵聽不同的聲音一樣。你用一隻耳朵聽他所說的話，判斷他是否聰明，或有什麼正確傑出的看法，而用另一隻耳朵去傾聽愛人的聲音。唉，這樣怎麼能去愛你所見到的人呢？如此一來，你們之間豈不是多了個第三者，如影隨形，即使你們獨處的時候，也會阻擾你們的親密關係；他冷酷地評判和拒絕，甚至使你厭惡自己和你的愛，因爲你如此的挑剔；他也會使你的愛人沮喪萬分，如果她知道這第三者的存在。這究竟意味著什麼呢？這是說，在某些情況下，你就不去愛他了嗎？這第三者是否因此就代表著隔閡和離間，像是在其他的宗教裡，毀滅性的力量將神性由一分裂爲多嗎？這個第三者是否意味著，在某個意義下，愛根本不屬於關係的範疇，你站在關係之外，在考驗那被愛者？若是如此，你是否想過，眞正要問的是，你眞的擁有愛嗎？

生活有太多的考驗，你也會發現愛人和朋友們攜手通過這些考驗。但是當這些考驗踏入關係的時候，就會犯下背叛的罪行。這樣的窺伺手段是最危險的不忠；他並沒有毀壞信仰，卻總是對信仰虛與委蛇。當你的朋友和你握手，而你卻在考慮他是否符合你的標準、是否值得你去回應他的熱情時，這不就是不忠嗎？如果你隨時都在考慮要不要踏入關係，這能算是在關係之中嗎？如果你隨時都在審視人們、考驗他們，彷彿你頭一遭遇到他們，這能算是在愛別人嗎？挑剔的人倨傲地拒絕所有美饌，固然令人厭惡，但是當他勉強以試吃的態度接受主人殷勤款待的食物，彷彿只是爲了果腹，或是在等待更美味的菜餚，而對眼前的粗茶淡飯覺得厭煩，這更使人反感。

不，如果你要滿全「愛你看到的人」的責任，那麼你不只是必須在人群中找到他們，而且要摒棄虛應故事和挑剔揀擇的態度，如此你才能眞誠地、如實地愛他們，而且發現所愛的對象是値得去愛的。我們不是鼓勵幼稚的迷戀被愛者的偶然特質，更不贊成錯置的感情沉溺。眞誠的愛在於凝聚力量戰勝所有的缺陷，去除所有的異質性。這才是眞誠，挑剔揀擇只會使關係變成推諉閃避。你們不應該因爲彼此的缺陷而疏遠，相反地，你們必須更心手相連，以克服這些缺陷。一但關係變成推諉閃躲時，你就不是在愛你眼前的人；你似乎是在要求其他事物，好讓你能夠去愛人。另一方面，當這些缺陷使你們更加推誠相與的時候，你就是眞正愛你眼前的人。你看到了他的缺陷，但是你們的關係卻更加眞誠，這意味著你愛這個被你發現缺陷的人。

世間有虛僞的眼淚、對世界虛僞的嘆息和抱怨，同樣地，對於被愛者的缺陷，也有虛僞的悲傷。希望被愛者盡可能地完美無瑕，是人情之常，當缺少了什麼的時候，人們也會嘆息和感傷，而因爲這看似純粹且深邃的感傷而自負起來。總的來說，對你的愛人或朋友表現出多愁善感的樣子，似乎是感性的共同形式。但是這是對於眼前的人的愛嗎？不，我們看到的人，以及別人眼中的我們，都不是完美的；但是我們心中對完美的典型都有某種狂熱。儘管我們都是不完美的，卻很少看到健康的、堅強的愛，不懂得去愛更不完美的人，也就是我們見到的人。

當「愛我們所見到的人」是個責任時，**愛就不再有界限；如果要滿全責任，愛就不能有界限，它是恆久不變的，無論愛的對象如何變易。**

我們回想一下前述基督和彼得的關係。我覺得彼得可能是所有完美的典型，特別是在他和基督的關係裡。但是基督還是知道他的缺點！我們且試著從人的觀點去看這關係。上帝知道所有事，無論如何微不足道，都仔細地保存起來，或者立即告訴人們，或者在適當的時候，起訴我們的自私、不忠和背叛。上帝知道原告總是不信任被告，希望法官執法如山。上帝知道我們時常看到慘不忍睹的景象，平常再遲鈍的人，當他受到傷害時，憤怒會使他變得異常尖刻，而再敏銳的人，當他成爲被害者時，對於任何可能使罪犯脫罪的事實，卻會視而不見，因爲受害者的憤怒樂於見到盲目的尖刻。如果兩個朋友之間發生像彼得和基督這樣的事，他們有充分的理由因爲出賣朋友而決裂。

如果你的生命面臨最重要的決定，而你的朋友主動對你大聲表示他的忠誠，說他願意爲你犧牲生命，在危險的關頭，他沒有走開（這可能是最無法原諒的），卻袖手旁觀；他心裡想的只是如何自保；他沒有逃開（這更無法原諒）；不，他像個旁觀者一樣，說他不認識你，然後呢？我們不想追蹤事件的後果，只從人的觀點去描述這情境。

你的敵人指控你、辱罵你，你四面楚歌，孤立無援。在上位者或許了解你，卻反過來構陷你；他們對你恨之入骨。因此你受到指控和咒罵，盲目而憤怒的群眾侮辱你，甚至病態地叫囂說，你的血債由他們和他們的子孫承擔（《馬太福音》27:25）。在上位者很高興，他們本來就瞧不起這些賤民，他們很高興，因爲這滿足了他們的仇恨，這仇恨既野蠻又下流，它在人們心中噬嚙著他們。你和你的命運和解，知道多說無益，因爲這只會招來嘲笑和羞辱。任何辯護都會遭到群眾的辱罵；你越是清楚證明你的正直，群眾就越憤怒；而像懦夫一樣的痛苦哀號，也只是自取其辱。

就這樣，你被人類社會放逐，卻又被他們包圍，你四周都是人，但是沒有人把你當作同類；當然，在某個意義下，他們還是認爲你是人類，因爲他們不會這麼殘忍地對待畜生。這比身陷野獸群中還要可怕，我認爲即使是凶殘的、在夜裡咆哮的嗜血野獸，都沒有喪失人性的憤怒群眾來得恐怖。我不認爲這些野獸能夠像人類那樣自然地讓其他同伴激起更野蠻的本性。我不認爲再凶猛的動物，它眼中閃爍的邪惡之火，能像在群眾中被激怒的人類那樣的熾烈！

就這樣，你站在那裡，被指控、咒罵、侮辱；你看不到任何良知未泯的人，更找不到任何同情的臉，然後你看到他，你的朋友，但是他卻不認你。而原本已經夠刺耳的侮辱，現在更像是放大百倍的回聲！

當你面臨這世間無可如何的際遇時，難道不會想到要復仇，對你而言，轉過頭去，說「我不想看到這背叛者」，會不會太寬大了？然而，基督的反應卻完全不同！他沒有轉頭不看彼得，假裝沒看到他；他也沒有說：「我不要看到這背叛者！」他沒有拋棄彼得。不，他「轉過身來看彼得。」（《路加福音》22:61）他的眼神攫獲了他；如果可能的話，他不會迴避對他說話。

而基督有是如何凝視彼得的？那眼神是否令人難過，像是要放棄他一樣？啊，不，那就像是媽媽注視著因爲無知而陷入險境的孩子，她責備的眼神中滿是想要拯救他的慈愛心情。彼得當時有危險嗎？唉，你看不出來嗎？不認朋友是多麼困難的事啊！但是在憤怒的情緒中，犯錯的朋友不知道他才是眞正陷於險境的人。這個人稱救主的人也知道危險在哪裡，知道彼得有了危險，需要拯救。救主並不會認爲，彼得沒有幫助他，是他一生的失敗，相反地，他認爲如果不趕快救彼得，彼得就會迷失。我們每個人都知道這道理，但是在這人生難堪之境裡，遭受指控、咒罵和侮辱的時候，卻只有基督會這麼做。

你我很少會遭遇到生死存亡的決定，因此也無法如此極端地考驗友誼的奉獻，在這最珍貴的情境裡，你發現到的只是怯懦和世故，而不是你所期盼的勇敢和義無反顧，你只會發現推諉、觀望和逃避，而沒有開放、決斷和忠實，你只會發現浮誇空詞，而沒有悲天憫人的胸襟！唉，在那充滿憤怒的狂熱下，你能辨別究竟是誰有危險嗎？是你，還是那棄你於不顧的朋友呢？當你眼前的人這樣變了心，你又如何去愛他呢？

我們習於讚美基督和彼得的關係，但是要小心不讓這段歷史成爲幻象，因爲我們總是認爲那事件和自己不相關。因此，我們讚美基督，並且設身處地去想像我們在這情況下會怎麼做。我們不預設任何想法，試著去問我們周遭的人，你會聽到他們對於基督的所有作爲都這樣回答：「傻瓜！他一生的事業都毀了，居然還不用他最後的力氣怒視那叛徒，讓他得到應有的懲罰，而只是哭哭啼啼的樣子，這樣算是個男子漢嗎？」這是對他的審判，也是另一種侮辱。而那些有權勢的人或許會說：「他爲什麼要與罪人和稅吏爲伍，而他的信徒爲什麼都是那些賤民呢？他原本可以加入我們的，加入我們上流社會的公會，但是現在他得到報應，他終於了解那些群眾多麼不可信。這就是他執迷不悟的後果。那些賤民背叛了他，他居然也不生氣！」更世故的人或許會同情地說：「祭司們讓耶穌鋃鐺入獄，儘管他再怎麼狂熱，當他看到自己失去一切時，一定會懷憂喪志，整個人完全崩潰了。只有這樣才能解釋爲什麼他會原諒那背叛他的人，因爲正常人絕不會這麼做！」唉，話是沒錯，沒有人會這麼做。正因爲如此，只有耶穌才足以透顯出春風化雨的風範，當他失去一切，包括生命，而他的門徒卻不認他的時候，他用他的眼神堅定了門徒跟隨他以及他的志業的信心，雖然有種種迷惑橫阻眼前。

基督對彼得的愛是如此無限：在對彼得的愛裡，他成就了「對所見到的人的愛」。他並沒有說：「彼得必須洗心革面，我才會重新去愛他。」不，正好相反，他說：「彼得就是彼得，我愛他。我的愛會幫助他變成另一個人。」因此，他並沒有斷絕和彼得的關係，好等待他的改變；不，他保留了這關係，因而幫助彼得改變他自己。如果沒有耶穌眞誠的愛，你想彼得會重拾這關係嗎？但是如果你因爲朋友沒有回報你的友誼而中止你們的關係，好等待他滿足你的要求，這還能算是友誼嗎？當朋友因犯錯而傷害了你，你不但不以爲忤，甚至承認他是你的朋友，這才是在幫助他！但是你常看到他們說：等他悔悟以後，或許我們還可以是朋友吧。我們會說這樣的行爲是寬大仁厚。但是我們不能說這樣的人是在「愛他所見到的人」。

基督的愛是無限的，因此必須是「愛所見到的每個人」。這再清楚不過了。無論人怎麼變，總是不會憑空消失。所以我們總是看得到他，而我們的責任就是愛我們所見到的他。我們會想，我們可以不用去愛那些怙惡不悛的人。多麼令人迷惑的語彙，「不用去愛」，彷彿那是人們避之唯恐不及的負擔。但是基督教問你：你會因爲這樣的變化就看不見他嗎？我當然看得見他；我看到他再也不值得我去愛他。但是，如果你**看到**這點，那麼你就不是眞正看到他（當然這裡的「看到」是不一樣的），你只看到他的缺陷以及「不值得你去愛」，如此，當你愛他的時候，你也不曾看著**他**，而只是看到他的優點，這才是你所愛的。

然而，基督教認爲，愛就是去愛所見到的人。這不是說要去愛你在他們身上看到的優點，而是要愛你看到的人，無論你看到任何優缺點，是的，無論他如何沉淪，他還是你所愛的那個人。愛他的優點的人們看不到他，因此當他的優點消失，他們就不再愛他。雖然這些窮通順逆的變化並沒有使他消失。唉，人間對愛的種種說法，即使再怎麼充滿智慧、妙語如珠，卻無法明白這點；然而基督教的愛，卻是從天堂臨到人間，因此和世人的想法大異其趣。它臨到人間，無論人們如何變化，還是愛著他們，因爲這愛在遷流變化中看到同一個人。人間的愛總是漂浮不定，隨著被愛者的優點而幻起幻滅。我們會說誘惑者偷走了少女的心，然而即使是人間最美麗的愛，多少都有些偷盜的意味，它實際上竊取了被愛者的優點。但是基督教的愛接受被愛者所有的缺陷、弱點和改變，因爲我們愛所見到的每個人。

如果不是這樣，基督徒就不會有機會去愛，因爲他到哪裡才找得到完美的人呢！爲什麼對基督徒而言，找尋完美的人才是最大的障礙呢？難道不是因爲他自己就是完美的人，因爲他愛所見到的每個人嗎？多麼奇妙的概念交集啊！關於愛的問題，我們不斷地談論什麼樣的人才是完美的；基督教也談到完美的人，但是世人談的是如何找到完美的人，好去愛他，而基督教談的卻是如何無限地愛所見到的每個人，好成就完美的人格。你衣帶漸寬，追尋那完美的對象（雖然總是在找尋看不到的人），但是基督的完美，卻是在自家門口，愛所遇到的每個人。這是基督教要告訴我們的眞理，的確，「除了從降下來的人子，從來沒有人上過天。」（《約翰福音》3:13）無論升天的經驗多麼歷歷在目，如果你沒有像基督教那樣降到人間，那麼這些經驗都只是幻覺。而基督教所謂的降到人間，正是無限地愛你如實見到的每個人。因此，如果你要在愛中成就完美，要滿全這責任，愛你所見到的人，愛你如實見到的他，包括他所有的優點和缺點，即使他有任何變化，你仍然愛他，即使他不再愛你，對你冷漠，或是去愛別人，背叛你，不承認你，你依然愛他。

第五章

背負彼此相愛的債
是我們的責任

千萬不要負債，只有彼此相愛是你們該負的債！

——《羅馬書》13:8

許多人試著要描述愛的感覺或狀態，或者說，愛是什麼。他們說愛是種感覺、情緒，生活或激情；不過這些都只是一般性的定義，我們需要更清楚的解釋。有人說愛是種渴望，但是請注意，戀人所渴望的，卻是他早已擁有的，不然的話，那樣的愛就不會有幸福可言。

純樸的老智者蘇格拉底說過：「愛是窮神和富神的兒子。」（柏拉圖《饗宴》）有誰會比那不曾愛過的人更貧窮呢？另一方面，那佝僂著撿拾麵包屑、卑微地乞求分文施捨的窮人，我懷疑他是否知道，他所撿拾的破磚破瓦，被渴望愛的戀人視爲瑰寶，細心收藏！我懷疑他是否知道，這些微不足道的事物，在渴望愛的眼睛裡，卻是無比的瑰麗璀璨！但是如果窮人心存感恩，那麼他拾起的事物越是渺小，它的意義就越重大。當你施捨窮人一分錢，而他卻激動地感謝你，彷彿你給了他全世界的財富一樣，這時候你就會了解他們有多麼窮困了。唉，窮人當然還是窮人，除非他頭腦不清楚，否則他不會認爲自己因此就發財了。愛的窮困也是如此。

有位名人如此描述愛：「愛奪走一切，也賜予一切。」有誰能比得到愛的人收穫更多，而又有誰能比付出愛的人給予更多？即使妒嫉刻意地譏諷他人的高尚情操，也不能穿透人的內心深處。唉，妒嫉總是這麼遲鈍。它不知道福田在哪裡，甚至不知道有這樣的地方，眞正富有的人把他的財富藏在那裡。它不知道有個眞正盜賊不興的地方。但是愛卻能夠深入我們的心靈，拿走一切，讓我們一無所有，如此我們才會承認我們其實一貧如洗。妒嫉以爲它可以奪走一切，但是人們卻說：「事實上我並沒有任何損失。」然而愛卻眞正拿走一切，使我們對自己說：「我已經一無所有。」

但是當你被愛擄獲時，你會覺得像是背負著無限的債一樣。通常我們會說，被愛者虧欠他人一份感情。因此我們說，小孩子虧欠父母親，因爲父母自小便愛護照顧他，因此孩子對父母的愛只是償還部分感情的債。是的。然而這只是財務報表的說法：你負了債，而必須分期償還；而對於所接受的愛，我們也要分期償付。不，我們談的不是**因為接受愛而舉債**的問題。感覺負債的，其實是那愛人者，他覺得被愛擄獲，覺得背負著無限的債。多麼奇妙**啊**！人們說，爲某人付出你的愛，是你所能給予的最高貴的東西，但是，在付出的時候，你卻背負了無限的債。因此我們可以說，這是**愛的特徵**：那**付出**愛的人，同時也背負了無限的債。當你借錢給別人，負債的當然是他，而不是你。然而，當你給予別人你所付出的最高貴的東西，也就是你的愛，你卻背負了無限的債。伴隨著愛的，竟是如此美麗神聖的謙卑！你的愛不僅僅不敢認爲自己做了什麼有價值的事，你甚至不敢想像你可以償還這債務。你的愛知道，給予其實是無限的債，是無法償還的，因爲每次的給予就是多一份債。

我們可以這樣描述愛。然而基督教從不滿足於定義和描述；它總是要諄諄教誨我們，指派任務給我們。因此使徒說：「千萬不要負債，只有彼此相愛是你們該負的債！」我們從這句話得到我們所要探討的主題：

背負彼此相愛的債是我們的責任。

負債！這會很困難嗎？欠債似乎是很容易的事嘛。再說，「負債」需要變成一種責任嗎？我們會想，償還所有債務才是我們的責任吧？無論是什麼樣的債，金錢、聲譽、承諾，儘快還清才是我們的責任。但是基督教說，負債是我們的任務和榮耀！而既然是個任務，那它當然也是個行動，或許有些複雜困難；但是所謂的負債，不是指冷漠懶惰、什麼也不做嗎？而在這裡，它所說的卻不是冷漠，而是無限的愛的表現。

儘管這聽起來很荒誕不經，甚至前後矛盾，但是如果我們知道我們所要談的是什麼，那麼就必須有些態度和認知的改變。

我們做個思考的實驗。如果戀人爲他的愛人犧牲自我，我們會說：「這絕對是一個人所能付出的極限。」這自然是至美至善的事。但是如果他接著：「你們瞧，這下子我終於把債還清了。」這會不會太過冷漠無情了？這會不會是無禮的言詞，不應該在眞愛的戀人之間聽到？如果戀人們做了如此偉大的犧牲，然後說：「但是我有個要求，請准許我背負這個債。」這是不是愛的極致呢？如果戀人犧牲自我以滿足愛人的要求，並且說：「我很高興藉此可以稍微償還我的債，而我也願意永遠背負這無限的債，」你是不是在這話語裡看到愛的光華呢？如果他對自己的犧牲保持沉默，因爲他覺得即使這犧牲也無法償還任何的債，你是不是覺得這才是眞正的愛呢？如果是這樣，你就會發現，財務報表的說法才是不合理的，是對愛的褻瀆。只有在有限的關係下，財務報表才有意義，因爲有限者和有限者的關係才可以計算。然而愛人者不能去計算。當左手不知道右手的施捨時（《馬太福音》6:3），是不可能去計算的，無限的債也是如此。無限的數量是無法計算的，因爲計算會使它變成有限的。

因此，爲了自己的緣故，愛人者寧願背負著債；他不想自免於犧牲之外。受到愛的驅使，他隨時準備去做任何事，卻害怕看到他的犧牲使他豁免了這個債。更確切地說，那是種恐懼；他希望背負著債，但是那也是個責任和任務。如果我們人類的愛沒有那麼完美，使它無法成爲我們心中的願望，那麼至少還有責任可以幫助我們去承當這個無限的債。

當背負彼此相愛的債是我們的責任的時候，**那就必須有永恆的警戒，早晚守護，不要讓愛自我陷溺，或是和別人、甚至死去的人的愛作比較**。

在世界裡，我們經常聽到人們激昂熱切地談論信、望、愛，談論心靈的善，談論精神的所有特質，以最熾熱的表情和語詞描述它。然而這些都只是妝點的背景；細看之下，你會發現它們都只是某種僞裝，因爲這些言談不是奉承你，就是嘲笑你。有時候你也會聽到某些基督徒循循善誘地談到這些問題，其實都只是虛僞的狂熱。如果你聽到這些議論，而很純樸且誠懇地問（誠實的人總是相信言行一致的）：「那麼我該怎麼做？我如何讓愛在我心中萌芽？」那些高談闊論的人一定會說：「這個問題很奇怪。心中存有信、望、愛，存有善心的人，自然知道怎麼做，而對於沒有這些德性的人，怎麼解釋都是徒費脣舌。」多麼奇怪的回答！這些金玉良言不正是要忠告而善道之嗎？這裡又是個海市蜃樓：他們剴切陳詞，彷彿要規過勸善，卻又說只有完美的人才聽得懂他們的話。那麼究竟有誰能夠受益呢？

基督教的教義也是這樣的浮誇空詞嗎？如果基督教也和他們一樣，那麼就不必對罪犯或稅吏談論正直和純潔的問題，這些聽眾當然不是什麼正直的人。那麼基督教就不必諷刺那無需悔改的義人（《路加福音》15:7），只要吹噓自己的正直就好了。但是如果眞的這樣，那麼就沒有人可以傾聽基督教的話，而他們也沒有什麼可以說的，只能閉上嘴。不，基督教並不是要歌功頌德，也不是要對人品頭論足。基督教從不區分人們的優劣高下，讓每個人的心裡都有幸能夠充滿愛。它告訴我們**應該成為什麼樣的人**。基督教是個嚮導，因爲當你求助於基督（他是道路），求助於聖經（它是指引），必不空手而返，如果你眞正**想要**去問的話。

我不希望你們有所誤解。如果你不想了解如何對待愛，如何獲得愛且保守它，那麼你就無法進入基督教的心靈。你或許有好運氣，當然那是偶然的，也正因爲如此，你只能在黑暗中摸索。無論有多少虛幻的磷光飄過，也不能使你的周遭明亮一些！

於是，我們得做點事。爲了要背負彼此相愛的債，我們該做些什麼？當漁夫捕獲一條魚，而要讓它活著，他該怎麼辦？他必須馬上把魚放到水裡；否則魚遲早會乾死。爲什麼要放到水裡呢？因爲水是魚的生命源泉，**任何生命必須在其源泉中才能獲得生機**，但是愛的源泉是無限的、永不枯竭的、無窮盡的。因此，如果你要保守你的愛，就必須小心，你爲了自由和生命而擷取的愛，必須藉著無限的債讓它涵泳在源泉裡；否則它遲早會乾涸死亡；這也象徵著它的完美，因爲它只能活在無限中。

愛的源泉是無限的、永不枯竭的、無窮盡的，對此沒有人會否認。假如某個僕人和愛你的人一樣地服事你，或許他們所做的事都相同，然而在這裡面卻有無法測度的差異。很奇怪地，在他們所做的事情裡，總是多出某些東西，而更有價值得多。這就是「無窮盡」的概念。在愛你的人爲你所做的事裡，無論是微不足道的關懷、或是最偉大的犧牲，總是有愛伴隨著它們；他們所做的事雖然和僕人沒有兩樣，在這裡卻都變得無邊無際。

如果你的犧牲、服務和奉獻，不是因爲眞正愛某個人，而只是因爲他想要那麼做（爲了實驗，而不是出於責任），那麼你的付出絕對不會像那眞正愛他的人那樣無窮盡。相反地，你們之間有著無窮盡的差異。心中眞正有愛的人總是奔軼絕塵，跑在你前頭，因爲每當其他人想到要創造新的奉獻方式時，他早就做過了。心中有愛的人不需要謀劃審慮，因此不浪費任何時間在計算上。

背負無限的債是愛的無限性表現，因此同樣也涵泳在其源泉中。這其中有著無限的相互關係。被愛者可以在他人的愛中感受這無窮性；而另一方面，愛人者也在所背負的無限的愛中看到它，無窮大和無窮小是同一回事。愛的對象在愛中體認到，愛人所做的事，即使只是野人獻曝，也比其他人最偉大的犧牲奉獻有意義得多；而愛人也自覺到，他所有的犧牲都不及這無限的債。這無限性中的施與受是多麼奇妙啊！學者們殫精竭慮地計算無限性，但是這裡正是哲學家的分野：最卑微的愛的表現都無限地多過所有的犧牲，所有的犧牲都無限地少於那些微的償債！

然而，愛又是如何乾涸的？**當愛停留於自身時，它就開始枯竭**。什麼是「停留於自身」呢？那意味著愛自身成了對象。當我們要繼續往前走的時候，**對象**總是個危險的障礙；「對象」彷彿是個固定不動的有限目標，對無限而言，它像是個藩籬，是不完全的、有危險的東西。這是說，愛自身無法**無限地**成爲對象。「**無限地**成爲自己的對象」是停留在無限裡，永無止盡的存在，因爲愛是自身中的分化，就像自然生命的個殊性和精神的自我分化之間的差別一樣。因此，當愛**停留**於自身時，在它的個殊表現中，它必須成爲對象，或者以其他個別的愛爲對象——也就是在不同的人心中的愛。當對象變成這樣的有限對象時，愛就停留於自身中，因爲無限地停留於自身才是運動。但是當愛有限地停留於自身時，一切就都灰飛煙滅了。我們想像一下芝諾所說的以箭的速度前進的飛矢。假如在某個瞬間，它想要停下來，看看自己飛了多遠、多高，或是和其他的飛矢比較誰飛得快，在這瞬間，這支箭會馬上掉下來。

愛也是如此，當它有限地停留於自身、或是成爲有限的對象時，更確切地說，當它起了比較的心時，它就會掉落。愛不能**無限地**和自己做比較，因爲愛永遠和自身相同，愛只能是它自己。在**無限**的比較中，沒有第三者；它是自身的分化，因此沒有任何比較的問題。所有的比較都需要第三者，以及它們的異同。當愛不停留下來，就不會有比較，反過來說，如果愛不作比較，也不會停下來。

而在比較中的第三者又是什麼呢？個人心中的愛可以和他人的愛相比較。然而他發現，或者以爲他已發現到，他心中的愛比他人更多，剛開始這或許只是不經意的一瞥。唉，就在這顧盼中，人們輕易地發現關係和計算的世界。於是他們躊躇不前；當然他們同時也開始擺脫債務，或者早就拋開了——這是說，他們拋開了愛。

在比較中，一切都失落了，愛變成有限的，所負的債也可以清償，就像其他的債務一樣。名譽的債可以一次償還，但是愛的債卻是無限的。愛的比較失落了什麼？它失落了生命中某個必須以愛的表現去充實的片刻。**失去了這個片刻，生命就變成朝菌夕蛄**。失去了這個片刻，永恆的臍帶就會斷裂；失去了這個片刻，和永恆的關聯就會被擾亂；失去了這個片刻，也就失去了永恆——而失去了永恆正意味著朝生暮死。當你浪費某個片刻在比較上，就會被褫奪一切。比較的片刻正是自私的片刻，希望變成爲己之有；這就是決裂，是墮落；正如停留於自身是飛矢的墜落一般。

在比較中，一切都失落了，都變成有限的，債務也可以償清，無論是哪一種人，**透過和他人以及自身成就的比較**，愛認爲自己擁有這些。假如王子認爲那他和庶民相提並論有辱其尊嚴，而他卻辯稱：「我絕對不放棄我的尊嚴。我當然也知道，和這些庶民相比，我是至高無上的。」朝臣當然會說：「王子殿下，您誤解了；這些黎民百姓怎麼能和您相比呢？如果說您是百姓中的翹楚，那豈不是在嘲諷您嗎？任何比較都是不可能的，只有遠離這種關係，才能維繫您的尊榮。」這當然只是個笑話。但是要無限者和有限者比較同異，難道不會損及無限者的尊嚴嗎？如果它自比爲平庸中的佼佼者，那只是在貶低自己罷了。而即使**透過比較**顯示你的愛比別人多，那也只是證明你並沒有眞正去愛。愛是背負無限的債；這個債的無限性是完美的紐帶。

我們再談談無限性的另一種關係。假設有個虔誠的人，願意犧牲一切，只追求某個事物，而他越是無私地奉獻，世界就越是迫害他（這似乎不是**偶然**的現象），如果他誤入歧途，在他的付出和世界給他的回報之間，或是在他的悲慘命運和歌舞昇平的人們之間做比較，那麼他就會失去一切。誘惑者會對他說：「盡情地享受人生吧，你可以接受世界對先知的奉承。」誘惑者並沒有歧視虔誠的人；他很清楚這些誘惑，人們當然也無法輕易地騙他放棄他的堅持。

他沒有向誘惑者投降，反而更深思高舉。誘惑者又過來對他說：「盡情地享受人生吧，看看世界對先知如何的崇拜，這會使你的生活更愜意，何必栖栖皇皇，和世界作對呢？」唉，如果虔誠的人有了**比較**，他還算是虔誠嗎？當人們的靈魂受到分別心的污染，那是多麼可悲的事，他們的眼中將只有驕傲和空虛。

虔誠的人對誘惑者說：「走開，不要拿我和你們作比較。」這就對了。這才是眞正虔誠的人。「閉起眼睛，摀住耳朵，堅守無限者的命令；如此，那分別心就無法趁虛而入，把你捧上雲端，而戕害你的熱情。在無限者的命令面前，你所有的努力都只是兒戲，你只能謙卑以對，因爲你知道你的任務是無限的。」

當你擊楫中流時，千萬不要低頭看船邊的海漚，那會使你暈眩；同樣地，在無限者和有限者之間作比較，也會使你迷失。因此，要注意這個充滿分別心的世界，世界不知道熱情是什麼，就像資本家不知道愛是什麼一樣，你也會發現，所有的怠惰和冷漠，都是起於分別心，誘使人們掉入污濁的「比較世界」裡。所以說，不要東張西望，「不要問人的安。」（《路加福音》10:4）不要聽他們的叫囂隳突，他們只是要騙走你的熱情，使你成爲分別心的奴隸。不要因爲世界說你的熱情是瘋狂或自戀而迷惑，在永恆中，你們會知道熱情和愛是什麼。不要沉迷於舉世的讚譽，堅守無限的債，雖然世界因爲你拒絕妥協而對你口誅筆伐，你仍然要樂在其中。不要聽他們的說詞，因爲等到你決定不去相信他們，那已經太遲了。不要去聽任何關於熱情的道聽塗說，免得因爲誤信而使你受到傷害。熱情是什麼？難道不是中心悅而欣然之，願意承受任何痛苦？箭矢要飛得遠，弓弦就得繃緊。而每次熱情重新燃起，或在重生中獲得動力時，都必須想起這無限的債。

愛也是如此。如果你要保守愛，你就必須在無限的債裡保守它。因此，你要提防比較！看守全世界最豐富的寶藏的人，他並不在意別人揭露這寶藏的價值；你也切記不要透過比較去揭露愛的價值。要提防比較！比較是最危險的聯想，比較是最危險的知識，比較是最可怕的誘惑。你舉目四望，到處都可以看到比較的誘惑，但是受誘惑的人從來不會辯稱是比較在引誘他，因爲是他發現比較的。當你走在薄冰上，你會膽戰心驚，寸步難行，不過如果你不知道處境的危險，你會很有自信地向前走。因此，小心不要去碰觸比較！比較是有害的新芽，會阻礙樹木的生長；受詛咒的樹木會逐漸枯萎，而那有害的嫩芽卻會息生茁壯。比較是緊鄰你家的沼澤，儘管你的屋子不是蓋在那裡，仍然會沉陷下去。比較是肺結核的病毒，只有出於愛的生命才能消滅它。比較是令人作嘔的癰疽，使你病入膏肓，吞噬你的能量。因此，小心不要在你的愛中作比較。

如果比較是唯一可能使愛擺脫債務的因素，那麼只要我們避免去作比較，愛就可以生機盎然，保守著無限的債。背負無限的債是既詭譎多變又自適自在的愛的表現。即使以無窮的力量推動物體前進，還是會有停下來的時候。但是那原本是無限的事物，在它背負了無限的債以後，更加堅定其無限性；它有個哨兵，隨時提防它停下來，這個債就是無限的推進動力。

如果背負著彼此相愛的債是某種責任，**那麼所謂的負債就不是狂熱的表現，也不是愛的理想，而是行動；藉著責任，愛像基督教一樣流行不息，保有行動的能量，背負無限的**

債。

愛是擔負無限的債，**希望**能背負這個債，是對愛的理想，是愛的極致表現，就像慶典中的花冠一樣。即使是盛滿美酒的金樽，似乎還少了些什麼——少了花環的妝點。即使是戀愛中的婦人的靈魂，似乎還少了些什麼——少了花環最後的潤飾。人間的愛也是如此。希望能背負這個債，是慶典的最高潮，是加冕的桂冠，在某個意義下，這花環並沒有增損什麼，正因爲如此，它是最美麗的感情。在人間，這美麗的感情是最終極的價值。

但是基督教所說的愛並不是激情；它清楚明白地說，愛是背負無限的債的責任，儘管「希望能背負這個債」是極致的表現，但是如果擔負無限的債成爲責任，那又更極致得多。然而，即使是這極致的表現，在外表上也可能變成是在清償債務，但是如果背負這個債是我們的責任，那麼就更加超塵絕俗。然而，短暫的清醒，只會使中酒的人醉得更厲害；冷靜而沉著地敘述些瘋狂的事，只會使人更瘋狂；若無其事地鋪陳幻想的故事，只會使故事更迷離幻化。

但是基督教並不這麼說。基督教不喜歡枝詞蔓語，它也不會震懾於愛的橫無涯涘。它不像人們那樣激昂亢奮，而只是誠懇地訴說愛。它說愛是個責任，因此讓愛褪去所有激動的、短暫的、輕佻的表象。基督教說，背負這個債是我們的責任，這意味著那是個**行動**，而不是關於愛的表現或觀點。在基督教裡，沒有人曾經成就過極致的愛，即使有人完成了，他也會在前方看到新的任務。而如果有新的任務，那麼你就不可能發現你是否已攀上巔峰；因爲埋首於任務中的你，不會有時間回顧先前的成就。你以**行動的速度**全心投入，而即使是成就了極致的愛，狂熱中的你也會停滯下來。

基督教知道何謂行動，也知道如何在行動中擁有愛。人們歌頌愛，在某些狂熱的時候，卻也很容易就怠惰停滯。對於世人而言，愛就像是平凡的父母身邊的天才小孩，他每件事都做得既快又好，使得父母不知道還能讓他做什麼。對於世人而言，愛就像是難以馴服的駿馬，讓騎師不知所措。但是基督教卻能夠擁有愛。基督教並不是要使愛疲憊枯竭。但是基督教憑著它永恆的本質和誠摯，知道如何去對待愛，因此它言簡意賅地直指本源——就像具有鋼鐵意志的騎師，他不會對駿馬的烈性嘖嘖稱奇，而只會說，駿馬本來就是如此。他不會讓馬除去烈性，而是控制這烈性，使它變得馴良。同樣地，基督教也會約束愛，告訴它時時都有新的任務。它知道如何鍥而不捨地去愛，使得這謙卑的愛了解，決意去背負這個債，並不是陳腔濫調，也不是狂熱盲從，而是誠摯和眞理。

我們說過，愛可能會因爲比較而耽溺於自身中。我們必須預防它，但是就在我們**藉助於責任**去預防的時候，也發生了其他事。愛開始和基督教的概念或是和基督教的神的概念相關連；債務的關係延伸到個體和神的關係。上帝基於對人類的愛而提出愛的要求；愛人者因爲愛而背負無限的債，而上帝又是被愛者的守護者。愛摒棄了比較，找到了主人。不再有慶典的情緒和輝煌的成就；愛不再是人類舞台上的幼稚遊戲，因爲在舞台上，人們總是搞不清楚是兒戲還是認眞的。

儘管愛的所有表現都是針對人們，的確有其對象和任務，但是它知道這裡不是評判它的地方，只有在內心，當愛和上帝相連時，才能夠作評判。當小孩被撫養長大，他和陌生人一起離開家。但是無論陌生人怎麼想，無論他是否比其他小孩優秀，他知道只有家鄉，只有他的父母才能評判他。當然，父母親不能把他一輩子都留在家鄉；相反地，父母的養育是要小孩可以走進世界。基督教的愛也是如此。上帝在人類心中栽種了愛。但是上帝這麼做不是為了讓自己歡心；祂是要把愛散播到世界，要人們完成祂所交付的任務。然而祂悉心栽種的愛，基督教的愛，知道哪裡才能夠評判它，無論早晨或黃昏，當愛放下它的任務、回到家裡的時候，上帝就會檢視它，然後再差遣它到人間。再崇高的信念，都可能使愛暫時停滯不前，但是在上帝那裡，卻沒有任何耽溺。

於是我們了解到在彼此相愛的債裡的誠摯和眞理。人世間最誠實的善意、最高貴的熱情、最無私的信念，即使有最偉大的成就，即使也願意背負這個債，卻仍然不夠誠摯。在最高貴的情操裡，卻仍然有些缺憾，他們終究**沒有愛的力量源泉，因為他們不是自己的主宰**。只有人神關係才是眞正誠摯的。這任務是至高無上的，因為祂主宰著永恆的權力，而這熱忱擁有自我宰制的力量，只有如此，才是誠摯的愛。你我都願意背負起彼此相愛的債，但是我們或他人都無權去評判這個愛。上帝擁有愛的眞實概念；上帝就是愛。因此我們必須背負起這個債，正如只有上帝才能評判他，如此他才能在上帝裡。因為只有在債的無限性裡，上帝才會與我們同在。

他背負著債，也承認這是他的責任，他有責任作如是的告解，在基督教裡，這不是激情的告解，而是謙卑的、充滿愛的靈魂的告解。謙卑存在於這告解中，而愛的充滿則是因爲他衷心願意這麼做，因爲在這告解裡，涵蘊著永恆的至福。而基督教也不會爲此操心紛擾，因爲這是個責任。

「因此，千萬不要負債，只有彼此相愛是你們該負的債；」不，「凡人所當得的，就給他。當得糧的，給他納糧。當得稅的，給他上稅。當懼怕的，懼怕他。當恭敬的，恭敬他。」（《羅馬書》13:7）不要欠人家任何事物，無論是向別人借的東西、許下的承諾、或是積欠的款項。不要有任何虧欠，無論是任何恩惠、服務、歡樂或悲傷的同情、審判時的寬宥、生活的濟助、危險的警告、任何的犧牲。但是儘管如此，你始終背負著在上帝面前無法償還的債，也就是彼此相愛的債。

但是在你順遂的時候，你要謹記在心，如果你嘗試如是奉行，你在世界上的處境會很艱難。尤其是當你讀完這本書時，特別要記住這點，以免有錯誤的期待。這也是爲什麼世人會認爲這個結論荒誕不經，而正因爲千夫所指，卻也證明這個結論是正確的。

有時候我們很遺憾地看到或聽到，在某些基督徒的論述裡，完全忽略了這個最終的危險。當他們談到信仰、愛、謙卑時，都符合基督教的教義；但是那樣的演說卻會誤導年輕人，因爲他們沒有提到基督徒在世界上可能的遭遇。他們要人們無私忘我地成爲基督徒，卻略過他們阢隉的未來，而保證他們可以得到上帝和世人的回報。當他們讚美基督教的精神是至善至美的時候，年輕人必定會認爲，如果他們辛勤耕耘，必有所收穫。這是在欺騙年輕人，會使他們對自己感到沮喪，自暴自棄，抱怨爲什麼他會遇到這麼不尋常的事，然而這其實是很平常的，正如使徒約翰所說的，「所以，弟兄們，要是這世界的人恨你們，你們不必驚奇。」（《約翰一書》3:13）他們欺騙了年輕人，掩飾眞正的後果，彷彿基督教的戰場只有一個，卻不曾指出，他們其實有雙重的危險：先是個人內心的掙扎，而當他戰勝自己以後，還得和世界對抗。唉，這些演說者或許是不敢向世人宣示眞正的基督教精神，那陌生卻眞實的道路，在世界絕對不會有回報，是的，整個世界都反對它。在舌燦蓮花的演說之後，如果演說者接著對眾人說，他們最後會遭到世人的憎恨、責難和迫害，豈不是自相矛盾嗎？如果下場眞是如此，那麼他應該勸誡人們不要接受基督教才對。這些佈道者確實很左右爲難。他們苦口婆心地勸導人們，卻又要粉飾太平，這使得佈道倍增困難——因此他們的演說只得不斷煽動人們的情緒，既令人興奮，又賺人熱淚。然而這些都是欺騙。但是如果他們告訴人們眞相，卻又會「嚇跑聽眾」，甚至連他們自己都無法接受。不可否認地，他們會得到賞賜，即使永恆說「他們已經得到了他們的賞賜，」（《馬太福音》6:2）但是那些終究是俗世的回報，而不是基督教對門徒所承諾的。

我們很不願意讓年輕人變得傲慢，輕率地要他們去評判世界。上帝禁止我們這樣戕害人們。我們很希望人們能夠獨立思考，但是我們不願意因爲這樣就去欺騙他們。我們很有信心地讚美基督教，而不諱言世界忘恩負義的回報。我們認爲讓人們**預先**知道這些，是我們的責任，而不會粉飾太平，甚或給予困境中的人們錯誤的期待。不，我們越是讚美基督教，就越要強調前途的乖舛。

有人認爲，我們應該先想辦法讓人們接受基督教，而如果他們因爲遭遇困厄，我們再去做些建議。然而這就是欺騙。這些困厄和貧病一樣，都是可以避免的嗎？這意味著世界的仇視是偶然的現象，而不是和基督教的必然關係。這種想法完全違背基督教的精神。一個異教徒在臨終的時候，或許可以慶幸自己無憂無慮地終享天年，但是基督教在生命終點，對於這樣的福氣卻有義務要感到懷疑，因爲世界的敵意是它和基督教精神的**本質性**關係。再者，當你選擇基督教時，必須同時知道前途的艱辛，這樣你才能知道你所選擇的是什麼。基督教不能承諾年輕人什麼事，只能告訴他，他越是認眞做個基督徒，澆薄的世界就越會仇視和嘲弄他。

不，如果掩飾這些困厄，就不可能眞正描繪基督教。如果世界不是基督教原本所說的那樣，那麼基督教早就消失了。基督教所謂無私的奉獻，本質上包含這**雙重的危險**。如果有人可以證明，世界或基督教王國已經臻至完美，彷彿在永恆中一般，那麼我就會說，基督教的無私奉獻就不存在了，而基督教也會消失，正如在永恆中，基督教不再是個**鬥士**，因而不需要存在。**世人所理解的自我犧牲**是：放棄你自戀的愛慾、渴望和計畫，然後你就可以成爲有德者，受世人尊重景仰。顯而易見地，這樣的自我犧牲並沒有想到上帝或與上帝的關係；它仍然是俗世的關係。

基督教的自我犧牲的理念是：放棄你自戀的愛慾、渴望和企圖，眞正無私地奉獻給至善者，即使因此必須忍受像處決罪犯一樣的侮辱和嘲笑，仍然無怨無悔。更正確地說，這不是他被迫要承受的，而是自由的選擇。基督教的自我犧牲預見了這些困厄，卻還是選擇了它。對於什麼是放棄自私的慾望，基督教是從永恆的觀點去省思的；因此它不願意做任何折衷或妥協。基督教的自我犧牲開啓了通往上帝之路，且以上帝爲其歸宿。被暴露在雙重的危險下，這正是基督教的自我犧牲。而第二個危險，受到世界的迫害，也是人神關係的保證。

世界看到你如此自暴自棄，必定笑你不是發瘋了就是笨蛋，當然也不會有任何的尊敬或讚美。他們只能從世俗的觀點去理解自我犧牲。因此他們創造許多僞裝的自我犧牲。唉，人間的關係和思想如此錯綜複雜，我們需要更專業的眼睛才能分辨眞僞。因此人們把上帝放在世俗的窠臼裡，在他們的自我犧牲上面烙上神的記號，卻仍然是一塊僞幣。他們可以僞裝成高貴的殉教者，卻迴避與上帝眞誠且親密的關係，因而博得世人的讚譽。

要辨識這些冒牌貨其實不難，因爲如果沒有那雙重的印記，就不是基督教的自我犧牲。當孩子犧牲自己，而父母把他擁入鼓勵和關愛的懷抱，這是人間的自我犧牲。當你犧牲自己，而世界卻接受了你，這是人間的自我犧牲。如果你犧牲自己，而世界卻因此拒絕你，使你必須追尋和上帝的親密關係，這才是基督教的自我犧牲。當你覺得需要奧援時，卻遭到世界的迫害，這就是雙重的危險；你必須經歷兩次的翻轉。尋求世界支持的自我犧牲，不是基督教的自我犧牲。所以古代的教父們說，異教徒的德行是華麗奪目的罪惡。

人間的自我犧牲是：克服恐懼，奮不顧身地冒險犯難，而榮耀正向勝利者招手，世人也對冒險者推崇備至。顯而易見地，這樣的自我犧牲並沒有心存上帝，而是在人間流轉生滅。而**基督教的自我犧牲是**：不憂不懼，無視於世人的盲目、偏執和因循泄沓，舉世而譽之而不加勸，舉世而非之而不加沮；這就是雙重的危險，因爲世人的嘲諷正在等著他，無論他成功或失敗。

世人推崇冒險犯難的精神，這是人間的自我犧牲；而人間的自我犧牲卻得不到世人的認同，他們認爲那是荒唐的事，而爲此犧牲生命，更是愚不可及。基督教知道這危險是永遠的詛咒。對世人而言，這危險卻只是可笑的事。

我們想想基督徒的見證。爲了捍衛教義，他必須和世人抗爭，把生命交給他們。而那些旁觀者會認爲，爲了如此愚蠢的事犧牲生命，眞是太荒唐了。因此他失去生命，而得不到任何的榮耀和讚美。但是只有這樣，才是基督教的自我犧牲！如果世界或基督教王國臻至完美，那麼就不會這樣的犧牲，因爲他們會讚美那奉獻自己的人，也知道他的危險在哪裡。

因此，我要勸告你們：如果你不是認眞的，不是心悅誠服地犧牲你自己，那就不要輕易嘗試。基督教的理念是很嚴肅的，它絕不是要引誘任何人；我們甚至寧願警告人們要深思熟慮。眞正願意讚美基督教的人，內心會經歷極大的恐懼，和演講中怖畏人心的戲劇效果完全不同；而他的舉止也不像優雅的演說者那樣矯柔造作。人們或許會認爲我們的理念太過冷漠、苦悶，沒有熱情。人和世界的關係不是這樣的；因此我們必須盡可能地循循善誘，雖然我們仍然有責任背負著相愛的債。

但是當我們勸導人們的時候，並不避諱去得罪那些充滿熱情的年輕人。我們也不敢要求他們微笑面對世人的迫害和愚昧，因爲他們沒有基督教那樣對眞理的眞誠、嚴肅和永恆關懷。在基督教眼裡，世人的愚昧並不可笑。如果有所謂的救贖，那麼無論是我獲得了救贖，或是他人被褫奪了救贖，都不是什麼好笑的事。

然而，我們必須小心不要讓它變成滑稽戲謔，也就是以逢迎討好的方式談論基督教精神。你遞給他人一把利刃和送給他一束花時的態度會一樣嗎？那不是很瘋狂嗎？那麼你會怎麼做？當你知道那是把危險的刀時，你會警告他要小心謹愼。基督教的精神也是如此。如果必要，我們會毫不猶豫地要人們小心基督教的教義，是的，就在基督教的講道裡對人們這麼說。但是如果他認爲手中握著的是賞心悅目的花束，而你對他叫喊說：「該死，老兄，你不知道那是把利刃嗎？」他會不會嚇一跳？而你是在欺騙他或者說眞話呢？反過來說，如果你對他說那是一束非常珍貴罕見的花，他會更堅信那是一束花。不，基督教不是俗世罕見的花，這是異教徒的說法。在神的意義下，基督教是至高的善，因此，在世人的眼裡，反而是危險的善，因爲他們自始至終都認爲那是非常荒唐的事。

基督教精神總是會得罪人，而這是最危險的地方。眞正接受基督教的人，必須在選擇基督教時就認識到這點。當你讚美基督教時，必須不諱言這危險的可能性：對世人而言，基督教精神既是荒唐的事，又是對他們的侮辱。這也是對基督徒的警惕。基督教精神就是這樣。你要得到人們的贊同，就得去討好他們，但是基督教知道自己在做什麼，它並不是先贏得人們的歡心，而是使他們震懾，正如基督對門徒警告說：「那時候，你們要被逮捕，受酷刑，被殺害。爲了我的緣故，天下的人都要憎恨你們。」（《馬太福音》24:9）是的，「那殺害你們的人還以爲做這種事情是在對上帝盡義務。」（《約翰福音》16:2）

當基督教剛臨到世間時，它不需要對人們說它是在譴責人類的理性，因爲這是再清楚不過的事。但是當基督教存在了十幾個世紀，和人類的理性雜處，當墮落的基督教娶了人類的理性（就像墮落的天使娶了地上的女子（《創世記》6:2），當基督教和理性有了親密關係，這時候的我們，必須特別注意這些障礙。如果基督教是要喚醒人們的幻象和魔咒（就像是被詛咒數百年的沉睡的城堡一樣），如果它要使人們重獲生命，就必須給予當頭棒喝。只有這樣，才能夠使他們甦醒，破除魔咒，也才能夠還給基督教本來的面目。

聖經說：「那絆倒人的有禍了。」（《馬太福音》18:7）那麼我們有信心說：「那些在講道時迴避去得罪群眾的人有禍了。那些逢迎取巧、討好群眾，對他們曲解基督教的人有禍了。那些以人類的理智解釋奧蹟的人有禍了。那些洩漏且破壞信仰的祕密、把它扭曲爲街談巷議的人有禍了。那了解就贖的祕密、卻不明白遭受迫害的可能性的人有禍了。那些認爲這樣做是在盡他們對上帝的義務的人有禍了。那不誠實的管家，坐下來僞造帳目（《路加福音》16:1-9），藉此為基督教招徠信徒，這樣的人有禍了。」

唉，可憐的人們，浪費了多少時間和才能。他們浪費多少時間去為基督教辯護。當然，如果基督教的當頭棒喝可以怖畏人心，那麼它也不需要辯護了。另一方面，越是搖唇鼓舌，越是滔滔雄辯，就越可能扭曲基督教，使它失去生命力。基於好意的辯護極力避免去干犯眾怒。但是我們不能夠這樣為基督教辯護。當基督教給予人們選擇的機會──感到受侮辱，或是接受基督教，人們必須自己去為他們的選擇作辯護。因此，從基督教中剝除觸怒人們的可能性，或是從良知的爭戰中去除罪的寬恕（根據路德的解釋，這正是基督教的精義），那麼教堂遲早要關閉，或是變成整天開放的娛樂場所。

然而，就在基督教逢迎討好地使世界接受它的時候，不斷地發生很奇怪的事──世界對真正的基督徒感到憤怒。從這裡我們看到，這個可能性正是基督教的本質。然而可憐的世界完全迷失了。他們以為他們已經接受了基督教，卻厭惡真正的基督教。人們很難走出這個幻覺。那些吸吸不休的人們有禍了，他們不知道這其中根本的差異，而任意討價還價。

一如往昔，基督教世界仍然厭惡真正的基督徒。當然他們現在沒有那麼痛深惡絕，欲除之而後快，不，他們只是嘲諷戲謔而已。這很容易解釋。在過去，世界意識到自己不屬於基督教，因此竭力排斥它；那是攸關生死的戰爭。但是當世界驕傲地說它已經接受基督教以後，他們的誇大其詞和嘲諷沒什麼兩樣。如此的誤解比初期的基督教處境還要悲慘。

過去的基督教的確很艱困，但是在生死的戰鬥中，卻顯露出某些意義；然而，現在世界堂而皇之地接受了基督教，卻嘲笑眞正的基督徒，幾乎到了瘋狂的地步。早期的基督教也不曾被人們如此嘲諷過。

同樣地，在現在的基督教世界裡，如果你要背負起彼此相愛的債，你會面對世界的迫害和責難。唉，世人從不曾想到過上帝，這也是爲什麼他們總是會誤解那些眞正心存上帝的人，而這些人也總是險阻重重。基督教世界談到眞正的基督徒時會說：「他是自取其辱，即使他眞的是受害者，看起來也像是要請求人們原諒的樣子。」世界認爲他缺少了基督教必要的鐵石心腸，以暴易暴地堅守他們所謂的正義，或是至少爲此感到驕傲。世界不能了解，這些人的生命有著完全不同的判準，從這判準去看，一切都再清楚不過了，而在世人的眼光裡，這些都沒有任何意義。

然而世界不願意去認識這些判準（人神的關係），於是他們只能把它解釋爲荒誕不經的事，認爲這絕不是基督教，因爲只有他們才能決定什麼是屬於基督教的。不知道爲自己著想的人只能說是愚不可及；不懂得要報復則是很荒唐的事；只有笨蛋才會原諒敵人，甚至唯恐爲敵人做得不夠多；不知道要明哲保身，不知道要炫耀自己的勇氣、高貴和無私，是既古怪又愚蠢的；作爲一個擁有了眞理和至福的基督徒，這些都是無法理解的、甚至是可笑的事。對於人神關係，世界總是虛應故事，更不用說根據它去決定個人的生命。他們完全看不到那支配著生命、幸福和苦難的律法：因此他們最多只能寬大地解釋爲無稽之談，就好像某個人望著在天空盤旋的雲雀，而其他人都看不見，或是隨著音樂翩然起舞，而其他人都聽不見，他們會說這個人一定是發瘋了。是的，他們不可能看不見雲雀，或是聽不到音樂，如果眞的有這些東西的話。但是上帝的臨在卻只能是看不見、聽不到的；因此，世界不能因爲看不到祂，就證明祂不存在。

我用個譬喻來說明這個情況，我想會很有啓發。當一個家教甚嚴的小孩和頑皮的小孩在一起，而不願意像他們一樣胡鬧（而他們不認爲自己是在胡鬧）時，頑皮的孩子只會認爲他不是怪癖，就是很笨。他們不知道有其他的解釋方法，不知道那個小孩有不同的行爲判準。如果他們看到他的父母，特別是看到他很不情願地服從父母的命令時，他們就會了解他爲什麼那麼古怪。但是他們沒有看到他的父母親。所以他們想，那個小孩若不是因爲怪癖而不喜歡他們的遊戲，就是膽子小。但是爲什麼不喜歡呢？他父母親反正不在家，所以說，一定是他有毛病。我們不能說那些小孩敵視他，或許他們心想這是爲他好。他們不了解那個家教甚嚴的孩子；他們認爲自己的胡鬧沒什麼不好，因此他們要他像他們一樣，做個有膽量的男孩。

世界無法了解，基督徒不會有和他們一樣的慾望和激情（他們也認爲這是不可能的），而如果他眞的有這些需求，他們更無法了解爲什麼因爲畏懼那看不到的事物而笨到想要遏止這些慾望，他們認爲那不僅是無傷的，甚至是「有責任去滿足它的」；他爲什麼要壓抑他們認爲値得讚美的自戀；他爲什麼要壓抑他們認爲是光榮的憤怒；他爲什麼要讓自己加倍的痛苦：既無法滿足自己的慾望，又要忍受世界的嘲笑。

我們看到，自我犧牲有著雙重的印記。那信守奉行的人將會陷入雙重的危險，而正因爲如此，背負彼此相愛的債，是我們的責任。

第二部

第六章

愛能造就

唯有愛心能夠造就人。

——《哥林多前書》8:1

所有人類的語言，包括聖經的語言，在屬靈的問題上，本質上都是隱喻的語言。這是萬物的法則，因爲即使人類在出生時就是屬靈的，但是只有在身心實現之後，他才會意識到自己的靈性。然而當靈性甦醒後，不能因此就拋棄身心的部分，或是和它們對立。相反地，靈性轉化了身心，並且以它們爲基礎，因此是**隱喻的**。在某個意義下，靈性的人和身心的人指的是同一個人；然而這其中卻有無限的差異，因爲後者並沒有揭露任何隱喻的祕密。這其中有著微妙的差異；其中的一方是**過渡**的環節，要過渡到另一方；但是它們都使用相同的語言。靈性覺醒的人，並不因此放棄可見的世界。儘管他自覺是靈，卻仍然身處在感官世界裡，同樣地，他也必須使用語言，雖然他的語言是隱喻的。他並沒有創造任何新的語言，而是使用既有的語彙。靈性既然是不可見的，那麼它的語言也是個奧祕，這奧祕同樣隱含在小孩或素樸的人們的話語裡，不過是以隱喻的方式，由此靈性否定了身心，但不是以身心的方式去否定它們。這差異非常微細。因此，當有人炫耀感官可知的差異時，我們可以確信那是虛僞的靈性的記號；眞正靈性的方式是隱喻的靜默，是低吟的奧祕。

「造就」是聖經上最常用的隱喻性詞語。而聖經不厭其煩地重複這個語詞，不另外創造新的語彙，而忠於靈性的眞正本質，以既有的語詞闡述新的思維，這便已經是「造就」。當我們看到聖經如何以平凡的字眼去描述最高的眞理，且深入人的內心，這便是造就了我們；這就像是以五個餅和兩條魚讓眾人飽足且有餘的神蹟一樣。當你謙卑地傾聽聖經的話語，而不汲汲於新的詮釋或發現，當你在內心裡感恩地接受教父們流傳下來的寶訓，和那既古老又熟悉的話語重新交會，這便已經是「造就」。小孩子常常玩「猜猜我是誰」的遊戲；同樣地，我們也以誠摯的心，和那既古老又熟悉的事物玩起猜謎的遊戲。

「造就」是個隱喻的表述；然而，當我們認識靈性的祕密以後，我們現在要看看**這個語詞在日常語言裡意指著什麼**。「造就」有「建造」和「提昇」的意思。「造就」預設著「建造」，但不是所有的「建造」都能夠「造就」。舉例來說，當我們在房屋旁邊蓋個廂房，我們不會說是「造就」，而會說是「擴建」。因此，「提昇」似乎有向上的意味。但是也不盡然如此。例如說，如果你在六十呎的高樓上加蓋了十二呎高，我們也不會說是把結構「造就」了十二呎高的房子，而只會說是「擴建」。因此我們知道它的意義並不取決於高度。然而，如果你在平地上造了一間房子，無論有多低矮，我們還是會說你「造就」（搭起、蓋起）一間房子。因此，「造就」是**在根基上**樹立了某些事物。「提昇」確實有向上的意味，但是它的高度必須轉爲深度，我們才會說是「造就」。因此，當你從平地上蓋了一間房子，卻沒有足夠深度的根基，我們會說他「搭起」那房子，不過卻是「濫建」。因此，「造就」特別強調**從根基做起**。「造就」當然不是指向下挖掘，我們不會說

「蓋起」一口井。無論你的房子蓋得多矮，都必須從根基搭起。我們可以說你開始蓋房子，但還沒有完成。但是我們不會把「擴建」說成是「造就」。很奇怪吧！「造就」中的「提昇」意指著高度，但是它又是指深度，因爲「造就」是從根基開始的。這就是爲什麼聖經說無知的人把房子蓋在沙土上（《馬太福音》7:26），而那聆聽福音且信守奉行的人，那眞正「造就」自己的人，聖經則說他是「像一個人蓋房子，深深的挖地，把根基安在磐石上。」（《路加福音》6:48）當洪水沖那房子時，我們爲它的屹立不搖歡欣雀躍。蓋房子時最重要的就是地基。在開始建塔之前，你固然需要計算「能蓋多高」，但是當你著手建造時，你必須掘得夠深，因爲如果沒有地基，那座塔再怎麼高都沒有用。沒有根基的造就是不可能的，那只會是空中樓閣。空中樓閣根本無所謂「造就」，我們的日常語言可以證明這點。

愛會造就人。

但是在屬靈的意義下，「造就」是專屬於愛的謂詞嗎？一般來說，任何主詞都應該可以支配同樣的謂詞，儘管有些程度的差別。如果「造就」這個詞也是如此，那麼我們就不能說「唯有愛心能夠造就人」。我們不要誤認爲這是愛的傲慢，彷彿愛要壟斷一切，拒絕和他人分享；相反地，「與人分享」正是愛的眞諦，因爲它「不求自己的益處」。《哥林多前書》13:5）然而，「造就」確實是愛的特有性質。而另一方面，愛的「造就」性質卻又能夠散播四處，臨現在一切之中，就像愛本身一樣。因此，儘管愛有這樣獨特的屬性，卻不因此而使自己分裂，它也是不驕矜自持的爲己之有，而是自我奉獻；愛的特色在於，只有它才能完全地奉獻自己。

沒有任何事物可以說是「造就人」，如果它可以「造就」，那麼其中就會有愛。當聖經說「凡事都當造就人」（《哥林多前書》14:26）時，意思正是「凡事都當有愛」。你們的舉止可能南轅北轍，但是當這些差異都包含有愛時，那麼你們的對立就變成造就。沒有任何語言本身可以造就人的，但是如果其中有愛，任何語詞都可以造就人。「造就」不同於聰明才智、文學修養或美貌，它不是天才的**優越**，正好相反，每個人日常生活的言行舉止，如果包含著愛，就都應該能夠造就別人。

我們也自覺到這點，因爲我們所謂的「造就」是非常廣義的，但是我們或許沒有注意到，只當心中有愛時，我們才會使用這個語詞。這是語言的正確用法：除非愛在其中，否則不輕易使用這個語詞；而另一方面，這個限定又使得「造就」無遠弗屆，因爲只要有愛，任何事物都可以是造就。當我們看到隱士過著簡單樸實的生活時，我們尊敬且稱讚他，看到他的時候，我們覺得快樂且堅定信心，但是我們不認爲這就是造就。然而，當我們看到洗盡鉛華的家庭主婦如何節衣縮食，好讓兒女都能得到飽足，我們說這是造就。我們在她的儉樸之外，又看到她慈愛的關懷，這才是我們所歌頌的。另一方面，我們看到過著奢華生活的人們挨餓減肥，卻不願意施捨他人分毫，這種令人作嘔的現象，更和造就扯不上關係。這種「朱門酒肉臭，路有凍死骨」的景象，只會令我們不齒；我們不會說他們的挨餓是活該，但是我們在他們身上看不到任何愛的表現，因此也不會認爲那會是什麼造就。

我們看到一家人擠在狹窄的公寓裡，卻溶溶洩洩，不覺得擁塞，我們會說這是造就的景象，因爲我們在他們每個人心中看到愛；只要有個人心中沒有愛，再怎麼大的空間都不夠。我們看到，只要心裡有空間，到處都是海闊天空。另一方面，皇宮裡的焦躁的靈魂，在亭台樓榭之間找不到棲息之所，我們也不會說那是什麼造就。

的確，這樣的景象不會有什麼造就。我們看到某個人沉睡，不會覺得是什麼造就的景象。但是當你看到小寶寶睡在媽媽懷裡，你看到母親的愛，在這安靜的片刻，她感到無比的幸福，卻不敢吵醒小孩，雖然她很想讓他知道她有多麼愛他，這就是造就的景象。如果你看不到母親的愛，如果你在她臉上看不到母性的喜悅或是對小孩的憐愛，如果你只是看到她的冷漠，慶幸可以喘息片刻，那麼這就不是造就。你或許也會以愛憐的眼神看著沉睡的小孩，但這還不是造就。只當你在其中看到愛，只當你看到上帝的愛圍繞著小寶寶，你才能說那是個造就的景象。見證偉大的藝術家完成他的作品是件光榮的事，但那也不是造就的景象。假設它真的是曠世鉅作，而藝術家出於對某人的愛而撕毀它，那景象才稱得上是造就。

有造就的地方，就會有愛，而有愛的地方，也會有造就。這即是為什麼保羅說：「我即使會講人間各種話，甚至於天使的話，要是心中沒有愛，我的話就像吵鬧的鑼和響亮的鈸一樣。」（《哥林多前書》13:1）的確，喧鬧的鑼鈸能有什麼造就呢？在這營擾的世界裡，即使再怎麼璀璨瑰麗，如果沒有了愛，也就沒有造就；而如果心中有愛，簡單的一句話、一個舉動，都可以造就人。所以說，「知識叫人自高自大。」（《哥林多前書》8:1）然而知識及其溝通也可以造就人，如果愛臨在其中。好辯者似乎很難去造就人，但是保羅不也經常這麼做嗎？當他申辯時，他是「為了造就你們」。關於「造就」的討論總是非常冗長，因為任何事都可能造就人；然而這也是對世界最悲傷的控訴，因為我們幾乎看不到任何造就。輕裘肥馬或許難得，但是我們可能寧願竹杖芒鞋；大師的作品或許珍貴，某些人卻可能視如糞土。但是造就卻是無法忽視的。每個片刻裡，有多少人熙來攘往，他們的一言一行，都可能造就人，然而我們卻很少看到！

愛可以造就人。如果任何事物都可能造就人，那麼我們的討論就不致於空手而返。造就是從根基上樹立某些事物。當我們談到房屋或其他建築物時，我們知道「根基」指的是地基。但是屬靈生命的根基又是什麼呢？那是愛。愛是萬物的源泉，在屬靈的意義下，愛是屬靈生命最深邃的根基。如果人們心中有愛，在屬靈的意義下，他就扎下了根基。那等待樹立的，卻又是愛，而只有愛才能造就。愛能造就人，而這意味著它造就愛。如此我們便可以勾勒這個任務的輪廓，我們的討論不會往而不返，不，我們將專注於雜多中的本質事物。這本書探究的是愛，因爲造就是愛的特質。我們所要造就的是愛，而只有愛才能去造就。高瞻遠矚的領袖、學識豐富的專家、或是藝術大師，我們會說他們可以造就人們，他們不會使人迷惑無助，或是摧毀他們。但是這些造就，無論是在知識、洞見、鑑賞力或人格上，都不是最深層意義的造就。這是因爲在屬靈的意義下，只有愛才是**根基**，而造就意味著從**根基**開始去成就人們。

因此，當我們討論到愛如何在造就中流行不息，這或者是意味著心中有愛的人在他人心中種植了愛，或者是說心中有愛的人預設，他人心中也有愛，基於這假設，他在他們身上造就了愛，當然，是從根基開始，這是說，他預設愛就臨現在根基上。但是人可以在其他人心裡種植愛嗎？不，那是超越人的關係，是人與人之間不可思議的關係；在這意義下，人類的愛無法去造就它。只有上帝、造物主，才能在每個人心中種植愛，因爲祂自己就是愛。如果你傲慢地幻想自己能夠在他人心中創造愛，那麼你就是最不懂得如何去愛、如何去造就的人；所有這樣的企圖都無法造就愛。因此，第一個造就的關係是不可說、不可思議的，我們只能去思考第二個關係。這就是我們所要解釋的：**心中有愛的人，預設他人心中也有愛，基於這預設，在他心中造就了愛，當然，是從根基開始，這是說，他預設愛就臨現在根基上。**

因此，我們不想討論那心中有愛的人、想要造就他人的人，如何改變他人，或是控制他人，在他人心裡創造愛，而是要討論那心中有愛的人，爲了要造就他人，如何規範自我。當你體認到，那心中有愛的人是透過自我規範去造就他人，這對你而言就已經是很有啓發的造就。只有那不懂得愛的人，才會幻想透過控制去造就他人；心中有愛的人，總是預設他人心也有愛，藉此去造就他們。建築師很少會認爲他所使用的沙石磚瓦有何特別之處，老師總是認爲學生是無知的，紀律嚴明的軍官總是認爲其他人冥頑不靈——但是心中有愛、希望造就他人的人，只有一個行動，就是預設他人心中也有愛。而他接下來能做的，就只有自我克制。藉此，他與人爲善，讓愛周遍萬物，因而造就他人。將自己的愛推及他人，就是造就。但是愛的推及預設著愛臨現在根基裡。你或許會覺得當個建築師、老師、軍官很誘人，因爲你可以支配別人；但是愛不能誘惑人，因爲愛是要去服事人，因此也只有愛才願意去造就人。

建築大師可以指著建築物說：「這是我的作品。」老師可以說：「這是我教出來的學生。」但是愛的造就沒有什麼可以炫耀的，因爲它的作品是以那假設爲基礎。這對我們而言，也是很有啓發性的造就。當某個人在他人心中造就了愛，而他站在這巍峨的建築下，羞赧地喃喃自語：「我以爲它一直就在那裡。」心中有愛的人，不會有什麼豐功偉業。愛的造就不是建築師的紀念碑，也不是老師教導出來的學生；畢竟，他預設在基奠上早就存在著愛。他沉默莊嚴地工作，然而永恆的力量卻周行不息。愛總是謙卑地躲在最幽微的地方，擔負最沉重的工作——的確，愛的作工總是如羚羊掛角，無跡可尋。

唉，對販夫走卒而言，這是再愚笨不過的事：你做得這麼辛苦，最後卻一無所獲。是的，確實如此。控制自己的脾氣要比攻城掠地困難得多（《箴言》16:32），而愛的造就比世上最偉大的功業都要艱鉅百倍。如果克制自己都如此困難，那麼辛苦耕耘卻功成不居，就更加令人無法想像。如果「沒有假設的開端」是很困難的，那麼以愛的存在爲假設去造就愛，卻又以同樣的假設爲終點，就是挾泰山以超北海了，因爲你所有的努力都幻化爲烏有，這個預設自始至終都是忘我無私的，而造就者會隱藏自己，彷彿他什麼也不是。

於是，只有自然的奧蹟才能和愛的造就相提並論。當人們熟睡的時候，自然的力量卻晝夜不舍；沒有人注意到它是如何延續的，但是大家都爲綠野的美麗和農田的豐收感到幸福喜悅。愛也是如此；它預設愛的存在，就像麥粒裡的種子一樣；當麥子成熟了，愛就會隱藏自己，就像沒有人注意到自然日夜不停的運行一樣。然而自然的造就是：你看到這一切壯麗的景象，而它以造就的方式吸引你的注意，當你驚訝地發現它時。但是，如果你以肉眼看到上帝對你說：「是我造就這一切的，」（如果有可能的話）那麼這造就會瞬即幻滅。

愛的造就預設愛的存在。心中有愛的人便是如此造就他人，而如果愛顯而易見，那麼這個預設也就沒什麼困難。唉，但是愛從未完全臨現在人們心中，因此人們有足夠的理由懷疑這個預設。如果那心中沒有愛的人發現這點，他或許會想要拔掉這眼中之刺（《馬太福音》7:4）。然而愛是造就。那愛得多的人，罪也就赦免得多（《路加福音》7:47）；而他所預設的愛越是完美，他造就的愛也會那麼完美。世界中所有的關係，只有愛的預設和造就才能這樣「種瓜得瓜，種李得李」。我們不會心存疑慮，或是訴諸實證，因爲只有那心中沒有愛的人，才會懷疑這預設的結果。愛對這預設的實現永遠有信心，若非如此，愛就會有枯竭的一天。

愛的造就預設愛存在於根基之中。因此，在那似乎最缺乏愛的地方，在那最需要拆除的建築，愛也可以造就，這不是爲了慾望，而是爲了要救贖。造就的相反是拆除。在愛的造就裡，我們看到最尖銳的對比，因爲在其他的關係中，破立之間多少有些共同之處：它們都有個或破或立的對象。然而心中有愛的人對自己說，愛存在於他人心中；他並不對任何人做什麼。對於官能的人而言，破壞是很刺激的事，他們也能夠接受「造福他人」這回事；但是只有愛才會滿足於藉著征服自己所獲得的造就，而這也是唯一眞正的造就。在善意的破壞和建設中，我們都忘記了，沒有人能夠爲他人奠立愛的根基。

我們終於明瞭愛的房子有多麼難蓋，就像使徒保羅所說的（《哥林多前書》第十三章），「愛是恆久忍耐」，愛必須如此去造就，因爲你得堅定地預設愛存在於根基之中。那下結論說他人缺乏愛的人，即使他「慢慢的說」（《雅各書》1:19），也已經毀壞了地基；他無法造就什麼，因爲愛是恆久忍耐地造就。「愛是不嫉妒」，「不輕易發怒」，因爲嫉妒和憤怒會否認他人心中的愛，因而使得地基變成廢墟。愛的造就必須承受他人的誤解、忘恩負義和怒目以對，在這麼艱難的情況下，它怎麼能再去嫉妒和發怒呢？世界就是這麼不同：嫉妒和憤怒的人不願意分受他人的負擔，而心中有愛的人既不嫉妒也不發怒，他卻擔負起這一切。嫉妒的人和心中有愛的人，都有他們自己的負擔。在某個意義下，他們都是殉教者，正如有個虔誠的教徒所說，嫉妒的人也是個殉教者，不過他是爲魔鬼殉的教。

「愛是不求自己的益處，」因此愛是造就。自私的人會把所有其他事都推到一邊去，他必須拆毀其他建築，好爲自己騰出空間去造就什麼。但是，愛預設在根基中存在有愛，這才能夠去造就人。

「愛不喜歡不義，」但是如果你想要去拆毀他人的建築，或是想藉此彰顯自己的重要，就是好行不義。但是愛喜歡假設在根基中存在有愛，也因此能夠去造就人。

「愛是凡事包容，」這是說，愛終究會在所有事物中發現那預設存在於根基中的愛。當某個健康的人對任何飲食都沒有不適應的情形，即使是再不健康的食物，也可以吸引其養分（而對生病的人而言，再好的食物都可能要他的命）。這就是愛的包容萬物，因爲它預設至少在根基中有愛，而它也是這樣去造就人。

「愛是凡事相信，」因爲凡事相信就是預設著，即使我們看不到愛，即使我們看到的只是恨，即使那人迷失自我或心懷怨懟，它仍然存在於根基之中。懷疑會侵蝕根基，因爲它假設愛不存在。

「愛是凡事盼望，」因爲凡事盼望正是預設著，即使我們看不到愛，即使我們看到的只是恨，即使那人迷失自我或心懷怨懟，它仍然存在於根基之中。你看到那浪子的父親，或許只有他才不知道他的兒子有多麼放蕩，因爲做父親的凡事都盼望。他的兄弟卻早就知道他是無可救藥的浪子。但是愛造就了他們，父親也贏回他的兒子，因爲凡事相信的他，假設根基之中始終有愛。儘管兒子多麼墮落，那父親卻不間斷地守候著他（間斷和造就是對反的）；他盼望一切，藉著父愛的寬恕，他造就了兒子，因爲那兒子明白，父親的愛永不止息地守候著他。

「愛是凡事忍耐，」因爲凡事忍耐即是預設愛存在於根基之中。母親容忍小孩的淘氣，這並不是忍受邪惡的折磨。不，她是個母親，她總記惦著那是她的孩子，也始終相信小孩仍然愛她，總有一天，她會看到愛的表現。有耐心的人也會沉默地忍耐一切，但是如果母親這樣忍耐她的孩子，那麼他們就會行同陌路。愛也沉默地忍耐，但是它預設著他人心中仍然有愛。

愛就是這樣去造就人。「愛是不自誇，不張狂。」愛不會自誇能夠在他人心中創造愛，愛不會驕傲地或沒耐心地要拆毀一切，以便重新去造就；不，它始終預設著根基中存在有愛。因此，能看到愛的造就，這是最能造就人的景象。你看過許多溫暖的、慈善的、誘人的、令人嚮往的、令人神魂顚倒的景象，但是只有看到愛的造就，才是能夠造就人的景象。因此，你可能看到世上最駭人、最可憎的事，你希望忘記它，因爲那會摧毀你的勇氣和信心，使你感到厭世，這時候你只需想想愛如何造就你和你的生活！世上有各式各樣的話題，但是只有關於愛的造就的主題，才能夠造就人。因此，無論你遭到人生如何難堪之境，使你痛不欲生，這時候你只需要想想愛如何造就，你將再度得到鼓舞，對他人訴說你的見證！只有一個景象，只有一個主題，能夠造就人；然而任何事物都可以用這樣造就的方式去說去做，因爲只要有造就的地方，就有愛，而只要有愛，也就有造就。

愛的造就預設愛的存在。我的讀者們，你們不曾有過這樣的經驗嗎？如果有人以這樣造就你的方式對你說話，那是因爲你清楚感受到他如何預設你心中有愛。你覺得哪一種人才能眞正造就你呢？你不是希望他有洞見、知識、才能和經驗嗎？但是你知道這些都不是最關鍵的特質，你還希望他是値得信任的、心中有愛的。因此你認爲造就是建立在能夠彼此信任的愛上面。

但是，愛又是什麼呢？愛是預設愛的存在；心中有愛是預設他人心中也有愛。我們應該這樣去了解對方。個人所擁有的特質，不是爲己的，就是爲他的。智慧是爲己的特質；權力、才能和知識，也都是爲己的。智慧的人並不需要預設他人同樣也是聰明的；事實上，智者很有理由相信「眾人皆醉我獨醒」。這種想法並沒有什麼矛盾之處。當然，在現實生活中，這是很傲慢的表現，但是在思想上不會有什麼衝突。然而，如果你認爲自己心中有愛，卻認爲他人都沒有愛，我們會說：等一會吧，這說不過去啊，因爲愛是預設他人也有愛的。

愛不是爲己的特質，而是爲他的。談到個人特質，我們習慣說他很聰明、敏感、有愛心，我們卻不曾察覺，最後那項的特質和前者有什麼差別。他的睿智、經驗和敏感，這都是爲己的，儘管他樂於推己及人；但是如果他眞的心中有愛，那麼他擁有愛和擁有智慧的方式將會大異其趣，他的愛在於預設我們每個人也都有愛。你讚美他的愛心；你認為那是他所擁有的特質，話是沒錯；你因為他的愛而得到造就，但是你不知道，真正的原因在於他的愛預設你心中也有愛，你心中的愛因為這個預設而得到造就。如果愛你的人不相信你心中也有愛，那麼在最深層的意義下，你不會有得到造就的感覺，無論他如何真誠地愛你；你不可能真正信任他，因為愛的信任是：即使你懷疑自己，懷疑你是否能夠去愛，他的愛還是足夠去相信你心中有愛。

你認為一個人必須有愛，才能夠去造就他人。而現在我們明白，所謂心中有愛，即是相信他人也有愛。因此，你所想的和我在這裡所寫的並無二致。

我們回到討論之初。造就是預設愛的存在；愛別人是預設他人也有愛；只有愛才能造就人。造就是在根基上成就某些事物，在屬靈的意義下，愛是一切事物的根基。沒有人能夠在他人心中創造這愛的根基；愛是根基，我們只能在這根基上去造就；因此我們只能預設愛的存在，才能夠去造就。如果沒有愛，就沒有造就，也沒有人能夠得到造就。

第七章

愛是凡事相信，卻不受欺騙

愛是凡事相信。

——《哥林多前書》13:7

「如今常存的有信、有望、有愛，這三樣，其中最大的是愛。」（《哥林多前書》13:13）因此，愛也是一切的根基，先於萬物，而當一切都歸於塵土時，卻只有愛亙古常存。所以愛是「這三樣」當中最偉大的，而在完美的層次上（也就是說，相較於信和望，愛是更完美的）最偉大的愛，也應該可以承擔信和望的工作，甚至使它們更完美。世上有許多卓爾不群的人，卻不見得是完美的，這是世俗的不完美。就眞實而言，最偉大的人應該也能夠承擔其他瞠乎其後的人所能做的事，而愛也確實能夠擔負信和望的工作，甚至使它們更完美。

現在我們進入所要討論的話題：

愛是凡事相信，卻不受欺騙。

我們如何去理解「愛是凡事相信」，而凡事相信的人又如何不受欺騙？的確，凡事相信的人並不就是心中有愛。凡事相信，即使是信仰，也不都能夠免於受騙。而如果「不受欺騙」是愛的固有資產，那麼我們就不必談論愛的**作工**了，然而事實卻非如此。免於受騙是個工作、課題，和「凡事相信」完全同義。它們是同一回事。人們習慣認爲，相信是一回事，而明辨眞僞則又是另一回事，而世人也不認爲愛不會受騙；但是基督教卻不這麼想，當然，這也是爲什麼基督教會使世人感到受侵犯的原因。

愛是凡事相信。輕率、單純、涉世不深的人，會相信他所聽到的一切；虛容、驕傲、自以爲是的人，會相信任何阿諛諂媚的話；嫉妒、怨毒、墮落的人，會相信任何邪惡的言語；懷疑者什麼都不相信；經驗告訴他，凡事懷疑是明智之舉；但是愛卻是凡事相信。

懷疑者什麼都不相信，他和愛的作工背道而馳。通常人們也不太喜歡懷疑者，但是這不表示他們厭惡懷疑，而讚美愛的凡事相信。很奇怪的，他們偏好兩者之間有爭議性的妥協。如果你掩飾懷疑者所的祕密，把他包裝成睿智的哲人，當然會博得采聲。或許他會爲自己的發現感到驕傲。相反地，凡事相信的愛就沒有值得炫耀的驚爆內幕；許多人也沒有勇氣承認自己是這麼單純幼稚的人。

那麼，懷疑者的祕密是什麼呢？那是知識的誤用，對眞實事物的錯誤推論，而顚倒了事物的眞相，因此他們所相信的，是這顚倒夢想，而不是眞實。懷疑者所說的當然也是知識，他們的祕密或錯誤，在於他們把知識轉變爲信念，卻假裝什麼事也不曾發生過，甚至不值一哂，「因爲任何擁有這樣的知識的人，**必然**會得到同樣的結論，」好像這是再確定不過的事。

欺騙正是在於，懷疑者透過懷疑的心態，從知識（藉由知識的僞裝和謬誤）推論、假設且相信他們想要的結論，而藉由信任，卻可以從同樣的知識得到完全不同的結論。懷疑者說：「欺騙和眞相一樣無遠弗屆，虛假和誠實同樣周遍一切，眞理、誠實和正直並沒有絕對不變的樣貌。愛也是如此。僞善、詭計、手段和誘惑，和愛一樣俯拾皆是，它們如影隨形，和愛幾乎無法分辨。」是啊，世界似乎就是如此。

正因爲實在界必須考驗你和你的愛，因此在現實世界裡，你有同樣的可能性去面對眞理和欺騙，所以當你判斷或選擇的時候，你就透露了藏在心中的祕密。唉，許多人認爲判斷可以幫助他們遠離墳墓，確是如此，但是他們卻忘記了，判斷也可能使他們走向墳墓，因爲在你活著的每個片刻，現實都在審判你，因爲生活就是對自己的審判，是自我揭露。你無法憑著知識去躲避在現實的審判中揭露自己。

當眞理和欺騙具有同樣的可能性時，你必須決定心存懷疑或是愛。你看到有人說：「即使再純粹的感情，都會有欺騙。」呃，是的，確實可能如此。「**所以說**，我選擇懷疑，或選擇不相信任何事物。」也就是，他揭露了自己的懷疑。我們卻可以逆轉他的結論：「眞理和虛僞都同樣無遠弗屆，因此那表面上再卑劣的行爲，都有可能是純眞的愛。」呃，確實可能如此。所以說，心中有愛的人選擇凡事相信，也就是說，他揭露了他的愛。心存迷惑的人當然會認爲世界混沌不明，唉，大海畢竟沒有那麼清澈透明。而如果你據此就推論說我們不應該相信任何事物，那麼我同樣也可以根據欺騙的可能性推論說我們應該凡事相信。如果你認爲即使是最誠實的人都不應該相信他，因爲他也有可能欺騙你，那麼即使最卑鄙的人，也都可以信任他，因為他的卑鄙有可能只是個表象。

儘管愛和懷疑背道而馳，它們卻來自相同的知識。在知識中，它們是沒有差別的（在無限的意義下，知識的確是無差別的）；只有在結論、決定和**信仰**（這是說，要決定凡事相信或懷疑一切）裡，愛和懷疑才是相對立的。換言之，當愛凡事相信時，絕對不是輕率、涉世未深或單純幼稚，這些人是因為無知或缺乏經驗才相信某些事的。不，愛和其他事物一樣，都是以知識為基礎，它和懷疑知道的一樣多，卻不心存懷疑，它和經驗知道的一樣多，卻也知道我們所謂的經驗其實摻雜著懷疑和愛。

「人的心中隱藏了多少的祕密！那深邃的內心多麼狡猾地隱藏自己，欺騙或迴避他人！它寧願人們都察覺不到它的存在，害怕被人看見，更拒絕完全揭露自己。我們有誰能夠完全了解他人呢？然而如果眞是這樣，那麼即使再確定的事情，也可能有完全不同的解釋，而它或許是眞正的解釋，因為儘管某個假設可以解釋許多事物，而證明自己是對的，但是只要有個無法解釋的例子，就足以使它不攻自破；當然這個例子可能到最後關頭才會出現。因此，所有冷靜的觀察者，儘管知道如何去透視人的心靈，卻仍然得小心翼翼地判斷，甚至不敢遽下論斷，因為他們很清楚內心世界的捉摸不定，而作為觀察者，他們也必須克制自己的情緒。膚淺、衝動和激情的人無法我認識自我，當然也察覺不到他們對別人其實一無所知，只有這樣的人才會妄下斷語。

「一個從不曾騎過馬的初生之犢，不假思索地跳上第一匹經過他的馬，但是勇敢卻經驗嫻熟的騎師，會仔細觀察他所要駕馭的馬，戒愼恐懼地研究那匹馬的習性；而當那年輕人一下子就從馬上摔下來的時候，卻只看到那騎師穩坐在馬背上。那個小伙子根本不知道馬性，心想：『反正馬都是一樣的，我知道得夠清楚了。』只有騎師才知道他們的差別有多大，他知道騎馬時常犯的錯誤，也明白任何判準都可能有問題，因爲每一匹馬都有他們的個性。

「而人心不同，各如其面。如果不是這樣，那就會貶抑人性，因爲人之爲萬物之靈，不只是因爲我們常提到的普遍人性，而且在於每個個體在本質上都是有差別的。這個優點才是人性中眞正可貴之處，而前者（普遍人性）只是種屬之間的優劣比較。的確，如果一個誠實、高尙、正直、敬畏上帝的人，在同樣的情境下，無法做出和同樣誠實正直的人不同的選擇，那麼最深層的意義下，人神關係就不可能存在。如果我們可以根據普遍的判準，絕對正確地判斷每一個人，那麼人神關係就會灰飛煙滅，那麼每個人就會向外馳求，在俗世的政治和社會生活中尋找沒有信仰的成就，那麼就不可能、也不需要橫眉冷對世人無窮的誤解，深入發掘內心世界，在人性中開展人神關係，然而，只有在與世人最艱難的衝突中，才可能在個人心中開展人神關係。」

你可以告訴我，這些話是誰說的嗎？我想你不會知道。這些話太過模稜兩可了；懷疑者和心中有愛的人，都有這樣的認識，都可能說這些話。這不是任何個人會說的話；它是一個子音，不同的人會有不一樣的氣音，藉著他們的聲音，它才成爲人類的語言。它是知識，而知識本身是與個人無關的，知識的溝通也與個人無關。知識使一切都是可能的，因此是在現實的存有者之外。個體以「所以」（ergo）、以信念開始他的生活。但是許多人過得渾渾噩噩，完全不知道，他們在生命中的每一刻，都是依賴某個「所以」、某個信念去生活。知識中不會有決定；決定、人格的界定和堅固，始於這「所以」和信念。知識是恍惚窈冥、無可無不可的；所有對立事物都有同樣的可能性。只有了解這點，才是眞的認識，才能夠「和之以天倪」，把同樣可能存在的對立事物傳遞給他人，只有他才能傳遞知識。

把知識和決定混爲一談，則是本末倒置，而現在人們卻認爲這是最深刻的思想。知識既不是懷疑，也不是愛，因爲知識是無限的平等無待。知識也不是染污，因爲它是無差別的。懷疑者和心中有愛的人都擁有相同的知識，但是懷疑不是因爲知識而懷疑，心中有愛的人也不是因爲知識才去愛人。但是當某個人的知識給予對立事物相同的可能性，卻被迫或主動要去下判斷，那麼就在他的信念中，顯露出他是誰、他的懷疑或愛。只有生手和頭腦不清的人，才會根據知識去評判他人。這是因爲他們甚至不知道知識是什麼，沒有平等客觀地看待各種可能性。在混亂中，他們可能特別喜歡某個可能性或是冷漠以對；這樣些微的態度就足以影響判斷，他們說這是以知識爲基礎的判斷，並且自鳴得意地認爲，在知識的基礎上，他們可以免於錯誤（這是個嚴重的矛盾），因爲只有信念才會發生錯誤（又一個矛盾）。

人們常常說他們害怕在判斷中發生錯誤，但是如果你仔細分析他們的話，就會發現一個可悲的誤解。在古代，高貴單純的老智者蘇格拉底，過著忠於自己的生活，他不是個顯赫的稅吏或官員，他經歷貧窮、嘲諷、控訴、譴責，只是做個高貴單純的智者，然而這卻足以使他超塵絕俗，只因爲他「對錯誤戒愼恐懼」。

人們的害怕在判斷中犯錯，或許也是種驕傲吧？當然這種恐懼有時候也是片面的。人類對於犯錯都有不自覺的恐懼，我們害怕太過相信他人。相較之下，我們不害怕處處提防他人會有什麼錯誤，至少沒有前者嚴重。因此，我們對於錯誤有著選擇性的恐懼。太過相信騙人的話，會損害我們的驕傲和自尊，因爲這顯示我們不夠人情練達。我們會自怨自艾，認爲被人愚弄是很笨的事。但是，如果我們凡事猜忌懷疑，而錯失了福田，不也是很愚蠢嗎？這在永恆裡就不只是「愚蠢」而已。我們還是使用世人能懂的語言好了。但是不認是猜忌別人是「愚蠢」的事；人們總是因爲太過驕傲，而輕易放棄身邊的寶藏。他們認爲輕信他人才是「愚蠢」；所以每個人都設下防線，因爲他們都害怕犯錯。然而，心中有愛的人才是眞正害怕犯錯的人，所以他堅持凡事相信。

世界有許多誘惑，它會告訴人們，只有膚淺愚昧的人才會因爲愛而相信一切。然而這是個誤解。我們爲愛設下界限(卻不嘗試去理解它)，然後強調「凡事相信」是愚蠢的事，卻忘記了，凡事相信的，事實上就是**愛**。知識當然不會玷污人們，知識有如清澈明淨的鏡子，完美而純粹，就像水一樣無味無臭。執法者不會因爲比罪犯更熟悉犯罪伎倆而受到污染。不，知識不會玷污人們；而懷疑卻會玷污人們的知識，就像愛會滌淨知識一樣。

在對他人的評判上，知識最多只是呈現各種對立面的可能性，差別就顯現在決定之中。聖經說：「你們不要論斷人，免得你們被論斷。」（《馬太福音》7:1）這聽起來好像有時候我們可以論斷他人，而不會招致論斷。但是事實不然。在你論斷或批評他人的當下，你已經在論斷自己，並且揭露自己。或許你並不自覺，或許你不知道現實是如此的嚴肅，在對你介紹其他人時，就催促你去論斷他們。你甚至慶幸自己雜處眾人之中，他們都是匿名的人，也都漫不經心地在論斷他人；而現實卻很有禮貌且嚴肅地對待你，不把你當作匿名的人；因此現實也在論斷你。人們多麼渴望被論斷，而如果他們知道論斷是什麼，或許他們會感到後悔。而人們又是如何急於論斷他人，但是他們卻不知道，那是使自己身陷囹圄的捷徑。你從知識那裡只會得到各種同等的可能性，而結論則要回到判斷的本性，它可以顯現你是個心中有愛的人，因為你得到的結論是：因此，我凡事相信。

另一方面，懷疑則偏好邪惡。懷疑一切正是相信邪惡的開端；換言之，善是信仰的對象，因此，什麼也不信的人，便開始相信邪惡。懷疑一切是相信邪惡的開端，因為這顯示你心中沒有善，因為信仰是人心中的善，無論你博學多聞或是淺薄無知，都不會增損信仰的善。懷疑無法以平等心對待知識；它會染污它的知識，逐漸變成嫉妒、憎恨和墮落，且相信邪惡。

人們熱中於論斷他人，宣洩他們的憤怒，卻對論斷的對象一無所知；他在天堂中發現且被迫承認，他所論斷的那個人不僅僅無罪，甚至是最高尚、無私、寬大的人！我們常說，將來我們在天堂裡（唉，希望我們不會被關在門外），或許會驚訝地發現，某些你期待看到的人居然不在那裡。但是我們是不是也會驚訝地看到那些被我們詛咒不能上天堂的人，卻比我們幸福得多，而那不是因爲他後來改過向善，而是因爲我們以審判者自居，把他趕出天堂。然而，心中有愛的人凡事相信。他帶著驚奇的喜悅，總有一天會發現他所相信的都是正確的。因爲愛而相信善當然不會是個缺陷，也不會是個錯誤。

因爲猜忌而懷疑一切，或是因爲愛而凡事相信，這都不是認知上的結論，而是在知識同樣呈現出各種可能性時的選擇，當你做了選擇，你就在對別人的論斷中揭露了自己。輕率的、涉世未深的、單純幼稚的人，他們相信一切，那是由於膚淺的認知；因爲愛而凡事相信則是以愛爲基礎的選擇。愛並不利用它敏銳的觀察保護自己，而不去相信任何事物，相反地，它利用洞見去發現同樣的事，也就是，眞理和欺騙同樣無遠弗屆，因而基於心中的信仰，我凡事相信。

愛是凡事相信，卻不受欺騙。多麼奇妙啊！爲了不受欺騙，當然最好是什麼也不要相信，你如何去欺騙一個什麼也不相信的人呢？但是，凡事相信的人，就像是自暴自棄，成爲騙子的祭品，卻又要保護自己不受欺騙，這豈不是很奇怪嗎？然而，當你不受他人欺騙時，你卻欺騙了自己（這是最可怕的欺騙），使你自己遠離至高的眞理，遠離自我奉獻和愛的至福！不，保護自己不受欺騙的方法只有一個，那就是基於愛去相信一切。

我們且這麼說：人可能欺騙上帝嗎？不，在人神關係中，人只可能欺騙自己，因爲人神關係是最高善，所以那欺騙上帝的人，也是在欺騙自己。我們再以人際關係爲例：孩子可能欺騙他的父母親嗎？不，孩子欺騙的是自己，如果你認爲看起來是孩子欺騙了父母，那是無知所導致的幻覺，事實上，可憐的孩子欺騙的只是自己。我們可以合理假設，在親子關係中，父母親比小孩更有洞見和智慧，對小孩的愛也更眞切，而小孩子只是依稀知道如何去愛自己，而欺騙父母會招致壞運氣（彷彿這不是他的錯）。但是事實上受騙的不是父母親，而是小孩自己。從**幼稚且貧乏的**觀點去看，似乎是小孩欺騙了父母，然而這僅僅是從這「幼稚且貧乏的」觀點去看。另一方面，如果父母對小孩的愛不及於小孩對父母的愛，不夠眞實、認眞和關心，不是出於眞心和責任，那不是很可悲嗎？如果父母親認爲小孩子欺騙他們，而憤怒地和小孩子吵架，那不是很可悲嗎？這樣的親子關係是匪夷所思的、不健全的，彷彿對小孩施以體罰是在和小孩打架，拋卻作爲父母的尊嚴和權威，只是證明父母親在暴力上強過小孩。

眞正崇高的事物不會受騙。相較於其他非關愛的事物或欺騙，眞愛絕對是至高無上的；因此，如果在凡事相信當中，愛始終忠於自己，那麼愛也永遠不會受騙。

這似乎是顯而易見的事；困難是在別的地方，在某些低層的概念領域裡，人們無法了解眞愛及其至福。困難在於，有許多幻象會使人陷溺在這些低層的概念裡，在這些概念裡，欺騙和受騙的意義和在**愛的無限概念**裡正好相反。**在愛的概念裡，受騙是指被禁止去**

愛，因為誤入歧途而必須放棄愛，並失去愛原有的至福。在無限的意義下，只可能有一種欺騙：自我欺騙。我們不用害怕那只能殺害肉體的人（《路加福音》12:4）；被人殺害並不是永恆的危險，世上所說的欺騙也沒有這危險。這似乎也是老嫗能解的事。困難在於如何完成這課題，獲得愛的眞實概念，或者更正確地說，成爲眞正心中有愛的人，藉著相信一切，抵抗所有的幻象，涵泳在眞實的愛裡。但是幻象卻不斷引人入彀，就像它讓人以爲太陽繞著地球轉一樣。

人們對愛會抱持更淺薄的看法，因此也會有淺薄的愛，這樣的愛對於眞愛本身一無所知。他們認爲愛是要求，而被愛則是世間的善，儘管是短暫的，卻是最高的幸福。是的，如果眞是如此，欺騙和謊言就像資本主義一樣，會主宰整個世界。你花錢換取某些便利；但是你沒有得到這些方便，好吧，你受騙了。你進行愛的交易，你出售愛情，但是你並沒有得到回報，是的，你受騙了。那騙子贏得受騙者的愛，甚至讓他們無法自拔，因爲他們只能愛一個人，而那個人就是這騙子，這就是欺騙。

我不否認，付出愛的人可能受騙，而那些騙子，是的，他們是可惡的騙子，但是我不認爲這些人所付出的是眞實的愛。如果他的愛那麼特別，而只能去愛一個人，那不會是眞正的愛，而只是愛的陷溺，也就是自戀，這在之前已經敘述過。我從不否認，自戀者可能受騙。

在現實世界中，到處都有深邃幽微的角落。有時候你聽到有人大聲抱怨他的愛受了騙。這樣的抱怨只是想要證明他的愛多麼珍貴，那騙子多麼卑鄙，而他自始至終只能愛一個人。他不知道，他的抱怨越深，就是對自己越嚴厲的指控，顯露自己是個自戀者，因而只能一個人（眞正有愛的人會愛所有的人，而不要求回報），當然也可能會受騙，而這對眞正去愛的人是不可能的。那堅稱因爲受騙而失去生命中最美好的事物的人，其實只是透露他自己是個自戀者，因爲那最美好的事物就是愛，而只要你願意成爲眞正心中有愛的人，你隨時可以保有它。如果你只願意接受低層的概念，關於愛的謊言，那麼你就得小心不要受騙；你得學學稅吏和商人，隨時提防行騙的人。唉，儘管你再怎麼防微杜漸，你活在這世界裡，畢竟還是受騙了，因爲世界本身就是個謊言，無論你是否抱怨受騙，或是誇耀自己不曾受騙。在精神療養院裡，無論精神病患的異常程度有何差別，他們基本上都是病患。

低層的概念和幻象對人們是種誘惑。困難在於人們無法主動去抵擋這誘惑。當人們獨處時，應該不難了解，眞愛是不可能受騙的。「但是受騙還是很愚蠢的事。」如果你因爲愛而凡事相信，你自然會認爲受騙是不可能的。「自覺不曾受騙」是愚蠢的事嗎？不是。「但是如果別人受騙，那還是很愚蠢的事。」你看，這就是幻覺。自覺沒有受騙，而又認爲別人的受騙是很愚蠢的事，這意味著什麼呢？那是虛榮，是沒有眞正去愛。唉，如果虛榮戰勝了眞愛，那麼他眞的會受騙，因爲虛榮會使他遠離愛，落入錙銖必較的嘈雜世界，那裡的人們爾虞我詐，因爲欺騙別人而沾沾自喜，覺得受騙是愚不可及的，也自負於不受欺騙。

當我們看到那狡猾、陰險，僞善的人欺騙了眞正有愛的人，我們會覺得很驚訝？爲什麼？因爲我們在外在世界裡看不到懲罰和報應，我們喜歡看那些不圓滿的、膚淺的、卻大快人心的戲劇，壞人總是在外在世界裡會得到報應，因爲我們被貶謫到低層的概念世界裡去，由於我們的冷漠和輕忽，忘記了眞愛是不會受騙的。當我們看到有人把盲人推下深淵，總會覺得義憤塡膺，也覺得那壞人應該得到報應，因爲盲人很容易受騙；但是眞愛卻不是這樣。換言之，那心中有愛的人，如果知道有人欺騙他，但是他拒絕相信有這種事，或是凡事相信，而堅守著愛，在某個意義下，他並沒有受騙。人們認爲知識高於信仰，這是多麼膚淺愚昧的看法，因爲保護那眞愛的人不受欺騙的（在某個意義下，他知道他正在受騙），正是凡事相信。

眞正有愛的人，凡事相信的人，不可能受騙，因爲**欺騙他就是在欺騙自己**。至善是什麼，至福又是什麼？當然是眞實的愛和被愛。那因爲凡事相信而堅守著愛的人，是不可能受騙的。如果騙子沒有把他的錢給騙走，那麼他還算是受騙嗎？愛正是如此。騙子會因爲他未遂的罪行受到譴責，而那堅守著愛的人仍然擁有至善和至福，因而也不曾受騙。然而，騙子卻欺騙了自己。他心中沒有愛，這已經使他受騙而遠離至善和至福。而如果愛你的人心中並不眞正有愛，那麼這是最悲慘的事。而騙子又要欺騙自己，使自己無法得到愛的眞正福祉，當他的僞裝被揭穿，他又會傷害別人，使他們不願眞正去愛，因而也喪失了眞愛。

我們看到騙子的下場比眞愛的人要悲慘得多，我們想像那是發生在眼前的事。我想像一個狡猾的僞善者，賦予他所有欺騙的技巧。那麼，他到底要什麼？他要用這些詭計去欺騙那眞正去愛的人，他希望被愛（無論他如何墮落，他還是知道被愛的幸福）。但是他眞的需要這些狡猾卑劣的手段嗎？他想欺騙的，是那眞正有愛的人，但是這些人卻愛所有的人，因此，欺騙者原本可以不費吹灰之力就得到他們的愛。當然，如果是那些陷溺在愛裡的人（自戀者），那麼這些欺騙或許還有些意義，因爲他們只能愛一個人，而欺騙是很好的方法。但是對於那眞正去愛的人而言，欺騙自始至終就沒有任何意義，從一開始，欺騙者就無所遁形。

欺騙者當然會得到愛，而他們認爲這是他們的詭計得逞之故。可憐的騙子，他們不知道那眞正有愛的人之所以愛他，是因爲他們愛所有的人。騙子的可悲不在於他們的謊言被揭穿，不，這些懲罰都是微不足道的；眞正可悲的是他們爲自己的謊言沾沾自喜。他們說了什麼謊呢？他們得到人們的眞愛，卻冷漠、驕傲、嘲諷地拒絕回報，且爲此自鳴得意。但是現在他完全不知所措，因爲眞正愛他的人並不要求任何回報。欺騙者竊取人們的眞愛，卻不知道那是他們自願付出的。他拒絕回報，以爲這樣是玩弄了他們，但是他不知道，他們本來就認爲要求回報是玷污且貶損他們的愛，眞正至福的愛是不求回報的。

這麼說，究竟是誰受騙了呢？究竟什麼才是欺騙呢？說謊者說得天花亂墜，甚至不知道自己在說什麼，猶如那在溝壑中幻想自己乘雲駕霧的人一般。這樣的欺騙，就像是把錢塞在某人的口袋裡，然後說那是偷竊。眞正去愛的人越來越富有，因爲他多愛一個人，多付出一份愛，而放棄要求回報的權利，他就越富有。而如果他不曾發現欺騙者根本不值得他去愛，那麼他算不算是受騙了？的確，只要眞心去愛，就已經是至善至福了。如果有人想向某個人借錢，卻發現他已經破產，一毛錢也沒有，他會覺得受騙。而如果有人想要捐錢給他，當然他不會想把錢要回來，也不會因爲那個人破產而覺得受騙。

但是狡猾的騙子總是會見風轉舵，他不知道他行爲有多麼拙劣。他認爲自己聰明絕頂而洋洋得意（唉，精神異常的人也會這樣自鳴得意，既可笑又可悲）；他不知道心中有愛的人才是眞正無限崇高的人。欺騙者是盲目的；他甚至不知道自己有多麼貧乏。他的謊言成功了，而他成就了善行；他的謊言成功了，而他讓心中眞正有愛的人更加富有；他的謊言成功了，他成功了，然而他卻是唯一受騙的人。這可憐的窮人說了謊，而他也錯過了拯救之路，也就是明白這謊言失敗了。如果精神錯亂的人想要說服理性的人他的瘋狂想法是正確的，而在某個意義下，他成功了，這豈不是生命中最可悲、最殘忍的事嗎？因爲如果他失敗了，那麼他或許有機會明白自己的瘋狂，但是現在眞實卻被遮翳，他的瘋狂或許從此無可救藥。欺騙者的處境也是如此；然而這不是殘忍，這是對他的謊言的正當懲罰，是他的天譴。

那麼，欺騙者和心中有愛的人之間的衝突究竟是什麼？欺騙者要騙他放棄心中的愛。這是不可能的。他完全不要求任何愛的回報，因而也就沒有什麼可以被侵犯的；他不可能被人騙走他的愛，就好像佈施的人不會讓人把錢騙走一樣。因此衝突必定是在別的地方，也就是欺騙者會不會引誘愛人墮落（雖然這不是他的原意或考量），使得愛人從愛中謫降，沉淪到幻覺的世界，幼稚地和欺騙者爭吵，因爲他放棄了不求回報的愛。但是心中眞正有愛的人，因爲他凡事相信，因爲他愛欺騙者，所以可以保護自己。如果欺騙者了解這點，他可能會發瘋。陷入愛慾的人（自戀者），當欺騙者騙取他的愛，卻沒有任何回報時，他覺得受了騙；而眞正去愛的人，當他因爲凡事相信而愛那欺騙者時，他卻感到很平安。陷入愛慾的人因爲無法自拔而感到悲哀，而眞正去愛的人卻認爲繼續去愛那欺騙者是他的勝利。多麼奇妙啊！

欺騙者會變得越來越自負，因爲他的謊言無往不利；最後他甚至認爲那心中眞正有愛的人是條淺薄而貧乏的魚。然而正是因爲如此，他們才能永恆且無限地免於受騙！我的聽眾，你知道有什麼更好的方法去描繪那看起來卑微、卻無比崇高的人嗎？那看似占盡優勢的人爲自己的優越定了標準，但是那看起來卑微、卻無比崇高的人，卻婉拒這樣的標準，這意味著他是無限地崇高。你在此生中，不曾看到過這種無限崇高的關係嗎？當然，你不會直接看見它，因爲無限是無法直接被看到的。當你接近那在知識上無限崇高的人，你會發現他看起來只是個簡單的靈魂。只有那些不知道自己高過他人多少的人，或是膚淺而愚昧的人，才會汲汲於和他人比較，誇耀自己的優越。

對於那心中有愛、凡事相信的人，也是如此。人們常常誤以爲他很淺薄，但是就在這簡單的心靈裡，有著深邃的智慧；人們常常誤以爲他們很柔弱，但是永恆的力量就含藏在這柔弱的人身上；他看起來似乎很容易受騙，然而在永恆和無限裡，他卻是唯一不致受騙的人。但是人們無法直接看到這點；就人性而言，這個誤解是很自然的，特別在這個世故的時代，**人們太過聰明了，而無法相信智慧**。這個誤解是很自然的，因爲心中有愛、凡事相信的人，不會直接顯現。他就像山澗的幽草一樣，沒有人注意他的繁衍——他在上帝裡呼吸；他從對上帝的愛中得到滋潤，上帝使他茁壯。就人性而言，他在某個意義下知道自己受了騙，但是他知道眞理和謊言同樣無遠弗屆，他知道欺騙者也有可能不是欺騙者，因此他仍然凡事相信。心中有愛有勇氣去相信一切（這是最偉大的勇氣），有勇氣去承擔世界的鄙夷和侮辱（這是最偉大的勝利，勝過世間任何的戰利，因爲它征服了世界），有勇氣去忍受世界嘲諷他的愚蠢，儘管世界了解他的前提，卻不明白他的結論，也**懷疑**心中眞正有愛的人所擁有的聖潔。

但是在永恆裡，會不會有一天發現心中有愛人**實際上**也受了騙？這怎麼可能呢？如果愛是最高善和聖潔，如果他因爲凡事相信而涵泳在愛的聖潔裡，那麼無論在塵世或永恆裡，怎麼會受騙呢？就眞愛而言，無論在塵世或永恆，只可能有一種欺騙，那就是自我欺騙，或者說是放棄去愛。因此，心中眞正有愛的人，甚至無法理解這是什麼樣的質疑。唉，但是你我都知道這是怎麼回事。我們很難掙脫世俗情慾和幻覺的廉價概念和契約。就在我們把握到眞理時，習氣總是會橫阻前路。無限、永恆和眞理，對於凡人是如此的陌生，以致於好像是對著小狗說話一般，你雖然可以叫牠兩腳站立，但是終究牠還是習慣四隻腳走路。我們不得不承認這點，因爲謊言和眞理一樣周遍世界，沒有人能夠眞正論斷他人，當你論斷他人時，只是在揭露自己，就像你用盡吃奶的力氣一拳打在測試力量的機器上，你不知道那是用來測試力量的，你以爲你眞的打倒了什麼東西，雖然事實上只是讓人知道你的力氣有多大而已。當你發現眞相以後，你還是可以找到出路；你可以探究永恆，指望祂告訴你哪些人**事實上**是騙子。但是這證明了什麼呢？這只是告訴我們，你或那些騙子的心中並不眞正有神聖的愛，也沒有那唯有眞誠才能擁有的永恆觀念。如果你屈服於這慾望，它會立即把你拽進卑劣的世界，在那裡，最終極且崇高的不是心中神聖的愛，而是錙銖必較的擾攘不休。而眞正有愛的人凡事相信，且從不受騙。

第八章

愛是凡事盼望，卻不會因而被嘲弄

愛是凡事盼望。

——《哥林多前書》13:7

聖經用許多隱喻和描繪，透過莊嚴的永恆和我們俗世生活的關連，用各種方法，給我們空氣和希望。這對我們當然是不可或缺的。當墮落的俗世以管窺天而自鳴得意時，它所呼吸的空氣就產生了毒素。當塵世的時間悄然逝去，人們甚至無法察覺它的流失，或是當時間靜止，一切事物都使我們的心靈或力量專注於當下的片刻，這希望就會失落，而墮落的煙花世界，無論或長或短，都成爲自永恆的貶謫。這就是爲什麼我們時常需要清新的微風或暴烈的狂風，使空氣清爽，掃除有毒的瘴氣。我們也需要偉大的拯救事件，拯救沉淪在靜止中的我們，我們需要偉大的希望，鼓舞我們的生命，免得在世俗中窒息或在壓抑中殞滅。

基督教只知道一條道路、一個源頭，然而它總是知道這道路和源頭在哪裡。藉著永恆之助，基督教無時無刻都在創造新鮮的空氣和希望。營營擾擾的人世間熙來攘往，但是從永恆的觀點去看，他們卻是停滯不前的，忙碌的農夫周而復始地耕作和收穫，他們的穀倉堆滿了糧食，並且賴以維生，而那在同樣的生活中盼望眞正的善的人，最終一無所穫，成爲眾人嘲諷的對象，笑他不知耕耘，而只是在打空氣（《哥林多前書》9:26）——然而聖經卻用了一個比喻，把俗世比作耕種的時候，而把永恆比作收割的時候（《哥林多前書》

15:42-44），藉此給予人們希望。這俗世的停滯片刻像漩渦一樣（漩渦不會向前進），人間的得失，萬物的消長，只是在漩渦中不同的位置，而那盼望眞正的善的人，卻會失去一切——然而聖經又用隱喻的方式，說明俗世的困頓和掙扎，以及永恆的榮耀。（「我們這至暫至輕的苦楚，要爲我們成就極重無比永遠的榮耀。」（《哥林多後書》4:17）膚淺的人們停滯不前，把神聖、善和眞理貶損成蝸角虛名的遊戲，使所有事物都糾結在卑劣慌亂的騷動中，基督教卻給予我們空氣和希望，爲生命舉行莊嚴的慶典，用隱喻的語言告訴我們，在永恆裡，誰得到冠冕，誰蒙受羞辱，都已經永恆地決定了。（《哥林多前書》9:24-25）

多麼莊嚴神聖的慶典啊！確實，如果那賦予榮辱得失以無限意義的背景沒有得到救贖，那麼還能論斷什麼榮耀或恥辱嗎？即使某個人實至名歸地得到世間的榮耀，世界有什麼儀式能夠賦予它意義呢？假如有個學生應當懲戒或値得嘉許，而你卻只是在樓梯間斥責或稱讚他，這算得什麼呢？而如果那個老師自己就是個非常惡劣的傢伙，那又是什麼意思呢？如果在這典禮上沒有邀請任何高尙的紳士，而只是找來看戲的觀眾當臨時演員，那麼會有什麼光榮可言呢？只有永恆！你知道有什麼禮堂比永恆更雄偉的嗎？你在任何地方，包括教堂，看過像永恆那樣神聖的靜謐嗎？你知道有什麼高尙的社交圈像永恆那樣完美無瑕嗎？你看過任何鑲滿鏡子的禮堂，能像永恆那樣無限且絕對地映現榮耀，或是讓可恥的事無所遁形？

無論是榮耀或恥辱，基督教總是如此藉助於永恆，給予人們希望，如果你渴求希望的援助的話。基督教不會帶領你到更高層的社會，那只是讓你的存活空間大一些而已；這些都是俗世的希望和遠景。不，基督教的希望是永恆，因此會有光和影、美麗和眞實，以及存在圖譜中的澄澈晶瑩。基督教的希望是永恆，而基督是道路；他的受辱是道路，而在他昇天的時候，他也是道路。

但是愛比信仰和希望都重要得多（「如今常存的有信、望、愛，這三樣，其中最大的是愛」（《哥林多前書》13:13），也承擔了希望的工作，把希望以及對他人的盼望都擔在肩上。這永恆的希望又造就且滋潤了愛，在希望中和他人分享彼此的愛，這就是我們現在所要討論的：

愛是凡事盼望，卻不會因而被嘲弄。

的確，凡事盼望的人並不一定心中有愛，凡事盼望的人也不見得都能免於被嘲弄；但是愛的凡事盼望卻不同於放棄一切希望，無論是對自己或他人的希望。

凡事盼望，或者說，**時時盼望**。乍看之下，凡事盼望似乎是一勞永逸的事，因爲「凡事」把所有事物都涵攝在某個永恆的片刻，彷彿從此可以把希望束諸高閣。但是事實不是這樣。換言之，希望是由永恆和俗世構成的，這就是爲什麼在永恆的形式下，希望是凡事盼望，而在俗世的形式下，希望則是時時盼望。這兩種說法同樣正確；反過來說，如果這兩種說法相互衝突，而不是同樣在說「在每個時刻，凡事盼望」，那麼它們就是錯的。

希望和未來和可能性有關，它不同於現實，而總是個二元性，是前進或退卻、揚昇或沉淪、善或惡的可能性。永恆**始終存在**，但是當永恆觸及塵世，或是寓居在塵世中，那麼永恆和塵世就不會是在**現在**中交會，因爲如果是那樣，現在本身就會是永恆。「現在」這個時刻轉眼即逝，實際上是不存在的；它只是個界限，因而是過去的；而過去則曾經是現在。所以，當永恆在塵世中時，它只能是在未來或可能性裡（因爲它無法留住現在，現在無非是過去）。過去是現實的，而永恆則是可能的，未來的。我們會說明天屬於未來，而永恆的生命也是未來的。可能的事物總是個二元性，在可能性中，永恆和總是平等對待它的二元性。

另一方面，當人們平等對待屬於他們的可能性時，我們會說他們**心存期望**；期望和可能性事物有著同樣的二元性，期望面對的是單純的可能性本身。這個關係會因期望的人所選擇的方式而異。心存期望地面對善的可能性，就是**盼望**，正因爲如此，盼望不可能是俗世的期望，而是永恆的盼望。對惡的可能性的期望就是**恐懼**。盼望和恐懼都是期望。然而，當你作了選擇，可能性就改變了，因爲善的可能性是永恆。只有在剛接觸的片刻，可能性事物的二元性才是平等的；因此，我們藉著決定選擇盼望，使得我們的決定意義無限豐盈，因爲它是個永恆的決定。只有在單純的可能性，或者說，只有對於漠不關心地期待可能性的人們而言，善與惡的可能性才會是沒有差別的；在差別化中（選擇正是某種差別化），善的可能性絕不僅是可能性而已，因爲它是永恆。這即是爲什麼盼望的人永遠不會受騙，因爲盼望是期待善的可能性，而善的可能性正是永恆。

所以我們必須更確切地定義盼望是什麼。我們平常所說的盼望，根本不是盼望，而只是願望或渴望，時而渴望這個東西，時而渴望那個東西，簡單地說，那是個人對於雜多的可能性的期待關係。當我們這樣理解盼望時（當盼望只是意指著期望時），那麼連小孩子也很容易心存盼望，因爲小孩子自己就是個可能性。而我們也常常看到年歲增長以後，可能性、盼望或是對可能事物的感受，慢慢從人們心中消褪。這也難怪長者們對於盼望總是很輕蔑，彷彿那是年輕人的夢想，彷彿盼望和舞蹈一樣，都是年輕人的玩意兒，年老的人既沒有這興趣，也沒有這種無憂無慮的心情。呃，是的，盼望的確是藉著永恆和善的可能性使人怡然自得。儘管永恆和年輕是兩回事，但是老年人嚴肅和遲鈍的刻薄，運氣好的，可以說是冷靜或知足，卻和盼望一點關係也沒有，在更不幸的情況下，則會對盼望多所怨懟，相較之下，永恆還是比較接近年輕人一些。年輕的時候，我們充滿著期待和可能性；他們在年輕的時候成長茁壯，就像從阿拉伯樹滴下的珍貴沒藥一樣。但是當人們年華老去，他們的生命通常只剩下過去，呆滯地重複同樣的老故事；不再有什麼可能性會撼動他們；也不再有什麼可能性使他們重拾青春。盼望無處容身，可能性變成冬天殘存的幾希綠意。沒有了永恆，我們的生命就只能求助於習慣、世故、模仿、經驗、習俗和慣例。的確，如果你拿這些世俗的慾望慢火熬燉，你會得到各式各樣的黏漿，叫做處世哲學。但是從那裡你找不到任何可能性，「可能性」這個奇妙的東西如此脆弱（春天的嫩芽都沒有那麼脆弱）易折（最纖細的纖線都沒有那麼容易斷裂），然而當它藉著永恆而誕生成形，當它是善的可能性時，卻強過任何事物！

自認為飽經世事的人們習慣把生命分為若干階段，把第一個階段稱為盼望或可能性的年紀。眞是荒謬！他們在談論盼望時，完全忘記了永恆。但是這怎麼可能呢？盼望是屬於善的可能性，屬於永恆的！另一方面，盼望怎麼會是專屬於某個年紀的呢。永恆當然是充滿整個生命，自始至終都存在著盼望；哪裡有什麼盼望的年紀呢？人的整個生命無時無刻都有盼望！而那些洞察世事的人們居然捨棄永恆而侈言盼望。

在戲劇中，時間和事件被濃縮起來，我們可以在幾個小時裡閱盡滄海桑田，同樣地，我們也希望人生如戲。我們拒絕上帝對受造者的計畫，讓人間的戲劇展開，進而產生糾葛，而永恆只是戲劇的收場。所有事物都在塵世中有定數，某些年是發展的階段，接下來的十年則是進入糾葛的情節，然而有幾年的轉折點，最後則到了落幕的時候。我們不否認死亡也是個落幕，然後曲終人散，歸於塵土，四大分離。但是如果你拒絕理解整個生命充滿著盼望的時分，你絕對會陷入絕望當中，無論你是否意識到它，無論你自認為過得很幸福或是抑鬱而終。如果你放棄「我下一刻可能就會死去」的可能性（如果你**盼望**善的可能性，你就不會放棄這可能性），如果你的生活失去可能性，你就會陷入絕望。你和永恆絕交息遊，恣意地中止了可能性；沒有永恆的應許，你在不是終點的地方劃下休止符，而沒有像聽寫的人一樣，隨時爲下一段話沾潤墨水，在意義沒有終結之前，不敢妄下句點，或是任意抛下你的沾水筆。

如果我們要幫助小孩子完成艱難的工作時，我們該怎麼辦？呃，我們不會一下子就把整個工作都堆在他頭上，因爲他會感到沮喪而放棄希望。我們會循序漸進地把工作交付給他，既不會讓他太過輕鬆而驕矜自滿，也不會讓他忙不過來。這是教育中的善意欺騙；因爲我們事實上掩飾了某些事物。如果小孩子受了騙，這是因爲老師也是人，他無法擔保下一刻會發生什麼事。

但是永恆，它當然是人類最重大的課題，而另一方面，它當然也可以擔保下一刻的事；在這個無限的課題之下，俗世的小孩（人類）顯得多麼渺小！如果永恆以自己的語言，一下子賦予人類所有的任務，而不顧及人們的資糧和有限力量，那麼人類只會陷入沮喪。但是奇蹟就在這裡出現，那最偉大的力量，永恆，以永恆的方式區分自己，顯現爲未來或可能事物，藉著盼望，教育俗世的小孩（人類），教導他如何心存盼望（盼望本身就是個啓發，學習和永恆相聯繫），前提是，人類不因爲恐懼而恣意地選擇沮喪，或厚著臉皮選擇絕望，也就是說，拒絕可能性對人們的扶植。正確的說，永恆每次都會賦予人們一小部分的可能性。透過這可能性，永恆總是既**近在眉睫**，卻又在**八荒之外**，促使人們不斷地向前追尋。永恆便是在可能性中對人們如此循循善誘，從搖籃到墳墓，如果他選擇了盼望的話。前面說過，可能性是某種二元性，因此是眞正的教育。可能性既可以是聲嚴色厲，也可以是如沐春風。盼望並不是理所當然地蘊藏在可能性中，因爲在可能性裡同樣可能會有恐懼。但是藉著盼望，可能性會讓那選擇盼望的人更堅定他的希望。然而恐懼的可能性，也就是嚴峻，爲了憤悱啓發，卻神祕地保持這可能性，當永恆以盼望誘引人們時，它始終潛藏在背後。永恆的誘引總是既道阻且長，卻又在水中央；如此心存盼望的人總是無時無刻地凡事盼望，盼望那在塵世中僅只是可能性的永恆。

這就是凡事盼望。但是心中有愛的凡事盼望，意指著他和其他人們的關係，在盼望著他們的關係中，他總是讓可能性保持開放，對善的可能性存著無限的渴慕和偏愛。心存著愛的他盼望著，在每個時分都存在有可能性，他人的善的可能性。這個善的可能性意指著趨於至善的榮耀歷程，從完美到完美，或者從墮落中揚昇，或是從迷失中得救。

心中有愛的人顯然是對的，在每個時分裡，確實存在著可能性。唉，但是人們或許更能從絕望中發現這個事實吧，因爲在某個意義下，沮喪也是訴說同樣的事。絕望中的人也**知道**在可能性裡有些什麼，然而他卻放棄可能性（放棄可能性就是絕望），更正確地說，他甚至忝不知恥地**認定**善是不可能的。在此我們發現，善的可能性不只是可能性而已，因爲如果有人魯莽地**認定**善是不可能的，那麼他的所有可能性就會消失殆盡。恐懼的人不會**認定**善是不可能的；他害怕惡的可能性，但是並不妄下論斷，他不會那麼魯莽地認定善是不可能的。

「那是可能的，」絕望說：「即使是最眞誠的狂熱份子，有時候也可能感到厭倦，放棄他的努力，而自甘墮落。即使是最熱烈的信徒，有時也可能會放棄信仰，而選擇懷疑。即使最熾盛的愛，有時候也會冷卻到冰點。即使是最正直的人，有時候也會誤入歧途，因而迷失自己。即使最好的朋友，也可能反目成仇，即使最忠實的妻子，也可能會作僞證。這都是可能的；所以，絕望吧，放棄希望吧，尤其是不要對任何人心存盼望！」

是的，這的確可能，但是相反的情形也是可能的。「因此，不要放棄愛，不要對任何人放棄希望，因爲即使是最放蕩的兒子也可能失而復得，即使怨毒最深的敵人（唉，他過去還是你的朋友）也仍然可能和你重修舊好。即使是最沉淪的人（因爲他太過驕傲）也可能再度獲救。冰凍了的愛也可能再次燃燒。因此，不要放棄任何人；不要絕望，即使在山窮水複之際，不，你要凡事相信。」

所以說，那是**可能的**。就此而言，絕望的人和心中有愛的人是相同的，但是在永恆裡，他們卻有絕對的差異，因爲絕望對他人不存任何盼望，而愛卻是凡事盼望。絕望跌倒了，有時候會利用可能性藉酒澆愁，如果那無常的、虛幻的、詭異的可能性幻想能夠使他暫時忘卻煩惱的話。這正足以證明盼望如何深植人心，即使那些因絕望而心灰意冷的人，也會想要玩弄可能性，誤用想像的力量。絕望的人冷酷且自我防衛地拒絕對他人心存希望，更不用說是追求心中的善的可能性；但是絕望的人會喜歡把他人命運的可能性玩弄於股掌之間，無論那是盼望或絕望的可能性。他喜歡戲弄他人的命運，想像此起彼落的可能性，看他們如何搖擺不定，而高傲且冷漠的他，卻嘲笑這整個境況。

但是我們有什麼權利說對他人不抱希望就是陷入絕望呢？畢竟，使自己絕望和對他人絕望是兩回事。唉，但是如果愛人們所理解的是對的，那麼在任何時刻，他人都會有善的可能性，因此對他人不抱希望，彷彿他無可救藥，這正好證明你心中並不眞正有愛，因而是絕望的、放棄可能性的人。除非你心中存在著愛，否則你無法去盼望；你無法**對自己心存希望**，除非你心中有愛，因爲善有無限的關連性；而如果他愛別人，他也會對別人心存盼望。他對別人有多少盼望，對自己也就有那麼多希望，因爲他盼望多少，就愛多少。

在永恆裡，這是無限的眞理，在永恆裡的「以牙還牙，以眼還眼」。

啊，只要有愛的地方，就有無限的奧祕！眞正有愛的人說：「你要凡事盼望：不要放棄任何人，因爲放棄他就是放棄你對他的愛。換句話說，如果你不放棄這愛，你就會有希望；如果你放棄對他的愛，你的心中就不再有愛。」而關於心中的愛，我們平常的說法卻是跛扈的、冷酷的，彷彿我們是這愛的主人或宰制者，就好像我們支配金錢一樣。當你說：「我已經放棄對這個人的愛了，」你認爲這是他的損失，因爲他是愛的對象。說這句話的你心想，你保有你的愛，就像以錢財救助他人一樣，說：「我不再以金錢幫助他了，」施捨者保有他原本要給予的錢，損失的是那接受濟助的人。

但是愛卻不是這樣。或許那原來的愛的對象失去了什麼，但是「放棄對這個人的愛」的你，卻是眞正的失敗者。你或許沒有察覺到，或許不知道你說的話正是在嘲諷自己，因爲你其實是在說：「我放棄了我的愛。」但是當你放棄了你的愛，你當然就放棄成爲心中有愛的人。是的，你會說，你只是放棄「對這個人」的愛，但是這於事無補。在金錢上，你可以這麼做，而不會有什麼損失，但是愛卻不同。如果我放棄「對這個人」的愛，我就沒有資格稱得上「心中有愛」，唉，雖然我認為損失的人是他。

同樣地，對他人絕望其實就是對自己絕望。是的，這聽起來很迂迴。人們很容易對別人絕望，卻又很有自信，對自己充滿希望；越是自以為是的人，就越容易對別人絕望。但是儘管許多人都這麼想，事實上卻並非這樣，除非他們如此輕率無知，無疑地，這是人們的通病。

心中有愛的人會凡事盼望。他們說的沒錯，即使是失去一切的人，到了最終的時刻，仍然有善的可能，因此也仍然有希望。如果我們讓幻想的力量安靜沉澱下來，不因為缺乏愛的情慾而迷失，那麼在反省永恆的可能性時，我們會發現我們和他人的關係也是如此。因此，如果你無法理解那些心中有愛的人所說的話，那必定是因為你沒有愛；在他選擇善的可能性、或是對他人心存盼望時，一定有什麼事物使你無法保持可能性的純粹（如果可能性是眞正純粹的，那麼一切都是可能的）；一定有什麼事物使他無法自拔，而等著看別人的沮喪、墮落和滅亡。這個沉重的壓力正是塵世中缺少愛的情慾，因為這世界本身是沉重的、遲緩的、蕭索的、消沉的、令人氣餒的，無法接受可能性事物，尤其是善的可能性，無論是自己的或他人的可能性。

世故的人們驕傲地認為自己澈悟世間所有的黑暗面，一切事物到頭來都是污穢不堪——唉，這些大清早就等著看別人墮落的人，怎麼能在最後的時刻對自己心存愛的盼望呢？

他們心中有著**憤怒**和**怨懟**，即使不致於吞噬他們的良知，卻會使他們對心中厭惡的人放棄希望，因而也剝奪了他們自己的可能性。這豈不是戕害他的靈性，把他的靈魂趕到地獄去？畢竟憤怒和怨懟是通往地獄之路。

他們有**邪惡的眼睛**。而**邪惡的眼睛**又怎能看見善的可能性呢？他們會**妒忌**。他們很容易放棄別人，卻不只是任憑他墮落，而且是想盡辦法推他下去。妒忌回到自己陰暗的巢穴，呼喚它更加卑鄙的親戚，敵意，一起享受這快感，而這一切只是在傷害自己。

他們是**懦弱的**、**膽小的**、**心胸狹窄的**，沒有勇氣對任何事物的本質心存盼望；如此卑劣妒忌的他們，如何能夠盼望善的可能性呢？他們的心態是**世俗的**、**自負的**，他們以爲，對於那些不受歡迎的人們心存希望，無異於自取其辱，成爲別人嘲諷的笑柄（唉，這才是最可怕的想法）。這些世俗且自負的人，自始至終不願意心存盼望，藉此保護自己，他們認爲以愛心去盼望一切是無限愚蠢可笑的事。但是這虛幻的世界完全搞錯了，因爲愚蠢不會是無限的。對於那些必須忍受世界的愚昧的人而言，差堪告慰的是，這些愚昧不是無限的，感謝上帝，它總有個終點。經驗告訴我們，聰明的人不會爲他人心存盼望，當然啦，他們也有些道理，不然他們就得一再學會教訓，知道爲別人的利益去愛別人是多麼愚蠢的事；而只有這種人才會認爲凡事盼望是愚不可及的。

當人們心中有了這些世故、憤怒和怨懟、妒忌和敵意、懦弱、膽卻、卑鄙、世俗且自負的心態，那麼他心中的愛就會缺席，而且慢慢消褪。而他的愛越少，就離永恆越遠；他離永恆越遠，可能性就越少，也越感受不到可能性（因爲可能性就是這樣出現的，在人的心中，永恆終究會和永恆邂逅；而如果他心中沒有永恆，那麼永恆的交集就只是枉然，也就不會有可能性）。如果可能性越少，希望就越少，因爲他沒有足夠的愛去盼望善的可能性。相反地，心中有愛的人會凡事盼望。習氣的怠墮、心胸的狹窄、世故的吹毛求疵、經驗的飽嘗人情、時間的滯緩、邪惡的怨懟，這些都無法腐蝕他的盼望，或仿冒他的可能性；每個清晨，是的，每個時刻，他都會重拾希望，喚醒可能性，當他生活在愛中的時候。

即使心中有愛的人不能爲他人做些什麼，沒有辦法饋贈他們什麼東西，但是他還是爲他們帶來最珍貴的禮物，那就是希望。在前途似錦的青年身上，愛爲他帶來希望，而那些歷盡滄桑的人，堅持到最後的人，同樣地，愛的希望也陪他到「最後的那一日」，因爲希望到那時候才會到達盡頭。如果你看過醫生在病人之間巡視，你會了解，當他帶來希望，當人們說「這個醫生心存希望」時，他爲他們帶來了最好的禮物，勝過所有藥石和醫療照顧。然而醫生只能處理世間的事，他無法否認，他終究會放棄病人，放棄致死之病。但是心中有愛的人總是能夠大膽地去盼望，而永恆也向他保證到處都有希望，這是多麼令人歡悅的事！眞正去愛的人，並不是因爲永恆的保證才去盼望的，他盼望，因爲他心中有愛，他感謝永恆讓他勇敢地去盼望。因此，他總是帶來最好的禮物，勝過所有祝福或幫助，因爲盼望，善的可能性，是來自永恆的幫助。

當你極一生無可如何之遇時，希望仍然在那裡。無論是異教徒或基督徒，都同意這點；差別在於（這是無限的差別），基督教更不在意這些不幸的遭遇，而更明白希望的價值。但是希望只存在於那些眞正去愛的人心中。如果沒有愛，也就不會有希望；它就像是等待郵差的一封信，沒錯，它的內容是神聖的，但是沒有人去寄送它。因此，儘管愛比希望重要得多，它卻必須負起責任，把希望的傳播當作它的工作。

這其中可能有任何曖昧不清的地方嗎？「愛是凡事盼望」可以說是爲了自己，也可以說是爲了他人。但是這的確是同一回事；這個模糊地帶卻是永恆的澄澈明淨，如果我們知道它們是殊途同歸的話。如果只有愛才能凡事盼望（保羅沒有說，盼望是盼望一切，而是說，愛是凡事盼望，這是因爲愛比盼望重要得多），那麼心中有愛的人必定是爲他人而凡事盼望，因爲他的愛決定了對自己的希望。只有那無法評斷愛和希望的俗世理解（儘管它洞察得再清楚，都不足爲訓），才會認爲對自己和對他人的盼望是兩回事，才會認爲愛又是不同於這兩者的東西。世俗的理解認爲，我們可以對自己心存盼望，而不必爲他人盼望，也不必有愛，而我們需要愛，才能夠爲他人心存盼望，爲他們所愛的人。他們不知道，愛不但不是與之分離的第三者，甚至是它們的前提：沒有愛，就不會有對自己的盼望；有了愛，才會有對他人的盼望；對自己和對別人的盼望是一樣的，而它們和愛也是一樣的。

因爲愛而凡事盼望的人有福了。即使到了最後一刻，他也對那最墮落的人盼望著善的可能性。他從永恆裡學習到這點，只因爲他心中有愛。那些對他人放棄希望的人有禍了，因爲他將失去愛。

愛是凡事盼望，卻絕不會被嘲弄。在談到盼望和期待時，我們也會說到被嘲弄的可能；我們認爲，如果他的希望或期待沒有實現，那就是被嘲弄了。這裡所說的嘲弄是什麼意思呢？錙銖必較的世俗智慧大概認爲，計算錯誤是很丟臉的事。幸好這樣的羞辱沒有什麼大不了，畢竟只有世俗才會這麼想，我們不必爲世俗的榮辱縈懷。人們最推崇世故圓滑，然而這卻是最卑鄙的。如果某個人是世故的，在某個意義下，他是身不由己的；他不需要爲世故的性格感到羞愧。如果人們不知道要鄙視這種世故的行徑（在這人情澆薄的時代，我們需要基督教的幫助，去征服世故，就像過去它征服野蠻一樣），如果人們不知道要像譴責偷竊或作僞證一樣地揚棄世故，那麼永恆以及所有神聖榮耀最終都會被拋棄，因爲世故是以自己全部的生命對永恆作僞證，是從上帝那裡盜取自己的存有。事實上，世故是某種**妥協的方式**，我們可以藉此攀上世界的巔峰，贏得世界的利益和聲譽，因爲在上帝的眼裡，世界以及它的種種益處都只是姑息的手段。但是無論是上帝或聖經，都不曾鼓勵人們競逐世界的巔峰，相反地，祂警告我們不要攀得太高，以免受到世界的污染。（「在上帝我們的父面前，那清潔沒有玷污的虔誠，就是看顧在患難中的孤兒寡婦，並且保守自己不沾染世俗。」（《雅各書》1:27）如果是這樣，那麼追逐世間的榮耀和利益，就不是什麼值得稱讚的事。

如果我們談到因爲盼望和期待的而可能遭受的嘲弄，那麼這羞辱必定是在更深邃的地方，就潛藏在我們的盼望本身。因此，不管我們的希望是否實現，我們都會受到嘲弄。差別只是在於，如果希望未能實現，在我們的痛苦和絕望中，我們會惦記著「希望是件羞恥的事」。如果希望沒有實現，雖然痛苦不會浮現，但是羞辱仍舊一樣。

但是如果我們所希望的是可能引致羞辱的事，那麼無論希望是否實現，那都不是眞正的希望。那只是魚目混珠，濫用「希望」這個高貴的名詞，因爲在本質上、在永恆裡，希望的對象應該是善，因此我們不可能因爲希望而蒙羞。

如果我們希冀的是世俗的利益，那麼我們是有可能受到嘲弄。但是這嘲弄不在於希望的落空；當人們發現世間繁華如鏡花水月而感到沮喪的時候，才是眞正的嘲諷。因此，這也不是眞正的希望，它是夢想、渴望或期待，也就可能受到嘲弄。如果你放棄對他人的盼望，你也會受到嘲弄，如果最後你發現獲得救贖的人是他，而所謂的墮落只是我們對他的想像。你眞的是被愚弄了，因爲放棄對他人的盼望本身就是羞恥的事，無論結果是什麼。詛咒別人就是羞恥的事，心中滿是仇恨的人說，他希望上帝懲罰他所恨的人。但是這不是希望，這是恨，厚顏無恥的人說它是希望，褻瀆上帝的人要上帝成爲他的仇恨的共犯。仇恨的人雖然因爲他所期待的事沒有實現而沒有受到譴責，但是無論是否實現，他都已經蒙羞。

但是因爲愛而凡事盼望的人卻絕不會受到嘲弄。聖經說：「盼望不至於羞恥。」（《羅馬書》5:5）這直接暗示我們爲自己的盼望，盼望罪的寬恕、盼望有一天能得到至福、盼望和天人永隔的人們重聚。只有這種盼望，才有所謂的羞恥，因爲擁有這希望不可能有任何羞恥，而只有榮耀，因此如果盼望沒有實現，似乎是羞恥的事。聖經在語言的使用上非常一致。它不把任何語言中的期待都稱爲盼望；它只知道一個希望，也就是善的可能性；只有這個希望才**可能**使人受到羞辱，因爲擁有它是個榮耀，而聖經也說，盼望不至於羞恥。

但是當心中有愛的人的盼望是爲著他人的盼望，那麼如果這希望沒有實現，那人會因此蒙羞嗎？人們會不會永遠地迷失呢？如果心中有愛的人凡事盼望，盼望這些人們的善的可能性，那麼他的確會因爲這希望而受到嘲弄。

如果那浪蕩的兒子在罪中死去，在羞辱中下葬，而那到了最後一刻仍然盼望一切的父親佇立在那裡，他會不會受到嘲弄呢？我應該要認爲，該羞愧的是兒子，是他玷污了父親，在這情況下，父親當然擁有榮耀，因爲我們不可能玷污被羞辱的人。唉，儘管父親確實擁有榮耀，但是憂心忡忡的他怎麼會在意這些呢？如果沒有任何辦法可以把兒子從墳墓中拯救出來，如果他永遠地迷失自己，而父親終其一生都凡事盼望，他在上帝之中會不會蒙羞呢？在上帝裡！不，上帝當然有祂自己的榮耀和羞辱的觀念。祂甚至不去理解，而滌除世故的人們可恥的罪，他們只願意談論那實現了的期待，而一點也不關心他們期待的是什麼。在永恆中，每個人都被迫去了解，決定榮辱的不是結果，而是期待本身。在永恆裡，蒙羞的是那些卑鄙地、妒忌地、怨懟地期待別人壞的下場的人們，雖然他們的期待實現了。但是榮耀歸於那心中有愛的人。再說，在永恆裡，也不會絮絮叨叨地指摘誰犯了什麼錯誤（或許獲得上帝的祝福也是個錯誤）；不，在永恆裡只有一個錯誤：因爲自己卑鄙、妒忌和怨懟的期待的實現，而被拒於救贖之外！在永恆之中，不會有人嘲弄凡事盼望的愚蠢，因爲你在永恆裡不會聽到嘲諷者的叫囂隳途，因爲在那裡只聽得到幸福的人們的喜悅！在永恆裡，不會有任何妒忌破壞榮耀的花環，不，儘管妒忌無遠弗屆，卻到不了永恆；它沒辦法從地獄蔓延到天堂。

第九章

愛不求自己的益處

愛不求自己的益處。

——《哥林多前書》13:5

不，愛不求自己的益處，因爲尋求自己的益處就是自戀、自私、自利，總之是缺乏了愛的習性。而上帝不就是愛嗎？但是祂照自己的形象造人，讓人類肖似上帝，像祂一樣完全，獲得的完美和上帝所擁有的一樣（「所以你們要完全，像你們的天父完全一樣。」（《馬太福音》5:48）和上帝的形象一樣，這樣的上帝是尋求自己的益處嗎？的確，祂尋求自己的益處，而那就是愛；祂的尋求卻是給予一切。上帝是善，而「只有一位是善的」（《馬太福音》19:17），那就是上帝，祂給予一切。基督不是愛嗎？畢竟，他來到世界，成爲人類的典範，祂使人們嚮往他，讓他們肖似他，眞正歸屬他：他不是在尋求自己的益處嗎？是的，他尋求自己的益處，卻是藉著奉獻自己給所有人，讓他們能夠肖似他所擁有的完全，他犧牲奉獻自己。但是這個意義下的「尋求自己的益處」，和我們所說的自私自利完全不同。愛是付出自己；愛去追尋愛，這仍然是愛，甚至是最高的愛。這樣的愛就是人神關係。當人類追尋另一個人類的愛時，當他尋求被愛時，這不是在付出自己；眞正的付出是幫助他去追尋上帝。能夠追尋愛、使自己成爲愛的對象，卻又不求自己的益處，那只能是上帝的愛。沒有任何人類**是愛**。因此，如果人類尋求成爲另一個人類的愛的對象，他會千方百計地尋求自己的益處，因爲人類唯一眞正的愛的對象就是**愛**，而那就是上帝，在更深邃的意義裡，那不是任何對象，因爲祂就是愛的本身。

因此，當我們在心裡完成犧牲地付出自己的作工時（事實上，這不是任何的作工，不是做這事或那事），我們且說道：

愛是不求自己的益處。

愛不求自己的益處，因為在愛中沒有屬於你的也沒有屬於我的。但是「我的」、「你的」只是「自己的」的關係指謂；如果沒有你的也沒有我的，也就沒有「自己的」，而如果根本沒有「自己的」，那就不可能尋求自己的益處。

正義既是爲每個人付出自己所有，也對每個人要求自己所有。這是說，正義要求所有物的合理性，區分、指派和決定什麼可以合法稱爲所有物，如果有人拒絕區分「你的」和「我的」，正義也會論斷和懲罰他們。根據這個有爭議的、卻合法的「我的」，個人有權任意爲之；如果他追求自己的益處完全合法，正義就沒有理由責備他。因爲每個人都保有自己的所有物。只要有人侵占他人的財產，正義都會干預，因爲它要保障公眾的安全，讓每個人都可以合法擁有財產。但是有時候會有某些變化入侵，可能有革命、戰爭、地震，或其他可怕的災難，一切都失序了。正義再也無法保護每個人的所有物；它無法維護「你的」和「我的」的區分；在這混亂中，它無法維持平衡，只得丟棄天秤，它絕望了！

多麼可怕的景象！但是在某個意義下，即使是最幸福的愛，不也是在製造這種混亂景象嗎？而愛卻又是個最偉大的事件，也是最幸福的。愛是個蛻變，最劇烈的蛻變，卻也是最令人嚮往的；我們會說某個掉進愛河的人是徹底改變自己。愛是革命，最深邃的革命，卻也是最聖潔的！因此，愛會帶來混亂；在這幸福的混亂中，愛人們沒有「你的」和「我的」的區分。多麼奇妙啊！在那裡有你有我，卻沒有你的和我的，因爲如果沒有你和我，就沒有愛，而如果有你的和我的，同樣沒有愛；但是「你的」和「我的」（所有格代名詞）當然是從你和我衍生出來的，而且似乎只要有你和我，就必定會有「你的」和「我的」。在其他所有地方，確實是這樣，但是在愛裡卻不然，它是澈頭澈尾的革命。革命越是深刻，「你的」和「我的」的泯除就越澈底，愛也就越完全。愛的完美在於，即使在最深處，都不會顯現「你的」和「我的」的區分；因此它依賴於革命的澈底性程度。革命越是深刻，正義越是發抖；革命越是深刻，愛就越完全。

那麼，在「我的和你的」的區分裡，是否就完全摒棄了愛慾和友誼呢？在愛慾和友誼裡，的確有自戀的革命，撼動了自戀和互相爭奪的「你的」和「我的」。當某人陷入愛河裡、而覺得忘記自己、忘記其所有的時候，他陶醉在這幸福的混亂中，對於他和所愛的人、他和他的朋友而言，沒有「你的」和「我的」的區分，「因爲，」愛人如是說：「我的一切都是他的……而他的一切也都是我的……！」什麼？這樣就算是泯滅了「你的」和「我的」的區分嗎？如果我的變成你的，你的變成我的，那還是有「你的」和「我的」，只不過是交換稱謂，保證不會有自戀的「我的」和「你的」互相爭奪而已。透過這交換，互相爭奪的「你的」和「我的」變成共有的「你的」和「我的」。因此在「你的」和「我的」裡，產生完美的族群。透過交換，「你的」和「我的」變成「我們的」，在這範疇裡，愛慾和友誼保有其力量；至少它們都很有影響力。但是「我們的」之於族群，猶如「我的」之於個人，儘管「我們的」不是衍生自互相爭奪的「你的」和「我的」，它仍然是來自合併的、交換了的「你的」和「我的」。

你看，愛慾和友誼本身都只是自戀的提昇和擴大，儘管愛慾不可否認地是生命中最美麗的幸福，而友誼是最重要的世俗的善！在愛慾和友誼裡，自戀的革命根本不夠澈底；因此「你的」和「我的」相互爭奪的自戀，仍然潛伏在其中。戀人交換的戒指，是愛慾的象徵；它的確非常動人，然而卻是愛的最貧乏的表現；它畢竟只是某種交換而已。交換從不曾摒棄「你的和我的」的分隔，因爲我以「我的」交換得來的，仍然是「我的」。朋友們交換他們的血液，這可以說是最根本的交換，因爲他們的血融合在一起。在我體內流的是我的血嗎？不，是我的朋友的。而我的血也在我的朋友的血管中流動。這個「我」已經不是原來的我，但是「你」卻仍然一樣是你。

那麼怎樣才能完全泯除「你的和我的」之間的區分呢？「你的和我的」的區分是個對比的關係；他們只存在於對方之中，也必須和對方同時存在。如果其中一方被泯除，另一方也會消失。我們先試著從「你的和我的」的區分中拿掉「你的」。我們還剩下什麼？這時候就會作姦犯科，盜匪蜂起，因爲在「你的和我的」的區分中，小偷、強盜、騙子、侵略者，根本不承認「你的」。而正因爲如此，對他們而言，「我的」也消失了。即使那些犯罪者不知道這個道理，即使他再怎麼冥頑不靈，正義仍然知道犯罪者沒有「我的」。作爲犯罪者，他取消了這分別，他從「你的」那裡盜取得越多，他的「我的」就越貧乏。

那麼，從「你的和我的」裡拿掉「我的」。我們還剩下什麼？這時候我們擁有的是自我犧牲，在一切之中奉獻自我，以及眞正的愛。但是，同樣地，「你的」也完全消失了，只要我們好好去反省，就會理解這點，即使這乍看之下是個很奇怪的想法。對犯罪者而言，「我的」的消失是個詛咒，因爲他要完全奪走「你的」。對於心中眞正有愛的人而言，「你的」的消失是個幸福，因爲如此一來，一切都眞正有愛。保羅說：「萬有全都是你的。」（《哥林多前書》3:21）心中眞正有愛的人，在神性的意義下，可以說：萬有全都是我的。而這只在於他完全沒有「我的」；因此，它實際上是說：「萬有全都是我的，我卻完全沒有『我的』。」萬有全都是他的，這是個神聖的祕密，因爲從人類的眼光去看，那爲愛犧牲一切，奉獻一切的人，是受傷害最深的人，即使他終身鍥而不捨地奉獻自己。因此，他和犯罪者正好相反，後者是傷害別人的人。戀愛中的人和傷害別人的人之間的對比並沒有那麼大，無論他們有多麼不同，因爲戀人們仍然是不自覺地在尋求自己的益處，因此擁有「我的」。

只有無私的愛，才能完全泯除「我的」，而「你的和我的」的區分才能完全消失。換言之，如果我不認為有什麼東西是我的，那麼當然所有東西都是你的，這就是無私的愛的想法；但是不可能所有東西都是你的，因為「你的」是個對比關係，而這裡並沒有任何對比。奇妙的事情發生了，那是天堂對無私的愛的祝福，在救贖的神祕理解裡，萬有全都是他的，而他卻完全沒有「我的」，自我奉獻的他把屬於他的一切都變成你的。換句話說，上帝是萬有，而藉著無私的愛摒除「我的」，他贏得上帝和萬有。凡喪失靈魂的，會重獲靈魂，而「你的和我的」的區分，或愛慾和友誼的「你的和我的」，卻是要保全靈魂。（「凡想要保全生命的，必喪掉生命；凡喪掉生命的，必救活生命。」（《路加福音》17:33）只有屬靈的愛才有勇氣一無所有，才有勇氣完全拋棄「你的和我的」；因此他獲得上帝，藉著靈魂的失去。我們再度看到，當教父們說異教徒的德性只是華麗炫目的邪惡時，他們所了解的是什麼。

真正去愛的人不求自己的益處。關於他的「所有物」，他不認識什麼嚴格法律或正義的主張，更不用說什麼衡平法的要求；他也不知道愛慾所做的那些交換，在這些交換中，人們知道要提防受騙（因而也知道要提防喪失自己的所有物）。他也不知道朋友所組成的那些族群，他們知道要注意以牙還牙，以眼還眼，這樣才能維繫他們的友誼（因而也知道要提防喪失自己的所有物）。不，真正去愛的人只知道一件事：他只知道如何被戲弄、被欺騙、如何付出一切而沒有任何回報——你看，這就是不求自己的益處。唉，在世界的眼裡，他是多麼可憐的笨蛋、眾人的笑柄！真正去愛的人成為絕對受傷害的人，在某個意義下，這是他藉著自己犧牲造成的。但是在這裡，「你的和我的」澈底地被顚覆；愛在自身中獲得最高的幸福。無論世人如何薄倖、誤解、不領情、嘲諷，沒有任何事，無論是現在的事，或是將來的事（《羅馬書》9:38），都無法讓他認識到他擁有任何「我的」，或是讓他想起「你的和我的」的區分，因爲他永遠忘記了這區分，永遠記得愛的犧牲奉獻，記得要付出。

愛不求自己的益處。真正去愛的人不會眷戀他自己的特性，相反地，他愛每個人的獨特性；而這個「獨特性」就是他的「所有物」；這是說，心中有愛的人不尋求自己的益處，相反地，他為他人的益處著想。

我們看看自然世界。自然中有多麼無限的愛，在自然中的上帝涵攝了多麼不同的生命和存在！想想你看到瑰麗的自然時的喜悅，想想青青河畔的甜美！愛也是如此，就像花的繽紛多樣！即使是最不顯眼的、最平凡的小花，幽居在一隅，你還是會想要仔細欣賞它，好像是在對愛說：讓我擁有自己、成爲獨特的我。然後愛會幫助它獲得其獨特性，它所獲得的美麗是卑微的小花所不敢奢望的。多麼奇妙的愛！愛沒有任何所有者的分別；而在對繽紛世界的愛裡，它卻又成就無限的獨特性。在愛中沒有所有者的分別已經夠困難的了，而在無分別中又要顯現獨特性，那又更加的艱鉅！如果自然和人類一樣，頑固、跋扈、冷漠、偏私、卑鄙、貪婪，草原還會那麼美麗嗎？

人類之間的愛也是如此；只有眞愛才會根據每個人的特性去愛他們。**頑固跋扈的人**缺少調適力和柔軟的心，而無法去體會別人；他對每個人提出要求，要每個人遷就他心中的形象，根據他對人類的想法去裝飾自己。他認爲他所付出的愛是非常珍貴的。他說他試著要理解很奇怪的人類，他對這個人的看法專斷且任意，甚至要求別人也必須符合他的觀念。他不在乎別人的特質到底是什麼，因爲專斷的人就是這樣。即使頑固跋扈的人無法創造自己的想法，他也會試著要改變他人，尋求自己的益處，這樣他才可以告訴別人：你看，這是我的意象、我的觀念、我的意志。無論這個頑固跋扈的人是國家的暴君，或是閣樓裡暴力的父親，本質上並沒有什麼差別：他盛氣凌人地拒絕走出自己，跋扈地壓抑他人的獨特性，折磨至死。他們的本性是一樣的，統治世界的獨裁者開始感到無聊，最後以虐待蒼蠅自娛，而他一樣是個專斷的人。

頑固跋扈的人只尋求自己的益處，而卑鄙、妒忌、蠻橫、懦弱的人，也是如此。什麼是卑鄙呢？卑鄙是不是人類的特質，人類本性上（上帝所創造的）是不是卑鄙的？不，卑鄙是可悲的受造者自己杜撰出來的，他們既不是眞正的驕傲，也不是眞正的謙卑（在上帝面前的謙卑是眞正的驕傲），自己無中生有，而扭曲了上帝，彷彿祂也是那麼小心眼，彷彿祂無法容忍獨特性；眞正有愛的人，會付出一切，當然也會賦予萬物他們的獨特性。我們不要把卑鄙和「有限的天賦」或人們所說的「卑下」混淆在一起。以卑下的人爲例：如果他有勇氣去面對上帝，那麼他就擁有獨特性，這個卑下的人，不，應該說是高貴的人，並不是卑鄙的。我們會小心提防這種混淆，純眞而高貴的人不想知道太多，和卑鄙的人膽怯又固執地只願意理解自己的想法，這是不一樣的。

卑鄙的人從來沒有勇氣踏上取悅上帝的謙卑與驕傲的歷險：坦然面對上帝，所強調的是「面對上帝」，因爲這是所有獨特性的來源。勇氣冒險的人，會獲得他的獨特性；他知道上帝賦予他什麼東西，同樣地，他也相信萬物都有其獨特性。擁有獨特性即是相信萬物的獨特性，因爲獨特性不是「我的」，而是上帝在創造我的時候給予我的禮物，而祂也給予萬物他們的獨特性，因爲祂創造萬物。這是上帝深不可測的善，**全能的唯一主宰**，讓受造者獲得獨特性，他從無中創造萬物，卻又給予他們獨特性，好讓他們與上帝的關係不致成爲虛無，即使他們是從無中被創造出來的，除了作爲獨特的個體以外，什麼也不是。

卑鄙只是人們所臆想的本性，沒有獨特性，它不相信自己所擁有的，因而也無法相信別人的。卑鄙的人執著某些特別的形態，他稱爲自己的所有物，他只尋求這個所有物，也只能夠愛它。如果卑鄙的人眞的找到了，他就會愛它。因此卑鄙的人們同類相聚，相濡以沫，在屬靈的意義上，就像長到肉裡的腳趾甲一樣有害。這些朋黨說他們有最偉大的愛、眞實的友誼、忠誠的和諧。他們不願意去了解，他們越是如此呼朋引類，離眞愛就越遠，越會掉入卑鄙的虛偽裡，如果他們又說上帝讚許他們的結黨營私，僭稱上帝只愛他們，那麼他們就更加爲禍人間。

這些人們其實是很可憐的：他們把某個人當作偶像，而那個人只是他們「自己的」形象之一，甚至是杜撰出來的人，或者是在所有的細節上，面貌、舉止、談吐、思考模式和喜好，都符合卑鄙的人們的標準；而他們卻又要讓他取代所有其他事物。正因爲卑鄙是臆想出來的本性，因而是虛假的，正因爲它到不了最深層的地方，沒有信心去面對上帝，所以它陷入泥淖中，曲解上帝，而感到良心不安。對於擁有獨特性的人而言，他人的獨特性不是對他的反駁，而是肯定，甚至是進一步的證明；他並不在意去相信他人也擁有獨特性。但是對於卑鄙的人而言，每個獨特性都是對他的反駁，因此他對於陌生的獨特性會感到溼冷的焦慮，感到去之而後快。他們要求上帝消滅獨特性，好證明他們是對的，而上帝也變成妒忌的上帝。

有人會辯稱，他們事實上以爲自己杜撰出來的形象是眞實的，所以他們是基於誠實的友誼和眞正的同情，才會要求別人都像他們一樣。如果眞是這樣，那麼他們通常會滿腦子陳腔濫調和保證。但是事實上，他們是基於自我保護才急著要別人順從他們自己的想法。我就像氣喘病人掙扎著要吸進一口氣，他說如果他不去除這不快和焦慮，就會活不下去。我們看到他們在面對自己內心時的不安眼神，鬼鬼祟祟地、貪婪地窺伺他們的獵物，爲的是要彰顯卑鄙的人們的合理性和勝利。就像在生死關頭的人會無所不用其極，卑鄙的人也會不擇手段地打擊別人的獨特性，以保護自己——唉，眞是可憐。無論他們如何翻雲覆雨，還是無法掩飾自己的可悲。

「但是難道愛慾和友誼沒有根據所愛者的獨特性去愛他們嗎？」是的，但是也不盡然如此。愛慾和友誼有其限度；他們可以爲所愛者的獨特性放棄一切，但是他們不能爲他犧牲自己。而如果所愛的人正好需要他們的自我犧牲時，那麼他們會怎麼做？如果他知道有人愛上自己，但是會因此損害且扭曲了他自己的獨特性，那麼無論這份愛有多麼珍貴，都無法教他犧牲自己。如果被愛者要藉著這個愛的關係毀掉愛他的人，使他喪失獨特性，那麼愛慾本身也沒有這個力量讓他做這個犧牲。

但是眞愛，自我犧牲的愛，是根據每個人的獨特性去愛他們的，他們願意做任何的犧牲，因爲愛不求自己的益處。

愛不求自己的益處；它的奉獻讓接受者覺得那禮物是他應得的財產。

當我們談到社會階級時，我們會說某人是自主的個體，某人是僕役，我們希望有一天每個人都是自己的主人。在精神的世界裡，成爲自己的主人是最高的理想，在愛中幫助他人找到自己、自由獨立、成爲自己的主人，幫助他自己站起來，這是最大的恩惠。而眞正的恩惠是爲善不欲人知，行所無事，讓人們覺得不曾受惠於他。這意味著，眞正的恩惠在於你如何去施與。雖然施與的方式有許多種，但是眞正的恩惠只有一種方式。如果你不是這樣施與的，那就不是恩惠。因此我們無法直接指出什麼是最大的恩惠，因爲最大的恩惠，幫助別人站起來，不能直接施與。

我們要了解這點。如果我說：「這個人藉著我的幫助站了起來，」而我說的也是事實，那麼我就是給他最大的恩惠了嗎？我們看看這句話的意思。我其實是說：「他是因爲我的幫助才站起來的。」這樣一來，他就不是自己站起來的，他也沒有成爲自己的主人；

畢竟，他所擁有的都是我給他的，而他也清楚得很。這樣的幫助別人，其實是在欺騙他。然而，世界上大部分的恩惠都是這樣施與的，而眞正的恩惠卻不能這樣施與。然而，世人最讚賞的，也都是這種施與的方式，彷彿這是理所當然的，因爲他們也看不見眞正的方式，而世界和受惠者也不曾感覺到依賴過它。透過這種錯誤且無意義的方式接受幫助的人，卻不斷地讚美和感謝我施與他最大的恩惠（因爲他和我的依賴關係而使他站起來）。他和他的家人、朋友，把我當作最大的恩人，因爲我基於愛，讓他依賴於我的幫助，很奇怪地，他們以無意義的方式表達他們的感謝，因爲他們不是讚美我讓他獨立，而是說我幫助他站起來。

眞正的施與不能讓接受者知道他虧欠我。而如果有人說：「這個人自己站起來了——透過我的幫助，」而他所說的是眞的，那麼，他已經爲他做了一個人類所能幫助他人的極限，讓他獲得自由、獨立、找到自己、成爲自己的主人，他隱藏自己對他的幫助，這才幫助他自己站起來。因此眞正的幫助是：自己站起來——透過別人的幫助！

許多作家在許多思考頓挫的情況下，會使用破折號（「破折號」這個字義可以拆解爲「思考」和「連線」）；也有些作家使用破折號時聰明且有品味，但是破折號的意義從沒有像在這句話裡那麼重要（如果使用它的人已經完成了這使命），因爲在這句子裡，史無前例地含藏著關於無限之思想，而超越了最大的矛盾。他自己站起來，這是最高的成就；他自己站起來，你只看到這個。你沒有看到任何幫助或支持，沒有笨拙的手在一旁撐著他，也沒有出現某個人說他曾經幫助過他。不，他自己站起來——透過別人的幫助。而這個幫助他的人躲在它背後嗎？不，它只是躲在那獨立的人眼睛之後（因為他知道自己受幫助，因此，在最深層的意義下，他當然不是獨立的，不是幫助他人的人，但他也自己站起來）；它是躲在破折號之後。

這是個高貴的智慧，然而卻非常詭譎狡慧。人們都熟知它；即使我用外來語去描述它，也不會有人不知道。這個智慧和它的名字常常遭到世界口誅筆伐，這一點都不奇怪，因為世界是個很迷惘的沉思者，它既沒有時間也沒有耐心，在許多思想當中好好去思考其中一個思想。希臘時代那個單純高尚的靈魂（蘇格拉底），是智慧的主宰。這個高尚的人絕不是敗壞或邪惡的人。容我促狹地說，他也是個思想家，這點他不能否認，雖然不像現在的思想家那麼深不可測，雖然沒有他們那麼辯才無礙，因為他沒有辦法解釋他所不了解的事。

這個高尚的粗魯漢子，他深深了解，人類能為其他人所做的最珍貴的事，就是讓他自由、幫助他自己站起來；他也知道，如果要這麼做，施與者必須使自己隱姓埋名，不為人知，必須有這個胸襟去讓人們忘記自己。在屬靈的意義下，他是個助產士（如他自稱的），而他以無私地犧牲自己來完成這個作工，因為眞正的無私隱藏在被幫助的人後面，讓人不知道他如何受到幫助。世界不知道他的無私奉獻，也不會感激他的無私，因為世界根本無法明瞭，為什麼有人要放棄自私，雖然自私的人很自私地希望人們稱讚他無私。

真正去愛的人和高貴的惡作劇者都明白什麼叫做幫助別人。惡作劇者很清楚他施與多大的恩惠，他知道他眞正做了多少，他花了多少時間和力氣誘使別人明白眞理是什麼，讓那些受他幫助的人們走出愚昧。戳破人們的愚蠢是很危險的事。高貴的人說：「當他每次揭穿人們的愚蠢觀念時，那些人總會氣得想要揍他，」因爲他們認爲附和他們的愚行才叫做愛。當某人要奪走他們最大的寶藏時，難怪他們會生氣。這個高貴的人就是這樣去幫助別人。當他的作工完成時，他輕輕告訴自己說：這個人終於可以自己站起來了。現在我們看到那個破折號，那高貴卻惡作劇的人用這個破折號，微笑地說：「現在這個人自己站起來了——透過我的幫助。」這個無法言喻的微笑的祕密，永遠藏在他的心裡。這個微笑沒有一絲惡意；他知道他所作所爲都是出於善意；他知道這是眞正的恩惠，而這也是唯一的施與方式——而這微笑，仍然是最純眞的自我意識。

而心中有愛的人則有所不同。他也會說：現在這個人終於自己站起來了。接下去就是破折號。呃，但是對於他，這個破折號的意義不同於微笑；無論那個惡作劇者如何高尚、寬大和無私，他並不掛慮或愛他所幫助的人。儘管他藉著破折號使得自己顯得雲淡風輕，爲別人做了一切卻行若無事，但是對於心中有愛的人而言，儘管他也認爲那沒有什麼，但是在另一個無法察覺的意義下，他卻覺得非常沉重，幾乎像是深深的嘆息。藏在這破折號後面的，還有焦慮的失眠、深夜的守護，甚至有生命危險；在這破折號後面，還有莫名的恐懼和戰慄，正因爲它無法言喻，所以也是最可怕的。心中有愛的人知道，幫助別人，讓他自己站起來，成爲他自己，成爲自己的主人，這對別人而言，是最珍貴而且是唯一能施與的恩惠；但是他也知道這個作工當中有多少危險和痛苦，特別是責任的煎熬。因此，他感謝主說：現在這個人終於自己站起來了——透過我的幫助。但是在破折號後面的這句話裡，沒有半點自滿，因爲他知道本質上每個人都會自己站起來（透過上帝之助），他的自我的消滅（譯注：在默禱中也有類似的經驗）只是不想阻礙他人與上帝的關係。他的努力不求回報，因爲他爲而不恃，而每當他心裡有些驕傲的想法時，上帝就進來，讓他的自我再度消滅，然而這對他而言，卻是救贖。

所有想要上奏皇帝的人，都知道廷臣的重要性。他專擅大權，惑亂朝政，要大臣們感謝他允許他們偶而得以覲見皇上，而不是暗中幫助他們，讓他們隨時都可以自己去見皇帝，我懷疑朝覲的大臣會記得這個卑微的廷臣的恩惠。

眞正去愛的人，他的作工也是如此。的確，他不求自己的益處，因爲他的奉獻讓接受者甚至以爲這禮物是他們應得的財產。因爲這樣，心中有愛的人才能鼓勵人們成爲自己，成爲自己的主人。而這一切並不會有什麼改變，除了他自己被推到一邊，因爲自由、獨立、成爲自己，是每個人類的命運。如果心中有愛的人在這情況下和上帝同工的話，那麼一切確實會有改變，而天意亦是如此。如果他一直注意著如何幫助過別人，那麼人神關係就會受到干擾，不然就是因爲這幫助並非出於愛，沒有透過正當的方式去幫助別人。

那心中有愛的人，在感謝他所有的作工時，那回憶是多麼的美妙啊！在某個意義下，他可以把他的一生都裝到那個破折號裡。他可以說：我像每個人一樣努力地工作，但是我得到的是什麼？一個破折號！（這是說，如果他可以直接看到他的成就，那麼這些絕不是愛的成就。）我和每個人一樣承受愛的折磨，但是我得到的是什麼？一個破折號！我像每個人一樣清楚且深思地宣揚眞理，但是誰擁有它呢？一個破折號！換句話說，如果他的心中沒有愛，那麼他就會直接而不加思索地宣揚眞理，而且馬上會有一群信徒，尊奉他爲大師。

那麼，眞正去愛的人，當沒有人見證他的辛勞和付出時，他是不是在浪擲青春？他的生命是不是一場空呢？答案是：不尋求自己的益處，難道就是浪費生命嗎？不，不是的。心中有愛的人感受到神聖的喜悅，他清楚意識到這眞理，而上帝則是他的知己。在某個意義下，他的生命完全浪費在存在上，浪費在別人的存在上。他不願意浪費時間和精力在堅持自己的立場上，自我犧牲的他，甚至願意捨棄生命，這是說，他完全轉化成上帝手中的力量。這就是爲什麼他的成就不留一點痕跡。畢竟，他的事業是在於幫助他人成爲自己的主人，而在某個意義下，他們早就已經是自己的主人了。但是，如果有人藉著他人的幫助，**實際上**成爲自己的主人，我們也不可能看到這個幫助，因爲如果我看到這個幫助，那麼他就不是眞正成爲自己的主人。

第十章

愛能遮許多的罪

世界的時間有三個形式，因此事實上並不是完全存在的，在任何的形式中，也不是完全存在；而永恆卻是存在本身。俗世的事物有許多性質，在某個意義下，可以說是同時擁有它們，因爲它是這些性質的實體。但是俗世的事物無法自我分化（實體與性質的獨立存在），正如它們會在時間中消滅，它們也只存在於其性質中。然而，當永恆存在於人類心中時，永恆會自己我分化，讓永恆在每一個時分都在人的心中，在人類心中有兩種形態：向外的和向內的方向，但是它們又是同一個永恆，否則就不是自我的複製了。永恆不僅是存在於性質中，而且本質上就是存在於性質中。祂不僅擁有性質，而且是在這擁有性質的本質中。

愛也是如此。愛的存在就在於它的行動；而它的行動就是它的存在——這是同一個環節。就在它走出自己的同時（向外的），它就在自己裡（向內的）；就在它寓居自身中時，它又走出自己，使得走出自己和回歸自身成爲同一件事。（譯注：參考黑格爾《邏輯學》）

當我們說「愛使人們坦然無懼」時，我們是說，心中有愛的人在本性上就會讓別人有信心。有愛的地方，就會傳播信心。我們喜歡接近有愛的人，因爲他趕走了懼怕。疑神疑鬼的人會嚇走所有人，狡猾詭詐會使人焦慮和不安，頑固跋扈的人和溽暑的空氣一樣令人窒息，但是愛卻讓人沒有懼怕。但是當我們說「愛使人們坦然無懼」時，同時是說另一件事：心中有愛的人是坦然無懼的，就像「我們可以在審判的日子裡坦然無懼」（《約翰一書》4:17）一樣，愛讓人們在審判時沒有懼怕。

當我們說「愛將人們從死亡中拯救出來」時，我們看到它的雙重意義：心中有愛的人將他人從死亡中拯救出來，而在另一個意義下，他也將自己從死亡中拯救出來。這是同一件事。他並不是先救他人，再救自己，而是在救他人的同時，也救了自己。但是愛從不會想到自己，不會想到要救自己，讓自己沒有懼怕；心中有愛的人只想到讓別人沒有懼怕，幫助他們遠離死亡。

然而這個眞正去愛的人並不因此就會被遺忘。不，他忘記自己，忘記他的痛苦，忘記他所有的不幸，好爲別人著想，他忘記自己的損失，好去關心別人的損失，忘記自己的益處，好去關心別人的益處——眞的，這樣的人不會被人遺忘。在天上的父會記得他，或者說，愛就是記得他。上帝是愛，當你爲了愛而忘記自己時，上帝怎麼會忘記你呢？不，當你忘記自己而關心他人時，祂也正在關心你。自戀者很忙碌的；他大聲吵鬧，讓別人都聽到，爲了不要被人遺忘，然而人們還是忘記了他。但是那忘記自己的人，卻有愛在憶念著他。上帝會記得他，而這也就是爲什麼心中有愛的人必得到他所付出的。

請注意這裡的複製：眞正去愛的人也成爲被愛的人。他擁有（或者說是獲得）他所付出的，很奇妙吧，就像「食物出自食者」（《士師記》14:14）一樣。然而或許有人會說：「人們擁有他所付出的，這並不怎麼奇怪；事情本來就是這樣，如果你沒有擁有它，又怎麼給予呢？」呃，是的，但是人們也總是重新獲得他已經給予他人的，藉由付出，他獲得完全相同的東西，這樣說來，施與受是一樣的嗎？然而照道理說，這不僅是不同的，甚至是相反的，別人得到我所給予的，而我不會得到我給予他人的。

這樣說來，愛總是在自身中被複製。當聖經說「愛能遮許多的罪」時，也是如此。我們在聖經裡讀到（而這也是愛的話語）：「他許多的罪都赦免了，因爲他的愛多。」這是因爲他心中的愛遮了許多罪。但是我們現在不打算討論它。在這本書裡，我們要問的是愛的作工；因此我們要探究向外的愛。在這個意義下，我們要討論：

愛能遮許多的罪。

愛能遮許多的罪。它不揭發罪；而不去揭發那已經存在的、且可能被發現的罪，這就是遮掩。

「許多」（多樣的）這個語詞本身就不是很確定。例如，我們會談到「萬物的多樣性」，但是這個語詞的意義會因爲說話的人而有不同。有人一輩子住在人煙罕至的地方，也沒什麼興趣去認識大自然——儘管他所知甚少，他還是知道「萬物的多樣性」。另一方面，走遍世界的自然科學家，上山下海，看過最豐富的自然景象，透過望遠鏡看到肉眼看不到的星辰，用顯微鏡看到極微的生物，他的博學令人咋舌，然而他也同樣用「萬物的多樣性」這個語詞。再者，儘管自然科學家爲他的發現感到雀躍，但是他還是承認發現是沒有止盡的，甚至連觀察工具的發明也沒有止盡，因爲人們發現的越多，就越明白萬物的多樣性無窮無盡，所以他只能用「萬物的多樣性」這個語詞去形容。「許多的罪」也是如此。這個語詞也會因說話的人而異。

因此，人們越是**發現**罪的無窮無盡，也就是說，藉由發現，他證實罪越來越多，而爲了要繼續發現罪，他就變得越疑神疑鬼。相對地，那不想發現罪的人，掩藏了這個多樣性，因爲對他而言，罪要少得多。

但是發現的確是値得讚許的事，儘管這個讚美經常摻雜著不同的含義。我們會讚美發現新鳥類的科學家，但是我們也會稱讚那發現紫袍的狗。不管發現的是什麼，我們可以確定一點：世界總是推崇發現。相對地，沒有什麼發現的人，地位就低得多。在批駁某些離經叛道的人時，人們會說：「我打賭他根本沒有發現什麼新的東西。」而要突顯某人的膚淺駑鈍時，我們會說：「他不是發明火藥的人。」當然現在我們不會這麼說，因爲已經有人發明火藥了，如果有人認爲是他發明火藥的，那才是怪事。發現是這麼偉大的事，沒有人會忘記那令人欣羨的火藥發明。

因此，那心中有愛的人，不去揭露任何罪的人，在世界的眼裡，是很卑微的。發現惡和許多的罪，做個敏銳、狡猾、甚至墮落的窺伺者，發現許多不爲人知的事，仍然贏得世人的讚譽。初出茅廬的小伙子最喜歡炫耀他所知道的和發現的惡事（因爲他不想讓世人說他是個笨蛋）。即使是小女孩，也熱中於發現；她急著要論斷人性和惡（因爲她不想讓世人說她是頭笨鵝或是無知的村姑）。唉，原來世界變化得這麼快，古老的時候，沒有多少人認識自己，而現在每個人卻都可以評判人性！更奇怪的是：如果有人發現人性本善，他幾乎不敢承認他的發現，他害怕成爲笑柄，甚至得罪別人。然而，如果有人自稱他發現人性多麼卑劣、善妒、自私、輕諾寡信，被無知的鄉民認爲是最善良的人，背後有多少見不得人的事，他知道他會大受歡迎，他的故事會到處傳頌。罪和惡的力量比我們所想像的還要大：我們認爲相信人性本善是愚不可及的事，會被人們嘲笑爲淺薄無知，對於罪的祕密毫無經驗。我們看到罪與惡如何存在於和世界或他人的自誇的比較關係裡。許多人因爲虛榮而害怕世人對他們的論斷，在社交中，他們炫耀自己熟悉各種壞事，藉此吸引和迎合別人；當他們獨處的時候，在他們的內心深處，不會爲了人性之善感到羞恥，我敢說他們這時候的發現會完全不同。但是在公共場合裡，在公司裡，當幾個人聚在一起彼此比較時，他們不可能不知道自己的虛榮心，而被誘引向別人炫耀自己的發現。

再俗不可耐的人，都會有些奇想，寬大地評斷他人，不去揭露任何事物。如果有兩個狡猾的人要一起決定某件事，他們不想有見證人，但是卻不得不安排見證，他們找來一位有愛心的人，這時候他們會說：「他是最合適的人，他什麼也不會說出去。」他們爲自己的聰明感到得意。然而他們也會對那有愛心的人有些許的敬意，因爲他不揭露他們任何的事。

你看那心中有愛的人，無論世界如何嘲笑他、譏諷他、憐憫他、批評他，他絕對不會去揭發那許多的罪，他也看不到那麼多罪。他不揭發任何事。有意識甚至蓄意的發現和無意中聽到或看到的，當然是有分別的。他不去揭露任何事。無論他是否被嘲弄或訕笑，我們都會尊敬他，因爲活在愛裡的他，不去揭發任何事。

心中有愛的人不去發現任何事；因此他掩藏了許多可能被發現的罪。心中有愛的人，他的生活就像使徒告訴我們的：「在壞事上要像小孩子。」（《哥林多前書》14:20）人們所歌頌的處世哲學，其實是對壞事的知識；然而眞正的智慧是對善的知識。眞正去愛的人，沒有也不想有關於壞事的知識，在這方面，他寧願作個小孩子。我們把小孩子放到賊窩裡去（但是他不可以待太久，以免學壞），讓他待個很短的時間。然後把他帶回家，問問他的經驗。你會發現，記憶力驚人的小孩子記得所有的細節，卻漏掉了最重要的部分。如果我們不知道他待過賊窩，我們幾乎會認爲故事是他編造出來的。那麼，小孩的話裡有什麼漏洞嗎？他有什麼沒有發現到的嗎？那就是惡。在小孩的故事裡，他的所見所聞和眞實情況分毫不差，那麼他缺了什麼嗎？爲什麼大人們總是要嘲笑小孩子的故事？那是因爲對於壞事的知識，小孩子對壞事一無所知，也不想去知道那些壞事。在這方面，心中有愛的人很像小孩子。但是所有的理解都存在著理解者和被理解者的關係。因此具有壞事的知識的人（無論你如何欺騙自己和別人，說自己多麼純眞）對壞事也會很熟練。如果這些理解不存在，如果有認識能力的人覺得去熟悉那些壞事一點都不好玩，他就會討厭去熟悉它。無論如何，理解是對於壞事的惡意好奇、或者是狡猾的人在尋找文過飾非的藉口，因爲他們很清楚那些壞事。但是要小心，如果我們由於好奇而給了壞事可乘之機，那是在養癰爲患，而藉口則是最危險的事。和別人的壞事作比較，以突顯自己沒有那麼壞，這只是五十步笑百步。如果這個理解發現了許多的罪，那麼這個發現正好證明他多麼熟悉那些壞事。就像有人戴著有色眼鏡，任何事物看起來都是黃色的，人越是沉淪，他就會發現越多的罪。他的眼睛變得更加銳利，像是放大鏡一樣，唉，可惜他探索的不是眞理，而是虛假；他的觀點充滿偏見，在所有事物中都看到壞的一面，即使是最純潔的人，在他看來都污穢不堪，這種觀點對他是種慰藉（多麼可怕的想法），因爲他迫切需要發掘許多的罪，越多越好。他的發現因此也就沒有止盡。即使他知道那裡沒有罪，他還是能夠揭發罪；他用誹謗、中傷和謊言去羅織罪行，久而久之，連他自己都相信它。就是這樣的人在揭發罪的！

但是心中有愛的人，不會揭發任何事。當你這樣去愛，不去揭發任何事，遮掩許多的罪時，是最嚴肅又最純眞的，這使我們想起小孩子的遊戲，因爲我們就是這樣和小孩子玩遊戲的。我們假裝看不見那些就站在前面的小孩，他們也假裝看不見我們，他們覺得非常好玩。就像遊戲一樣，純眞的愛人睜大了眼睛，卻看不見在他眼前發生的事；而嚴肅的愛人們卻看不見任何壞事。我們知道東方人很崇拜瘋子，而心中有愛的人就像瘋子一樣。古希臘哲學家（指柏拉圖）區分兩種不同的瘋狂，其中之一是某種可憐的疾病，人們會覺得那是不幸的事；而另一種瘋狂是神聖的瘋狂。異教徒也認爲，愛人們看不見眼前的惡，是某種神聖的瘋狂。是的，在這些人情澆薄的時代裡，人們熟悉各種壞事，當然也會想盡辦法去歌頌這種瘋狂。很不幸地，在這些時代裡，只願意理解善，而不願意去理解壞事的人，看起來就像是瘋子一樣。

想像耶穌被帶到公會的時候，想像那些憤怒的群眾和那些長老們，想像千夫所指的景況，他們注視著他，等著他朝他們這邊望過來，如此他們就可以嘲弄他、咒罵他、憐憫他、譏笑他。但是他什麼也沒有發現；心中充著愛的他，遮了許多的罪。想像有多少叫囂、悉落、侮辱，那些大聲咒罵的人們希望他聽到他們的聲音，以證明他們沒有被忽視，這眞是愚蠢的事，他們彷彿迫不及待地要加入輿論，嘲弄、傷害、虐待這無辜的人！但是他仍然什麼也沒有發現；心中充著愛的他，遮了許多的罪，因爲他什麼也沒有發現。

他是心中有愛的人們的典範；他們從他那裡學習到不去揭發任何事，而遮了許多的罪，他們是他的忠實信徒，「被人遺棄、蔑視，扛著他的十字架」，從嘲弄和惋惜中走過，從訕笑和哀泣中走過，卻什麼也沒有發現，比那在烈火窯中毫髮無傷的三個朋友更加神奇（《但以理書》3:8-30）。如果被嘲諷的人沒有發現他被嘲笑，沒有被激怒，那麼嘲弄和訕笑就沒有傷害到他，如果他因此被激怒，那麼他就發現了許多的罪。

如果你想要弄明白他們如何遮掩罪，那麼就再想想愛的問題吧。想像這個心中有愛的人有個愛他的妻子。你看，正因爲她愛他，所以她會發現他受了多少委屈。她的靈魂受了傷，感到憤怒，覺得周遭的人都在嘲笑她；帶著破碎的心，她承受嘲弄，而她的先生卻什麼也沒有發現。先生當然不可能什麼都不知道，他總是對攻擊他的人們說，那都是他的錯，而妻子自然不認爲如此，她看到的是眾人如何以各種方式冤枉她先生。現在你看到那心中有愛的人如何遮掩許多的罪。那麼想像一下，如果所有的生活關係都是如此，你就會承認，眞正去愛的人眞的遮掩了許多的罪。

愛遮了許多的罪；那無法避免去看到或聽到的，愛就以沉默、緩和的解釋和寬恕去隱藏它。

藉由**沉默**，它遮了許多的罪。

有時候戀人們會希望隱藏他們的關係。假如他們在彼此表示愛意時，剛好有第三者在場，而這個局外人是個誠實、有愛心、値得信任的人，當他承諾保守祕密時，戀人們是否還可以隱藏他們的愛呢？心中有愛的人，當他偶然發現某人的罪、過失、因爲人性的弱點而犯的錯，他也會這樣保持沉默，而隱藏許多的罪。

不要說：「無論隱瞞或是說出來，罪還是那麼多，沉默不能抵銷任何東西，因爲只有存在的事物，才能夠被隱瞞。」不，你要反問：那談論鄰人的罪和過錯的人，是否加重了罪？即使當我隱藏罪的時候，罪並沒有任何減損，但是我還是盡我的力量去遮掩了。我們不是常說，謠言會增加嗎？我們的意思是，謠言會誇大眞實的罪。但是我現在說的不是這個。在完全不同的意義下，我們可以說，說長道短的謠言會增加許多的罪。不要輕率地炫耀自己如何知道鄰人的過錯，彷彿只要所言屬實，那就沒有錯。不是所有關於鄰人之過的知識都是無咎的，我們很容易因為知道了這些過錯而獲罪。謠言或談論鄰人的過失，就是這樣增加許多的罪。它會使人們腐敗，喜歡藉著謠言和閒話，窮追不捨地、膚淺地、妒忌地、甚至惡意地揭露鄰人的過失。如果人們學會沉默，我們當然很高興；但是如果謠諑不斷，那麼就把它當作是無稽之談吧。鄰人的過失是非常嚴肅的事，因此，窮追不捨的、膚淺的、妒忌的閒言閒語，只是腐敗的象徵。談論鄰人的過失、助長腐敗的人，當然也增加了許多的罪。

很可惜地，人們總是喜歡揭人隱私，發現鄰人的過失，甚至誇大它。人們在這誘惑面前非常地脆弱，忍不住要說鄰人的壞話，藉著這些故事，取悅他的聽眾。無法沉默的脆弱，最後又變本加厲，成為最可怕的慾望。強盜、小偷、流氓，都沒有這些人那麼卑鄙，他們汲汲於張揚鄰人的過失、缺點和罪，惟恐天下不亂，甚至連上帝的福音都沒有他們傳播得那麼遠。即使他們所說的都是真的，我們還是很難想像有人會以永恆的真誠去保證他所揭露的惡是真的，而且願意一輩子都幹這樣令真理作嘔的事，去報導罪惡。

在禱告中，我們祈禱上帝不要讓我們陷入誘惑，而如果我真的陷入誘惑，仁慈的上帝，請幫我個忙，請讓世界對我的罪和過錯感到厭惡和震驚吧！最可怕的是罪上加罪，而人們卻不自覺，因為他們整個的環境、因為罪的存在，而使人產生幻覺，以為那不算什麼，以為不但不是罪，甚至是個功績。

唉，有些罪，世界不說是罪，反而獎勵它們、甚至推崇它們——而我，上帝原諒我，我寧願在良心裡背負著三件深感悔恨的謀殺案到天堂去，而不願意做個退休的誹謗者，年復一年地計算他人數不清的罪，散佈到世界所有角落，把人們推到墳墓裡去，傷害最親密的關係，侮辱最純樸的同情者，玷污未成熟的人，使老人和年輕人墮落，其無遠弗屆令人無法想像。這麼可怕的罪的負擔，讓我幾乎沒有時間去後悔，因爲我不斷地面對新的罪，而這無數的罪，卻爲我掙得金錢、影響力、尊敬，特別是幸福的生活！我們把瘟疫隔離開來，但是對於那比亞洲的瘟疫更可怕的病，誹謗，我們卻打開大門迎接它；我們花錢去接受感染，把那傳染者當作貴賓對待！

如果你看到持傳播鄰人的過錯如何增加許多的罪，你就會明白，爲什麼藉著對鄰人的罪保持沉默，心中有愛的人隱藏了許多的罪。

藉著**緩和的解釋**，心中有愛的人遮了許多的罪。

事情經常是透過解釋，才變成現在的樣子。事態只是基礎，解釋常扮演決定性的因素。任何事件、話語和行動，都可以有很多的解釋方式。就像我們會阿諛別人說他穿著得體，我們同樣可以正確地說，是解釋使得對象成爲它現在的樣子。對於別人的話語、行爲或思考模式，接受和選擇是兩回事。解釋是一種選擇，因爲有許多解釋的可能。但是如果那是選擇，那麼它就是在我的權力控制之下，如果我心中有愛，我會選擇最寬容的解釋。

當人們輕率地、嚴峻地、冷酷地、妒忌地、惡意地、沒有愛心地把某個行爲解釋成罪，而這寬容或緩和的解釋卻有不同的解釋，它就減免了罪；愛就是這樣減免或隱藏了許多的罪。

唉，如果人們知道解釋也可以有這麼美麗的用法，可以運用他們的想像、洞察和創造力，去找到緩和的解釋，他們對於生命美麗的喜悅就能更有品味；這會成爲他們熱切的慾望和需求，使他們忘記其他事物。我們不也看見獵人如何渴望狩獵季節的到來嗎？我們不是在稱讚他，而是敘述一個事實，觀察他如何越來越渴望狩獵。他爲什麼會這樣？因爲他每年都有新的經驗，越來越有創造力，克服許多困難，這個狩獵老手知道許多不爲人知的狩獵地、知道許多不爲人知的追蹤方法、知道如何去辨識許多不爲人知的記號、架設最有創意的陷阱、也最有把握能夠滿載而歸。

作爲正義的僕人，擿奸發伏，是既辛苦又令人興奮的工作。我們很驚訝他們如此洞悉人性、拆穿最精巧的謊言和託辭：他能記得多年以前最瑣碎的事，只是要獲得一條線索；他光靠勘察現場就能夠推斷出足以定罪的證據；他鉅細靡遺地建構整個犯罪案情。我們佩服他不屈不撓地對抗那些老奸巨猾的僞君子，拆穿他們的僞裝，揭發他們的罪行。但是我們平常稱爲儒弱的行爲，那些基於善意的行爲，是不是也會這麼令人著迷、興奮、鍥而不捨呢？

揭發罪行的事，就讓國家任命的法官和正義的僕人去做吧；我們沒有被任命爲法官或檢察官，相反地，上帝召喚我們去愛人，也就是說，藉著緩和的解釋，隱藏許多的罪。想像這個心中有愛的人，有多少令法官們豔羨的不凡能力，但是以同樣的熱誠和能量，他把這些能力投入愛的行動和詮釋的藝術，這個詮釋藉著緩和的解釋，隱藏了許多的罪！想像他有多少最神聖的經驗，多麼熟悉人性，有多少感人的故事；在最錯綜複雜的情況，他還是能發現人性的善，他不輕易下判斷，直到他找到確定的線索；他從不同的觀點，總是很幸運地找到他想要的；想像他如何融入他人的情境，真正了解他們的狀況，而得到最好的解釋。所以，「他發現線索」、「幸運地找到他想要的」、「找到最好的解釋」，唉，這些在犯罪偵查裡經常看到的句子，出現在這樣的文脈裡，不是很奇怪嗎？我們習慣「發現罪惡」，而不習慣去「發現善」。你看，國家不是也任用法官和檢察官去發現和懲罰罪惡嗎？除此之外，人們也會聯合起來（這是值得稱讚的），濟助窮人、扶養孤兒、拯救墮落的人，但是這麼美麗的事業——以緩和的解釋，集結些許的力量，去隱藏許多的罪——卻不見人們攜手並進。

我們不想詳盡說明如何藉著緩和的解釋去隱藏許多的罪，因為在前面的探索裡，我們已經說到，愛會凡事相信、凡事盼望。這是寬容的詮釋者用以隱藏許多罪的工具。

藉著寬恕，愛遮了許多的罪。

保持沉默並不真正使一般已知的許多罪消失。緩和的解釋告訴我們，這些行為不是罪，因而扭曲了罪的意義。但是寬恕卻移除了那些無法否認的罪。因此，愛以各種方式隱藏了許多的罪；而寬恕是最高貴的方式。

我們之前提過「萬物的多樣性」這個語詞；爲了說明的方便，我們再次以此爲例。如果我們說，研究者**發現**了多樣性，而所知有限的市井小民也同樣感嘆萬物的多樣性，儘管他們不知道個別事物的存在，但是它們仍然確實存在。它們不會因爲他的無知而被抹煞；它們只是不存在於他的無知中。但是寬恕和罪的多樣性的關係不一樣；寬恕把被寬恕的事物給解消掉。

這是個非常奇妙的思維，是信仰的思維，因爲信仰關心的是看不見的事物（《哥林多後書》4:18）我**相信**看得見的事物是來自看不見的事物；我**看見**世界，但是我沒有看見那看不見的世界；而我相信它。同樣地，在寬恕（以及罪）裡，也有一種我們幾乎不曾覺察到的信仰關係。那麼，這個看不見的關係是什麼？我們所看不到的，是寬恕解消了眞正存在的事物；所謂看不到的事物，是那看得見的事物沒有被看見，因爲如果它被看見了，顯然人們就看不見它的「不被看見」。心中有愛的人看見他所寬恕的罪，但是他相信寬恕會解消它們。這是看不到的，而罪確實可以被看到；另一方面，如果不存在有看得見的罪，那麼也不會有寬恕。正如我們因著信仰，**相信看不見的事物會「進入」看得見的世界**，心中有愛的人藉著寬恕，相信看得見的事物會「離開」這裡。兩者都是信仰。虔信者有福了，他相信他看不到的；心中有愛的人有福了，他相信那看得到的終究要消失。

誰能夠相信它？心中有愛的人能夠相信它。但是爲什麼寬恕如此難得見到呢？難道不是因爲我們對寬恕的信仰不夠堅定嗎？即使心中沒有半點怨懟的人，即使他非常願意和解，也經常會聽他說：「我很願意寬恕他，但是我不知道那有什麼用。」唉，這也是看不見的事！但是如果你曾經需要過寬恕，那麼你就會知道寬恕的能量有多大，那麼，你爲什麼對於寬恕如此幼稚、如此冷淡呢？當你說「我不知道我的寬恕可以幫助他什麼」的時候，的確有些冷漠的意味。我們不認爲擁有寬恕的力量會使人貢高我慢，不，因爲驕傲同樣缺少愛。的確，有些寬恕顯然會增加罪，而不是使罪消滅。只有愛（雖然有些滑稽）才有足夠的技巧，透過寬恕使罪消失。如果我阻礙了寬恕（這是說，我不願意寬恕，或者因爲能夠寬恕而自命不凡），那就不會有任何奧蹟發生。但是當愛寬恕，信仰的奧蹟就會出現（而且每個奧蹟都是信仰的奧蹟，難怪現在奧蹟會和信仰一起銷聲匿跡）：那看得見的事物，經過寬恕而無法被看見。

罪被塗掉，罪被寬恕和遺忘，就像聖經所說的，「你將我一切的罪，扔在你的背後。」（《以賽亞書》38:17）。但是我們當然不會對被遺忘的事物一無所知，因爲只有對於從來不知道的事，我們才會如此無知，我們遺忘了的事，我們曾經知道過它。在這最高的意義下，和遺忘對立的不是回憶，而是希望。希望想的是某些事物的出現，而遺忘想的是使已經存在的事物消失，把它抹去。聖經說信仰屬於看不見的事，但是它也說，信仰是對於所希望事物的堅定不移。（「信就是所望之事的實底，是未見之事的確據。」（《希伯來書》11:1）這就是爲什麼所希望之事和未見之事一樣，都是不存在的，而希望在思維中給予它存在。上帝在罪的關係上的遺忘，和創造正好相反，因為創造是無中生有，而遺忘是還歸空無。在我眼前被遮住的，我從未看到過；但是扔到我背後的，我卻曾經見過它。心中有愛的人就是這樣去寬恕：他寬恕、他遺忘、他塗掉罪行，因為愛，他轉向他所寬恕的人，但是當他面向他們時，他當然看不到那拋到背後的事物。人看不到自己背後的東西，這是眾所皆知的，因此愛也很適合拿它作為隱喻，話雖如此，但是成為心中有愛的人，藉著寬恕，把別人的罪拋到背後，卻是非常困難的事。我們很容易把罪（即使是殺人罪）放到別人的良心上，卻很難把罪放到自己背後。但是對於心中有愛的人而言，卻是游刃有餘，因為他遮了許多的罪。

不要說：「但是不管是否寬恕了罪，這麼許多的罪還是在那裡，因為寬恕既不增加也不減少罪。」相反地，我們要問：冷漠地拒絕寬恕的人，是否增加了許多的罪？這不只是因為他的拒絕和解變成另一個罪，雖然我們要把這點考慮進去。我們不想強調這點。但是，在罪與寬恕之間，難道沒有什麼神祕的關係嗎？當罪沒有被寬恕的時候，它需要懲罰，它要人們或上帝去懲罰它；但是當罪要求懲罰時，它看起來很不一樣，罪變得更大，比被寬恕的罪要大得多。這只是視覺的幻象嗎？不，它確實要大得多。我們舉一個不是很恰當的比喻：看起來很可怕的傷口，當醫生清洗和處置過後，就顯得沒有那麼嚇人，雖然那是同樣的傷口。那麼，拒絕寬恕的人，他做了什麼？他加重了罪，使它眞正變大。其次，寬恕使生命的罪消失，但是拒絕寬恕卻會使罪滋生。因此，即使沒有新的罪，即使只是延續原來的罪，這許多的罪還是會擴大。而如果罪得到延續，那就會增加新的罪，因爲罪是從罪裡滋生的，罪的延續就是新的罪。而你原本可以藉著愛的寬恕阻止罪的蔓生，甚至消除原來的罪，就像心中有愛的人遮了許多的罪一樣。

愛遮了許多的罪，因為愛阻止罪的誕生，在它出生時便使它窒息。

即使我們有了所有的準備，我們仍然需要一件事，那就是機會。罪也是如此，當它潛藏在人們心中時，它也等待出現的機會。

時機可以是非常紛歧的。聖經說罪會趁機藉著誡命或禁令顯現（「然而罪趁著機會，就藉著誡命，叫諸般的貪心在我腦裡頭發動」（《羅馬書》7:8），誡命或禁止的事變成了機會，但是這機會並不製造罪，就好像機會並不創造任何事物一樣。機會有如掮客，只是促成交易，幫助那些可能存在的事物實現。誡命或禁令之所以成爲誘惑，是因爲它們要限制罪惡；而現在罪逮到了機會，就利用它們；禁令因此成爲它的機會。所以，機會什麼也不是，它只是罪與禁令之間的切換，既屬於兩者，又彷彿根本不存在，雖然沒有了機會，就不會出現任何事物。

誡命和禁令就是機會。在更可悲的意義下，別人的罪會變成和他接觸的人的罪的機會。唉，那些輕率膚淺的論斷，給了罪多少的機會！那些輕浮任性的眼神，爲許多罪的蔓延創造了多少機會！當我們每天所見所聞，盡是罪惡和褻瀆上帝的事，更不用說有多少罪的機會在交易著！當人們心中的罪被許多的罪包圍，就像是待在培養皿裡一樣。有了各種機會的滋潤，它會迅速地生長茁壯（如果罪也可以用茂盛來形容的話）。它的毒性越來越強，也日趨成形（如果惡也可以有確定的形貌的話，因為惡是謊言和欺騙，所以不會有形狀）；它會越來越激烈地攻擊自己，雖然它的生命懸在地獄的深淵之上，沒有駐足之處。它會利用每個機會，擴大那許多的罪。

但是在某個情況下，罪沒有任何出現的機會——那就是愛。當個人心中的罪被愛包圍，它就失去生長的養分。它像圍城一樣，和同胞失去所有聯繫；就像犯了酒癮的人，待在物資貧乏的地方，找不到任何酒來提振自己。是的，罪也可能把愛當作機會，對愛產生怨恨、仇視愛。但是罪終究無法與愛抗衡；因此只有在開始的時候才會看到這種場景，就好像酒精只會在最初幾天肆虐病人，因為醫藥終究會起作用。即使有愛不得不放棄的人（不，愛從不放棄），或者說，愛被打斷，趁著機會讓罪出現，我們也不能因為這個人的無可救藥，就否認許多的治療的可能。因此，「愛遮了許多的罪」，仍然是眞實不妄的。

政府當局發明了各種天才的方法，把犯人關到監獄裡去，醫生發明各種強制的手段，控制精神異常的病人，但是對於罪惡而言，它不像愛那樣，既沒有控制的環境，也沒有救贖的環境。憤怒鬱積心中，無法等待任何機會，只因為愛不給它任何機會。那在好奇心的淫穢渴望中窺伺機會的邪惡慾望，在剛出現的時候就毀滅，只因為愛不給它任何機會。靈魂的煩惱，無論是因為世界、人群或上帝而伺機蠢動的煩惱，終究會被寬大的心緩解，因為愛不給煩惱任何機會。那一再被拆穿、而又不斷找尋新的藉口的謊言和欺騙，最後也都煙消雲散，因爲愛的撫慰和消融，不曾給予這病態的欺騙任何機會。那處心積慮地爲壞事找藉口的人，最後還是鎩羽而歸，因爲愛不讓藉口有任何機會。有多少犯罪被制止，有多少壞事遭到挫敗，有多少自暴自棄的想法被拋卻，有多少罪惡的念頭沒能夠實現，有多少鹵莽的話語被壓抑，只因爲愛不給予它們任何機會！

使人犯罪的人有禍了；（「使人犯罪的事是必然會有的，可是造成這種事的人要遭殃了。」（《路加福音》17:1）心中有愛的人，遮了許多的罪，你們有福了。

第十一章

愛是常存的

所以……愛是常存的。

——《哥林多前書》哥林多前書 13:13

是的，讚美主，愛是常存的！無論世界奪走你再珍貴的東西，無論你的生命有多麼坎坷，無論在追求善的歷程中有多少痛苦，如果人們冷漠地對待你，甚至把你當作敵人，如果人們拒絕承認和你有關係或恥於承認受過你的幫助，連你的朋友都不肯認你，但是如果在你的努力、行爲和話語裡，你有愛作爲你的知己，那麼你就可以無憾了，因爲愛是常存的。你知道愛是你的知己，這是最值得回憶的慰藉，啊，被愛所憶念，比人間最偉大的成就還要幸福，比降服邪靈更令人雀躍。（「不要因爲邪靈向你們降服而高興，卻要因爲你們的名字記錄在天上而歡樂。」（《路加福音》10:20）你知道愛是你的知己，這是最值得回憶的慰藉。無論是現在的事或是將來的事，無論是天使或魔鬼，或是你紛亂不安的心——讚美主——都無法把愛從你心中拿走，無論你的生活遭逢多少風暴和艱困或是生命走到了盡頭，不，愛是常存的。

消沉和沮喪先是使你變得脆弱，而喪失追求善的意志，然後又把你隔絕在孤獨的堅固壁壘裡；當消沉和沮喪掏空你的一切，使生活變得單調而沒有意義的重複，你確實看到所有事物，卻冷漠以對，你看到原野和森林再度綠意盎然，你看到天空和水裡的生命再度豐饒忙碌，你聽到鳥兒再度歌唱，一再地看到人們辛勤工作，你的確知道上帝存在，但是祂彷彿退位了一般，在遙遠的天堂，離這擾攘的塵世好遠好遠；當消沉和沮喪使你喪失生命力，使你即使知道基督存在，卻提不起精神，既困惑又清楚地知道他在一千八百年前存在過，離這擾攘的塵世好遠好遠——啊，如果是這樣，那麼請記得，愛是常存的！如果愛是常存的，那麼你可以確定它是未來的事，也是現在的事，只要你需要這慰藉。請以這慰藉，愛的常存，去面對未來的所有恐懼；請以這慰藉，愛的常存，去面對現在的焦慮和冷漠。啊，如果沙漠中的旅者知道前方有個綠洲，無論多麼遙遠，對他都是個慰藉，他都會非常渴望它，而如果愛不存在或是不恆久存在，人們就會籠罩在死亡的陰影下。

你看，這是多麼令人振奮的想法：愛是常存的。當我們這麼說時，我們談到的是那支撐所有存在的愛，是上帝的愛。如果有任何時刻，即使再短暫的時刻，愛消失了，那麼萬物就會混亂失序。但是愛不會這麼做，因此，無論事物對你而言有多麼錯亂，愛還是常存的。因此我們談的是上帝的愛，而常存是祂的本性。

不過，在這本書裡，我們談論的一直是愛的作工，因此不是指上帝的愛，而是人類的愛。在本性上，沒有任何人是愛；如果他沉浸在愛裡，他是心中有愛的人。而只要有這樣的人，就會有愛的存在。人們時常會認為，人類之間的愛是兩個人之間的關係。話是沒錯，但是關係也可能存在於三者當中。首先有愛人者，其次有愛的對象；而愛則展現為第三者。因此，在談到人類的愛時，我們說愛會常存，這已經顯示愛是個作工，愛不是靜止的特性，而是在每個時刻都可以獲得的特性，而正因為如此，所以愛是動態的作工。愛所常駐的那個人，他也涵泳在愛裡，在愛中保存自己；他藉此所成就的，是他對人們的愛的常存。藉著涵泳在愛裡，他成爲心中有愛的人；藉著涵泳在愛裡，他的愛常存；愛是常存的，而我們現在要討論的就是：

愛是常存的。

愛絕不遺棄，愛是常存的。

當小孩和陌生人玩了一整天，想到該回家的時候，卻不敢一個人回去，希望晚一點回去，他對也想早點回家的年長小孩說「等等我」，那個小孩也照他的話等他。當兩個伙伴去爬山，走得慢的對走在前頭的人說「等等我」，於是他就停下來等他。當兩個朋友計畫且期待某次旅行，而其中一人生病了，他對他的朋友說「等等我」，他就答應等他病好了再出發。當某個人欠別人錢卻還不出來，他對債主說「等等我」，債主就同意等他有了錢再還他。當戀愛中的女孩知道和她的婚姻會有些困難，而對戀人說「等等我」，於是戀人就這樣一直等候著她。

這樣的等待總是人間所歌頌的，但是那是否眞正出自愛，我們就不得而知。或許等待的時間太短，使我們無法確定是否因爲愛才決定等待。唉，或許他們等得夠久了，年長的小孩對幼童說：「不，我不能再等下去了。」當走得慢的人實在落後太多了，或許那走在前頭的人會說：「不，我不能為了等你而耽擱了我的行程。」或許那生病的朋友久臥不起，以致於他的朋友對他說：「不，我不想再等下去了，現在我要獨自去旅行。」或許那負債者拖欠太久了，所以債主說：「不，我不能再等下去了，我現在要我的錢。」或許和那女孩締結連理的希望太過渺茫了，所以戀人說：「不，我不能再等下去了；我不能浪擲青春在不確定的未來上。」但是，愛卻是常存的。

愛的常存，或者更正確地說，愛在某些情況下是否常存，或是從此消失，關於這個問題，有許多不同的思考，出現在人們的討論中，也經常在詩人的故事裡看到。人們歌頌愛的常存，而鄙夷短暫易逝的愛。只有前者才是愛，那經不起變化的愛最後證明不是真正的愛。重點是人們無法停止去愛；如果你真正去愛，那麼你的愛就會常存，如果它消失了，那只是表示你不曾愛過。因此，在談到愛的時候，「停止存在」有著追溯過去的力量。是的，我可以舉無數的例子說明，只要有愛的地方，就有無限的奧祕。例如，一個過去有錢的人，當他窮困潦倒的時候，我們還是承認他過去很有錢。但是如果某人停止去愛，那麼這意味著他從前也不曾愛過。有什麼比愛更溫柔，而又有什麼比愛更嚴苛、更妒嫉、更折磨人的呢？

再說，當愛止息了，當愛慾和友誼停止了，簡言之，當兩人之間的關係有了嫌隙，而使得愛消失了，那麼這兩個人就會分手。愛曾是這兩個人之間的紐帶，當有其他事物介入時，愛就會被取代而且消失，他們之間的連結出現裂痕。所以他們分手了。

但是基督教不會這麼說，它既不了解也拒絕了解這種說法。當人們說他們的愛已決裂時，那是因爲他們以爲愛只是兩者間的關係，而不知道那是三個存有者的關係。愛的決裂是種不負責任的說法；它使我們錯以爲愛的關係是兩者之間的關係，好像和第三者無關。如果這兩個人同意分手，似乎就沒有人能提什麼反對的理由。再者，雖然他們分手了，但是這不表示他們不能和其他人有愛的關係。他們還是能夠去愛，只是對象不同而已。而說要分手的人總是占上風，另一個人則毫無招架之力。但是如果無辜的人總是弱者，那麼這未免太可悲了。在這世界固然是如此，但是在永恆裡，則完全不同。

那麼，基督教在做什麼？基督教的眞誠讓永恆的注意力集中在單一的個體身上，在關係中的每個人。就像他們彼此相連一樣，他們也各自和愛相連。如此一樣，關係就很難決裂。在分手之前，在其中一方停止去愛對方之前，他必須先**拋棄愛**。這非常重要；因此，基督教不談戀人們的分離，而只談單一的個體總是會做的事──拋棄他的愛。兩個人的決裂絕對不只是瞬息即逝的事，彷彿沒什麼大不了的；「愛的遺棄」在永恆裡是非常嚴重的事。你看，所有事物都適得其所；永恆可以維護其紀律和秩序；在決裂過程中無辜的受害者，將會成爲強者，如果他沒有拋棄愛的話。如果愛只是兩者之間的關係，而其中一方又要卑鄙地斷絕關係的話，當然會使另一方受到傷害。當關係是介於兩者之間時，任何人都可以藉由斷絕關係的權力而占得上風，因爲只要其中一方放棄關係，那麼這關係就會破滅。但是如果有三個人，那麼誰也沒有辦法斷絕這關係。這個第三者，就是愛的本身，在決裂中無辜的受害者可以堅持它，那麼關係的斷絕就無法威脅他。而有過錯的一方也不能自負地以斷絕關係當作籌碼；因爲愛的遺棄是最高的代價，這完全不同於和某個人任性的決裂。

但是心中有愛的人絕不會遺棄愛；因此，對他而言，絕不會有關係的決裂，因爲愛是常存的。然而，在兩人的關係裡，你能阻止另一方不去破壞關係嗎？看起來任何人都可以使關係破滅，使他們彼此離異。在某個意義下，確實如此。但是如果心中有愛的人堅持不遺棄愛，他就可以阻止這決裂，因爲如果他眞正涵泳在愛裡，就不會有決裂發生。

當人常存在愛裡（藉著這常存，心中有愛的人和永恆締結了聖約），他就能夠戰勝過去；他可以使過去的決裂變成未來的可能關係。從過去的角度去看，關係的決裂似乎是覆水難收；但是心中有愛的人，常存的人，卻是屬於未來和永恆，從未來的角度去看，決裂就不再是決裂，而是關係的可能性。但是這需要永恆的力量，因此他必須常存在愛裡；否則過去就會逐漸取得力量，而使決裂出現。在決定性的時刻裡，我們需要永恆的力量，把過去直接轉化爲未來。而愛的常存就是這力量。

我現在要如何描述這愛的作工呢？我如何才能描繪那無法言喻的歡悅和振奮呢？

假設兩人之間有了嫌隙，他們彼此誤解；其中一方要斷絕關係。但是心中有愛的一方說：「我堅持這愛，」於是決裂就沒有發生。想像一下，如果組合字少了後面的字，而只有前面的字和連字號（那斷絕關係的人無法把這連字號帶走，它只能留在心中有愛的人身邊），而你不知道爲什麼少了一個字，這時候你會怎麼說？你會說這個字不完全，還缺少什麼東西。我們無法直接看到關係的，而只能在過去的意義下去理解它。但是心中有愛的人不會想要知道過去，因爲他常存在愛裡，而常存則意指著未來。因此他會說，我們平常所說的決裂的關係，其實是還沒有完全的關係。它也還不是決裂，因爲還缺少某些東西。因此這取決於如何去理解關係，而心中有愛的人，則是常存在愛裡。

有一天，關係破裂了。兩個人大吵一架，其中一方要分手，他說：「我們之間完了。」但是擁有常存的愛的人卻說：「我們之間根本還沒有結束，我們還在句子的中間；這是個還沒有完成的句子。」愛不就是這樣嗎？隻字片語和未完成的句子有什麼差別呢？我們說某一段話是「隻字片語」時，知道它後面不會再有什麼字詞，如果不是這樣，我們會說它是還沒有完成的句子。從過去的角度看，它不會再有補充的語詞，因此我們會說：「這只是隻字片語；」而從未來的角度去看，我們會期待接下來的部分，因此我們會說：「這個句子還沒有完成，還缺少什麼東西。」

有一天，關係決裂了。他們因爲沮喪和冷漠而漸行漸遠，其中一方要分手，他說：「我不再和這個人說話，我很久沒有看到他了。」但是心中有愛的一方卻說：「我永遠都在這裡；所以我們還是在彼此對談，因爲沉默還是屬於交談的一部分。」難道不是這樣嗎？但是假設上次他們的談話是在三年前，而他們終於再度交談。上次的談話是三年前的事——這只有在過去的意義下才能夠知道，但是心中有愛的人，永恆使得他的每一天都是嶄新的，而他也常存在愛裡，對於這樣的人，過去完全無法支配他。如果你看到兩個人沉默地坐在一起，除此之外你一無所知，你會知道他們已經三年沒有交談過嗎？你能知道他們之間沉默了多久嗎？只有從過去的角度，我們才能知道這沉默有多久了，因爲時間的長度必定是屬於過去的。但是心中有愛的人，常存在愛裡的人，總是能夠把自己從過去解放出來。他不知道什麼過去；他總是等待未來。

跳舞的人們離開了，舞會就結束了嗎？在某個意義下，確實如此。但是如果另一個人始終站在那裡，對著看不見的人鞠躬邀舞，而你不知道已經曲終人散，你會說：「只要他等待的人到來，舞會隨時就會開始。」

拋開過去，藉著常存在愛裡，讓它湮滅在永恆當中，那麼結束也就是開始，也就不會有任何中斷！負心的人拋棄了女孩，但是在每個落霞餘暉的黃昏，她獨倚窗前，每天晚上她都對自己說：他會來，他就要來了。每個晚上，都彷彿他們還沒有分手，因爲她常存在愛裡。她當然不會在某個晚上對自己說，她已經這樣等了三年了；路過的人不會知道，就像她自己也不曾察覺一樣，如果她眞正常存在愛裡的話。但是或許這女孩愛的其實是自己。她是爲了自己的關係才渴望和戀人結婚，這只是她的慾望，她的靈魂也沉浸在這慾望裡。如果是這樣，她很快就會厭煩，開始注意到過去，注意到時間的長度——現在她不再坐在窗前，她說他們已經分手了——但是，愛還是常存的。

有一天，關係破裂了，不知道什麼原因，其中一方斷絕了關係。眞是可怕，他的靈魂在未來裡充滿著仇恨，無止盡的、無法和解的仇恨。「我再也不會見到他；我們從此各走各的；仇恨的深淵橫阻在我們之間。」他承認生命就像是一條道路，他們曾經在同一條路上，但是現在卻分道揚鑣。他小心地迴避，不和他所怨恨的人交會。對他而言，世界太小了，容不下他們兩人。和所怨恨的人在這世界上呼吸同樣的空氣，對他是很痛苦的事。一想到他們會在天堂相遇，就會使他不寒而慄。但是心中有愛的人卻常存在愛裡。他說：「我永遠都在這裡，所以我們還在同一條路上。」難道不是這樣嗎？當兩顆球相互撞擊，其中一顆藉著反彈的力量，循著另一顆球的路徑前進，那麼他們不是在同一條路上嗎？我們現在並沒有看到反彈的力量，這必須回溯過去才看得到。但是心中有愛的人不想知道過去；他常存在愛裡，他永遠和仇視他的人走在同一條道路上；因此還是不會有任何決裂。

愛的力量多麼不可思議！上帝在創造天地時最有力量的話是「要有……」，而人類最有力量的話則是心中有愛的人對他人說「我始終在這裡」。主內弟兄，和自己以及他的良知和解，和所有善良的天使締約，心中有愛的人，手無寸鐵地踏進最危險的戰場，只說一句話：「我始終在這裡。」如果他眞正有愛，他終究會獲勝，因爲他的常存在愛裡而獲勝，比那以「拖延者」著稱的羅馬將軍更光榮，因爲愛的常存本身就是更高的榮耀。如果他心中眞正有愛，那麼所有的誤解都會因爲他的常存而被克服，所有的仇恨最後也都要向他投降，無論是在這裡，或是在永恆裡。你看那些以卑鄙的手段獲得別人的愛的人，隨時都會害怕失去它。但是那因爲愛而被厭惡的人，卻永遠都確定會贏得愛。如果時間無法完成它，至少還有永恆，它會扭轉他們的仇恨，讓他們睜開眼睛去觀照愛，以及那終其一生都常存在愛裡、而今常存在永恆裡的人。所以，愛不會遺棄，它是常存的。

愛是常存的，它絕不枯竭。

人類有某種善良的本性，也就是惻隱之心和助人之心，有時候會以愛心奉獻自己（我們都會滿心歡喜地感謝他們）；而當時日延宕，這些同情心會感到厭煩——這是眾所周知的事。時間的延宕是讓人們宣告破產的重要因素。在商業的世界裡，公司經常是因爲突然的打擊而倒閉，但是在靈性的世界裡，更多人是因爲經不起時間的考驗而放棄。人們或許可以堅持一時，但是時間一久，他們就只得破產。然而愛卻會常存。唉，詩人和小說家多麼擅於描述世事的遷流變易，證明時間對於萬物的力量，那最偉大的功業、世界的奇蹟，最後只剩下荒煙蔓草，那獨領風騷的英雄，到頭來也只是茶餘飯後的談笑人物。

但是儘管愛是常存的，難道不會有什麼變故，在時間中歷盡滄桑，即使那不是它的錯？因此關係會是：愛是常存的；沒有任何境遇能使它改變，或讓它放棄自己，然而它會在我們所說的枯竭中改變自己，儘管我們同樣也必須說愛絕不會遺棄。

我們要提到那在我們心裡縈迴不去的愛慾，在落霞餘暉中獨倚樓台的少女，癡癡等待所愛的人，而光陰也就這樣流逝。到如今，那已經是過往雲煙，就像詩人所說的，往事已沉埋。當少女在等待的時候，她不曾察覺時間來了又走，但是時間畢竟在她身上留下了記號。我們通常只會說：「時間過去了。」對於歡樂的人而言，總是春宵苦短，而對於悲傷的人而言，卻又度日如年。我們也會說：「時間會來。」唉，對於盼望的人而言，它總是姍姍來遲，而對於恐懼的人，卻又轉瞬即至。但是詩人巧妙地說，時間來了又去，他想描述期待者的心情，對他們而言，時間不只是流逝，也會到來。時間彷彿是同情那少女，而代替負心的戀人來安慰她。當他該出現的時候，時間來了，但是他卻沒有到來。然後時間又走了，等到他該來的時候，時間又會到來。時間就這樣來來去去，爲那等待的少女唱著催眠曲，直到搖籃裡的她在期待中入睡。多麼奇怪啊！我們總是認爲，期待會使人保持警醒；然而如果人們完全沉溺在期待裡，那麼它就會催人入睡，這沒有什麼好奇怪的。如果你躺下來睡著，而某個人突然打開噴水池的開關，你應該會被驚醒。但是如果你因爲聽泉而入睡，那麼這潺潺水聲，就是最甜美的、最清涼的、最怡人的催眠曲。

所以時間就這樣來了又去。少女並沒有遺棄她的愛，但是她逐漸枯萎，時間並沒有離她而去，不，它來來去去，然而少女還是逐漸枯萎。這少女的靈魂多麼崇高啊！她的確值得我們的尊敬，人類最大的榮耀；詩人歌頌她，不是因爲金錢，也不是因爲少女家族的顯赫，更不是因爲詩人和她的交情。不，她只是默默無聞的深谷幽蘭，引發詩人的靈感的，只是她的美麗作工。我們不要忘記，在自己的愛裡忠於自己，是女性高尙的行爲，是偉大且光榮的作工。雖然她絮絮叨叨儘談些家務事，在詩人的世界裡，都會被認爲是最榮耀的事；即使世界可憐到連詩人也消失了，人類也對詩人放棄希望，還是會有個詩人出現，來歌頌這位少女。

她枯萎了——她為愛慾而犧牲。然而這是人類可能想像的最偉大的事：犧牲自己。但是對於自我犧牲的人而言，這是不是最偉大的事呢？在永恆的意義下，自我犧牲意味著恆久的存在，只要世界還是世界，這成就比任何勝利都要偉大，因為世界不夠完美，征服世界，一統天下，也就不是多麼了不起的事。征服世界就像是在世界中完成某個壯舉，而人們經常會質疑它，因為世界的判斷並沒有多大的意義——除了言不及義的譏諷以外。

就這樣，少女為愛慾而犧牲。但是在最高的意義下，愛慾並不是愛，也不是最偉大的事。你看，這就為什麼她會枯萎——她為愛而生，在歲月中留下烙印，最後為愛而死，這是她最重要的事。愛慾對生命有欲望；因此她必須接受時間的宰制，因此她在愛中枯萎，直到時間也乾涸，因為她沒有放棄她的愛慾。

但是愛是常存的——它永不枯竭。屬靈的愛就像汩汩流入永恆生命的湧泉。心中有愛的人也會隨時間而變老，也會死去，但是這不能證明什麼，因為他的愛永遠年輕。在他的愛裡，不像愛慾那樣，他既和短暫易逝的世界沒有關連，也不依賴它；對於他的愛而言，永恆才是合適的季節。當他死去，他死得其所；當他死去，那只是證明他的等待沒有落空。唉，當那少女死去的時候，我們只會說：真是不幸，她白等了一場。但是常存的愛怎麼會枯竭呢？不朽的存在可能枯竭嗎？而除了常存的愛，誰能給予人類不朽呢？愛慾是俗世的發明，美麗卻瞬息即逝。因此這裡有個很難解的矛盾。少女並沒有過錯；她忠於她的愛慾。但是她的愛終究會隨時間而改變。這是愛慾的本性。而矛盾在於：即使最眞誠的人願意爲愛犧牲自己，但是他既不是絕對的眞誠，也沒有辦法常存在愛裡，因爲愛慾本身並不常存在永恆裡。那少女或許無法了解爲什麼會這樣，但是這個自我的矛盾卻是跟隨她到死去的悲哀。她的犧牲並沒有永恆的神聖，也不會有靈感或超昇，她只有俗世的悲傷和啓發詩人的靈感。

這少女枯萎了。即使她的戀人在她死前出現，也都太遲了。她的確一直在那裡，但是時間侵蝕了支持她活下去的欲望，甚至這欲望本身也在侵蝕她。相反地，那在最深刻的意義下眞正去愛的人，常存在愛裡，永遠不會枯萎；他的愛不會被侵蝕。即使人們誤解他、對他很冷淡、甚至以仇恨回報他，他對永恆的渴望還是始終不變，沉默地面對這俗世。他的愛是永恆的，和永恆相連的，在永恆安息的。因此，他在**任何時刻**的等待和在**永恆裡**的等待是一樣的，因此也不會坐立難安，因爲在永恆裡，總是有足夠的時間。

如果愛的期待會使人們眞的枯萎，那一定是因爲他的期待依賴著時間，讓時間有權力決定什麼時候要實現他的期待。期待基本上是時間裡的期待，而常存的愛並沒有這樣的期待。期待是有時間性的，因此會使人不安。只有這樣的不安，時間才能存在；時間不爲動物存在，牠們不會焦慮不安；如果這不安停止下來，那報時的鐘也就沒有作用了。在這俗世的期待裡，不安游移在實現和幻滅之間，而隨著時間的消逝，腳步就更加迅速，時間的流失加快了人的不安，當然也加快了實現的腳步，如果實現沒有即時到來，或者根本就不會實現，那麼期待就會被侵蝕殆盡。最後這不安顯然也消失了，特別是當人們的病像肺結核一樣的時候。但是心中有愛的人，常存在愛裡的人，有著永恆的期待，而這永恆的處所爲不安帶來平靜，它的確也會在實現和幻滅中游移，但是獨立於時間之外，實現並沒有因爲時間消失而變得不可能——心中有愛的人不會枯萎。

對愛忠實的人，永遠常存。我們絕不是要貶低那戀愛中的少女，彷彿她隨時間而衰弱、她的愛慾本身因而也變質，是某種不忠實的事（唉，對不忠實的事物的不忠誠）。這聽起來很矛盾，但是忠於愛慾和不忠實其實沒有什麼兩樣，因爲愛慾本身不是永恆的。矛盾不在於那少女身上，她始終是忠實的。少女所承受的矛盾在於，愛慾不是永恆的，因此她無法以永恆的忠實去面對那不是永恆的事物。但是對眞愛的忠誠是不會變的，在任何時刻，都不會枯萎，即使他得到的回報是誤解、冷漠和仇恨。常存在愛裡的人絕不枯萎，這是永恆給他的報酬，但是這也是愛的作工，也就是忠於所愛者。

當被誤解的人回頭尋找了解、被冷落的人回頭尋找友誼、被仇視的人回頭尋找和解時，如果這個心中有愛的人枯萎了，而無法以永恆的喜悅去領受那眞正的了解、友誼的修復和再一次的和解，這會是多麼令人哀傷絕望的事！另一方面，如果存在愛裡的他，總是能忘掉過去，那麼寬恕和和諧又是多麼自然且容易的事。從他的角度去看，和諧一直是存在的，彷彿從來都沒有過分離。當兩個人都記惦著過去，記惦著他們分離了多久，那麼寬恕經常只是更嚴重的衝突，他們的關係也就很難復原。但是眞正去愛的人不知道過去；因此他在愛中修復了關係；他吸收了所有衝擊（傷害）的力量，使得衝突不存在——寬恕就變得再輕鬆不過了。人們經常在就要得到和解的時候，還是會有一方覺得受傷害。如果是這樣，過去的遺憾就會一再重演。畢竟，那最柔軟的愛，怎麼會傷害任何人呢？即使是在靜謐的水上緩緩划過、最後因爲蘆葦而停下來的船，也沒有像那以愛尋求和諧的人那麼行所無事。

這就是心中有愛的人。最美麗的和諧時刻，不會因爲時間的改變而成爲沒有意義的努力，因爲常存在愛裡的人不會枯萎。寬恕的轉變就像和剛才遇見的人約會那麼自然，愛的交談就像和打開話匣子的人聊天那麼自然，相同旅程的軌跡就像和一起開始新生活的伴侶那麼合節拍，簡言之，那沒有任何人能夠阻止的衝擊，心中有愛的人卻能夠消弭它，因爲他常存在愛裡，而絕不會枯萎。

第十二章

憐憫，這是愛的作工，即使它不能給予什麼，也不能做什麼

「不可忘記行善和幫助別人。」（《希伯來書》13:16）也不要忘記，世人所說的慈善、慷慨、博愛的捐獻和饋贈，幾乎都是沒有憐憫心的。就讓那些記者、稅吏、牧師助理去談論或計算有多少捐款的事吧；但是我們不要忽略了，基督教本質上談的是憐憫，基督教不應該是沒有憐憫心的。貧窮和苦難不只是金錢的匱乏而已，他們也被排拒在最高善的門外，沒有權力去憐憫他人，因為他們沒有能力慷慨解囊。人們既像傳教士又像市儈似的，喋喋不休地談論捐獻和施捨，而在講道的時候，都忘記了憐憫。從基督教的角度去看，那是言語的誤導。坐在教堂裡的窮人想必都在低聲嘆息。他為什麼要嘆息呢？他的嘆息和牧師的講道，真的可以讓有錢人打開荷包嗎？唉，不是的，他只得嘆息，只得像聖經所說的，埋怨牧師（「弟兄們，你們不要彼此埋怨」（《雅各書》5:9），因為就在你熱心地要幫助他的時候，卻深深地傷害了他。吞沒孤兒寡母的家產的人有禍了，（「你們這班偽善的文士和法利賽人有禍了，因為你們侵吞寡婦的家產。」（《馬太福音》23:14）但是那些為了鼓勵捐獻而拒談憐憫的傳道者也有禍了！傳道應該只談憐憫的。如果你要從現實去談，那麼很自然地就會繞著捐獻和施捨打轉。但是請記住，如果你藉著宣揚善行去募款，而對於憐憫避而不談，那麼你將會對那窮人和悲苦的人失去憐憫心，雖然你本來是想用捐款去救濟他們。如果窮人和悲苦的人不斷地乞求我們，我們當然可以想辦法透過捐款去幫助他們；但是請記住，如果我們讓窮人和悲苦的人對上帝埋怨我們，而使我們的禱告受阻礙（《彼得前書》3:7），那麼就太可怕了——如果我們不願意承認窮人和悲苦的人也有能力去憐憫他人，對他們是非常不公平的。

我們現在就要談到憐憫的問題，而且小心不要把它和外在條件混淆在一起，愛無法掌握這些外在條件，但是它可以確定擁有憐憫，就像胸腔中有心臟一樣。一個人不會因爲胸腔裡有顆心臟，口袋裡也就有錢，但是就憐憫而言，前者顯然重要得多。是的，如果你一貧如洗，卻知道如何藉著談論憐憫去鼓勵和啓發貧窮悲苦的人們，這並不下於把錢灑向窮人，或是向有錢人募款！

所以我們現在要探討的是：

憐憫，這是愛的作工，即使它不能給予什麼，也不能做什麼。

我們將盡我們所能，告訴窮苦的人們，鼓勵他們，讓他們知道，能夠擁有憐憫是多麼令人快慰的事。我們也要澄清世人的某些幻覺。如果有必要，我們也要讓那些有能力施捨行善的基督徒們感到謙卑和羞怯，讓他們誠心付出，卻不認爲這是施捨，就像有人轉過他的臉，不願意讓人知道他的榮耀一樣，或者是不讓左手知道右手所做的事（《馬太福音》6:3）。

憐憫沒有什麼可以給予的。有憐憫心的人，如果他有什麼東西可以給予，他會很樂意傾囊相助。但是這不是我們所關心的，我們想說的是，即使他什麼也沒有，他還是可以憐憫他人。這非常重要，因爲**有能力**去憐憫他人比擁有財富而**有能力**施捨要偉大得多。一千八百年來，我們都熟悉的仁慈的撒瑪利亞人，如果他不是騎著驢子從耶利哥到耶路撒冷（聖經說是從耶路撒冷到耶利哥），而是走路經過那不幸受傷的人，如果他沒有東西可以包紮他的傷口，如果他只是把他揹在肩頭，帶他到最近的旅店，而店主又拒絕收留他，因爲撒瑪利亞人一毛錢也付不出來，只能乞求他，請那冷酷無情的店主大發慈悲，因爲他家裡還有妻子，那麼他會不會收留他……，不，這故事還沒有結束，如果那撒瑪利亞人不放棄希望，把那受傷的人揹到一個舒適的草地上，坐在他旁邊，想盡辦法幫他止血，但是這不幸的人最後還是死在他的臂彎裡，那麼他是不是和原來故事裡的撒瑪利亞人一樣的慈悲呢？或者我們因此就不認爲這是關於仁慈的撒瑪利亞人的故事嗎？（「惟有一個撒瑪利亞人行路來到那裡，看見他就動了慈心，上前用油和酒倒在他的傷處，包裹好了，扶他騎上自己的牲口，帶到店裡去照應他。第二天拿出二錢銀子來，交給店主，說：『你且照應他；此外所費用的，我回來必還你。』」（《路加福音》10:33-35）

我們再說到那投了兩個小錢到庫裡的窮寡婦的故事（《馬可福音》12:42），但是我們換個像詩一樣的說法。對她而言，兩個小錢是個龐大的數目，甚至她從來沒有一次擁有這麼多錢。她存了好久，把錢藏起來，包在小手絹裡，帶著到聖殿裡去。但是小偷盯上她而且把錢給掉了包，而那寡婦卻渾然未覺。所以她走上殿堂，把她以爲包著兩個小錢的手絹投到庫裡，而裡面其實什麼也沒有——如果是這樣，基督還會不會說「這寡婦所投的比眾人還多」呢（《馬可福音》12:43）？

但是沒有錢的憐憫，能夠成就什麼事呢？呃，那充滿銅臭味的施捨或許會嘲諷這什麼也沒有的憐憫吧！當窮人捐獻他僅有的一分錢時，有錢人走了過來，伸手一掏就是好幾百塊錢，使窮人的憐憫相形見絀，這眞是既不公平又令人作嘔的事，是世上最沒有憐憫心的事。但是如果基督說的是對的，如果這窮人所給予的，多過所有人，那又是多麼瘋狂的事；那給得少的人（捐贈數目龐大的有錢人）居然使那給得多的人（只捐了幾個小銅板的窮人）自慚形穢，那又是多麼瘋狂的事！當然世界不會這麼說；人們會說那有錢人捐得比較多，他們爲什麼要這麼說呢？因爲世界只認識錢，而基督只認識憐憫。而正因爲基督只認識憐憫，所以他清楚知道那寡婦所捐的兩個小錢的眞正意義，他或許會說其實不需要這麼多錢，甚至會說，她捐的越少，付出的越多。多麼奇妙的算術問題，多麼奇怪的算術原理；這在任何算術教本裡都找不到。他用最奇特的話語去形容那寡婦：「但是這寡婦是自己不足，把她一切養生的都投上了。」（《馬可福音》12:44）但是如果越窮困，禮物就越珍貴，那麼更窮的人捐出他僅有的一塊錢，是不是也多過那寡婦所投入的，雖然她捐的多過所有人？

是的，世人會認爲這是最糟糕的算術，根據這種算術，只捐一塊錢的人給的最多。世人稱羨的當然是鉅額的捐款，一塊錢算什麼呢，就好像憐憫心也不是什麼耀眼奪目的德性一樣。然而，在永恆的光照下，只有這種算術才是正確的，才是從永恆那裡學到的，才能夠揭露世俗的幻覺和假象。永恆對於憐憫心有最銳利的眼睛和最深刻的了解，但是不認識什麼金錢，就像天堂裡不會有財務困難，也用不到錢一樣。這是既可笑又可悲的事。嘲諷者認爲天堂裡會有財務的困難，這無疑地是癡人譫語，而世人遺忘了永恆、忘記了在永恆裡金錢算什麼，爲此我們也要一掬同情之淚。唉，有多少人認爲永恆是個假象，只有金錢才是實在，卻不知道他們的理解才眞正是假象！無論你認爲永恆是什麼，你必須承認你其實希望在永恆裡能夠再看到這世界的某些事物，你希望可以再看到花、樹木和星星，聽到蟲鳴鳥囀，但是你怎麼會認爲在天堂裡會有金錢這種東西呢？不，如果有了金錢，天堂就會再次變成悲慘世界，因此你絕對不會這麼想，正如那相信金錢才是眞實的人不認爲有天堂一樣。你可以想像天堂裡有任何東西，除了金錢以外。另一方面，也沒有任何事物會比憐憫更確定可以在天堂裡找到。所以你看到憐憫和金錢完全無關。

然而，錢、錢、錢！被流放國外的王子亞古塔要離開歌舞昇平的羅馬時，他說：「這個城市要被出賣了，就等買主來出價。」唉，我們不也時常沮喪而厭世地說：「這個世界要被出賣了，就等買主來出價，」雖然我們不願意說魔鬼已經買走了這世界。

生命的嚴肅性是什麼？如果你認眞地問自己這個問題，那麼回想一下你是如何回答的，或者讓我提醒你，你是如何回答的。那是人神關係。當你對上帝的想法取決於你的所思所作時，嚴肅性就在那裡。但是金錢是世界的神；因此世界認爲凡是和金錢有關的事都是嚴肅的。你看那高貴、單純、有智慧的老蘇格拉底，他什麼時候告訴人們關於錢的哲學？使徒保羅寧願用自己雙手工作，而不願意藉著傳福音牟利，而玷辱了福音和使徒的聖職。（「弟兄們，你們記念，我們的辛苦勞碌晝夜作工，傳上帝的福音給你們免得叫你們一人受累。」（《帖撒羅尼迦前書》2:9）我們不要愚蠢地問世界如何論斷蘇格拉底和保羅，因爲世界只知道要歌頌他們而已。如果現在有人仿傚這些哲人典型，人們會怎麼論斷他呢？他們會說這是離經叛道，是譁眾取寵，認爲這個人是在「兒戲」。追逐金錢是嚴肅的事。賺大錢是嚴肅的事，即使它會出賣人們。藉著中傷別人牟取暴利，也是嚴肅的事。爲了賺錢而揭發事情眞相也是嚴肅的事（這和眞相無關，而是在於他藉此漁利）。錢，錢，這就是嚴肅的事。我們就是這樣被教養長大的；我們從小就被訓練要崇拜金錢。

我們從千千萬萬個故事中舉出第一個而且最好的例子，崇拜金錢的故事如過江之鯽，不可勝數。假設有個家庭，家長對大家說明天要一起上教堂（因爲星期天到了）。你猜怎麼回事？星期天早上出發的時間到了，女孩們還沒有著裝。這個從小教她們崇拜金錢的嚴肅父親，他說了什麼？呃，他當然什麼也沒有說，或者幾乎不說什麼，因爲他沒有辦法責罵她們。他或許會說：「如果她們還沒有準備好，她們就只好留在家裡；事情只能這樣囉。」但是如果她們要去的地方是戲院，而又還沒有準備好，父親會如何嚴厲地責難她們呢？因爲她們將會浪費掉所費不貲的戲票，可是星期天待在家裡還可以省下捐款呢。所以女孩捱了一頓臭罵；所以沒有辦法準時去戲院是罪大惡極的事，父親嚴厲地懲罰她們，讓她們下次再也不敢了。這不是因爲女孩們缺少教養的關係，不，否則她們也要爲來不及上教堂而挨罵；問題是在於錢的損失。你看，父親就是要這樣當的，就是這樣維護父親的權威；這就是教育！是啊，這也算是教育，不過教出來的不是人類，而是無知的禽獸。

但是如果人們這麼惦記著金錢，那麼他們對於沒有錢的憐憫又會作何感想呢？他們會認爲這種憐憫不是精神錯亂就是癡心妄想。但是這樣一來，他們恐怕也會認爲天堂和基督教也是幻覺了。有個異教世界的國王說，我們不應該對金錢嗤之以鼻。但是基督教卻教我們要鄙視金錢。它告訴我們錢是臭的。因此，它用很濃郁的香水來消除這銅臭味。要有憐憫心；這樣才能施捨金錢，沒有了憐憫，金錢聞起來就是臭的。你看，乞丐也能這麼說，而他也因此和國王或稅吏一樣永垂不朽。憐憫是濃烈的香水。如果禱告是在言詞上奉獻和取悅上帝，那麼憐憫就是心靈的奉獻，在上帝聞起來，就是「極美的香氣」（《腓立比書》4:18）。啊，當你們想起上帝的時候，不要忘記，祂完全不懂得金錢的事。

我的聽眾，如果你也是個演講者，你會選擇對什麼樣的人演講呢？是對有錢人談慷慨解囊的美德，或是對窮人談憐憫呢？我很確定我會選擇誰。啊，在對窮人談論如何憐憫他人時，有種無法言喻的和解。即使不爲窮人，也要爲你自己著想，你會知道這和解對你有多麼重要。人們總是認爲，對窮人談憐憫只是無濟於事，畢竟他們什麼也給不出來，因此我們要對有錢人談如何憐憫窮人。這樣一來，原本已經一貧如洗的窮人，更被世界完全遺棄了，世界懷疑他憐憫別人的能力，而鄙視他、隔離他、把他當作憐憫的對象，最多只是能夠對人鞠躬道謝而已——仁慈的上帝啊，他們怎麼會如此冷酷無情呢？

所以這個談話是針對你們的，你們這些可憐的人。啊，請憐憫吧！在你胸中保存這顆心，即使你再窮途潦倒，也要同情其他悲苦的人，在上帝面前，相信自己也可以憐憫他人；在最崇高的意義下，那什麼也無法給予的人卻是最有能力憐憫人們的。「啊，請憐憫吧！」如果你認爲只有乞丐或窮人才會對有錢人說這句話，那麼你就是誤解了「憐憫」這個字，他們說的不是憐憫，而只是慷慨。正確地說，我們是要對所有窮人、最窮的窮人說：「請憐憫吧！」不要因爲世人的妒忌而自暴自棄，忘記了你也有能力憐憫他人，而讓虛假的羞愧扼殺了你心中最美麗的東西。這是虛假的羞愧，因爲眞正的羞愧總是和金錢有關。如果你得到一筆錢而有能力給予，只有這樣，才會有該羞愧的事。請憐憫吧，請憐憫有錢人吧！請記得你所擁有的力量，而他有的只是金錢！不要誤用這些力量，不要那麼無情地要上帝懲罰他們的無情！是的，我們都知道，世界才不在乎窮人如何對上帝抱怨有錢人。這些悲嘆消失在空中，這些爲人所輕忽的言語，的確算不得什麼；雖然我很熟悉這刺耳的尖叫，但是我拒絕聽到它，只要沒有任何窮人有正當的理由在上帝面前偷偷地控告我。憐憫會創造奇蹟。當窮寡婦捐兩個小錢時，它會把這些錢變成鉅款，當窮人不爲有錢人慳吝的禮物而責怪他時，它會把這禮物變成最珍貴的寶藏，當窮人充滿同情心地掩飾施捨者的傲慢時，它會減輕他的罪。金錢讓多少人失去憐憫！如果錢也能夠讓那些沒有錢的人失去憐憫的話，那麼它就完全宰制了世界。如果金錢完全宰制世界，那麼憐憫就會被消滅。

憐憫不能做什麼。

宗教的故事都有個特性，它們都很簡單，寓意卻無窮無盡。聖經中財主和拉撒路的故事也是如此。（《路加福音》16:19-31）故事裡沒有說到拉撒路的不幸或是財主的奢華，卻只說了個很奇怪的小插曲。聖經說，渾身生瘡的拉撒路被人放在財主門口，而狗來舔他的瘡。故事原本應該要如何描繪那財主呢？冷酷無情，或者更正確地說，沒有人性地冷酷無情。我們可以擺個仁慈的財主在他旁邊來凸顯他的冷酷無情。在仁慈的撒瑪利亞人的故事裡，就有祭司和利未人作爲對比。但是那個財主太沒有人性了，所以故事裡放了一條狗。多麼生動的對比！我們不想誇張地說狗有憐憫心，而會說，相對於財主的無情，連狗都似乎有憐憫心。當人放棄憐憫的時候，狗居然過去憐憫他，這聽起來太不像話了。但是這個對比還有其他的含義。財主有足夠的力量幫助拉撒路，而狗什麼也不能做，但是狗卻似乎更有憐憫心。

這就是我們要探討的。如果有同情心的人能做些什麼，他會非常高興地去做。但是這不是我們關心的重點，我們想說的是，即使你什麼也不能做，你還是可以憐憫別人。這非常重要，因爲有憐憫心比能做些什麼重要得多。

假如從耶利哥到耶路撒冷去的不是一個人，而是兩個人，某甲和某乙，假如他們都被強盜打得半死，而且沒有人經過。假如某甲只是躺著呻吟，而某乙卻忍著痛苦，說些安慰他的話，或是掙扎爬到泉水旁邊，要爲他取些水喝。或者他們都沒辦法講話，但是某乙在心中默默爲對方向上帝禱告——那麼他算不算是憐憫某甲呢？如果有人砍掉我的手，我就沒辦法彈齊特琴，如果有人砍掉我的腳，我就無法跳舞，如果我癱瘓在海灘上，我就沒有辦法跳到海裡去救人，如果我在火場斷了腿，我也無法衝到火堆裡去救人——但是我還是可以憐憫別人。

我經常在想，畫家怎麼樣才能畫出憐憫，但是我最後認爲那是不可能的。當畫家著手描繪的時候，我們會懷疑那是憐憫還是別的東西。只有當窮人給予別人他身上僅有的兩個小錢時，只有當無助的人什麼也不能做，卻同樣地憐憫他人時，才能夠眞正表現憐憫。但是藝術還是比較喜歡描繪禮物、捐獻，以及那看起來很偉大的事業。你試著描繪看看：一個窮寡婦，給了別人她僅有的麵包，你很快就會發覺，你無法表現那最重要的事。你可以畫上一條麵包，但是你無法告訴別人那是她唯一的麵包。丹麥人都熟知大海的危險。有一幅畫描繪一位勇敢的水手，因爲他的緣故，領航船救了許多人的生命。他的肖像被畫在上面，底下分別有遇難的船和領航船。衝破驚濤駭浪，像個守護天使一樣，勇敢且有憐憫心地拯救遇難的人，誠然是無比光榮的事。啊，如果你不曾看過這場面，你至少想像過那悲慘的場景，那些從小到大都被人欺壓蹂躪的可憐人們，他們什麼也不能做，甚至無法清楚表達他們的同情（我們是否要在他們的不幸上再無情地虐待他們，否定他們憐憫的能力呢），而這當然是無法描繪的，因爲這樣的人只能被描繪成憐憫的對象。但是我們也都知道這些窮人的憐憫是最美麗的，也最眞實，這透顯出他並沒有因爲他的悲傷命運而變得麻木，因而無法去同情別人。

想想那位窮寡婦。她或許只有一個女兒，但是那冷酷無情的自然現實不讓女兒有任何減輕母親負擔的能力。想想這個不幸的女兒，她在沉重的負擔下嘆息，想盡辦法要減輕媽媽的負擔，但是她什麼也不能做。你看，這就是憐憫。沒有任何有錢人會花幾千塊錢請畫家去描繪這個景象，因爲他根本畫不出來。而每當幫助母親的善心人士到他們家時，她都覺得無地自容，因爲他可以幫助她們太多事了，他的憐憫讓那女兒的憐憫相形見絀。呃，在世界的眼裡，在藝術家或藝評家的眼裡，或許眞是這樣。

所以我的談話就是針對你們，你們這些什麼也不能做的窮苦的人們：不要忘記要憐憫他人！要懂得憐憫。憐憫的能力爲你帶來的慰藉，遠勝過那有錢人施捨你的憐憫。要憐憫我們這些比較幸運的人！你們坎坷的生命像是對於慈愛的上帝最沉重的抗議；所以你們有能力警告我們——所以請憐憫我們吧！不幸的人對於有錢有勢的人們的憐憫是最偉大的。是啊，誰的憐憫比較多呢：用權勢去改善人們的匱乏，或是沉默地忍受、耐心且充滿憐憫地守候，不讓人們妨害他人的歡悅和幸運呢？這兩種人誰的愛比較多呢：有錢人對於他人的困厄寄予的同情，或是不幸的人爲了他人的歡悅和幸福而投注的同情？

「但是問題還是在那裡，我們還是必須用各種辦法改善他們的困境。」俗世只能如此表現它的善意。然而永恆有另一種方式，它說：只有一種危險，那就是人們失去憐憫；即使我們改善所有困境，我們還是不能確定這是基於憐憫，而如果不是，那麼失去憐憫的痛苦會大過所有俗世的匱乏。

重點在於，俗世不了解永恆。俗世對於窮困只有短暫而紛擾的看法，而對於禮物的大小或解決困境的能力，也只有很官能的認識。「這些窮苦的人隨時都會死於溝壑，所以最重要的是要把幫助帶給他們。」不，永恆回答說，最重要的是要有憐憫心，或者說，這些幫助必須是基於憐憫的幫助。「給我們錢，給我們住所，這是最重要的。」不，永恆回答說，最重要的是憐憫。在永恆的光照下，死去的人並不是不幸，但是失去的憐憫卻是眞正的不幸。

我們很清楚地看到那幅畫裡的遇難船和領航船都刻有記號：貧窮和猝死；富足和安享終年——兩邊都是死亡。永恆說只有憐憫才是最重要的。在這點上，沒有任何思想家比永恆更固執的。沒有任何思想家比永恆更冷靜而不受動搖，更確定人們會接受他們的想法。永恆說：儘管等著吧；我們會在永恆裡談到它，在那裡我們只會談論憐憫，只會談論憐憫和冷酷無情的區別。

我如何描繪永恆的態度，當有錢人說：我已經給了窮人十萬元的時候？永恆會很訝異地瞪著他，好像聽不懂他說什麼，而再問他一次：你是否憐憫他們呢？就像一個人對高山訴說他的外遇，或是對微風訴說他的功績一樣，當有錢人說他捐了十萬元，或是有權勢的人說他做了所有的事時，永恆不懂得那是什麼意思。

給窮人十萬元就是憐憫嗎？不。給窮人兩塊錢就是憐憫嗎？不。憐憫在於「如何」

給予。在這情況下，十萬元和兩塊錢並不重要——這是說，我在兩者當中都可以感受到憐憫。但是儘管我在兩塊錢和十萬元當中同樣感受到憐憫，我還是在那兩塊錢裡感受得最深刻，因為十萬元是個大數目，會使我目眩神搖，而無法察覺到憐憫。

當有能力為悲苦的人做所有事的人做了所有的事時，這就是憐憫嗎？不。如果一個人為悲苦的人不能做什麼、也沒有做什麼，這算是憐憫嗎？不。憐憫在於「如何」做所有的事或沒有做什麼。但是我可以在這兩者當中感受到憐憫；而如果是這樣，我在這「什麼也沒有做」當中感受到的憐憫其實才是最深刻的，因為「做了所有事」太過顯赫耀眼，會使我目眩神搖，而無法察覺到憐憫。

我要不斷重複地描繪它。如果你要觀察石頭掉在水裡所激起的漣漪，你會到激湍飛瀑或是波濤洶湧的大海去做實驗嗎？不，你不會。儘管石頭在那裡也會產生漣漪，但是你會受到干擾而無法觀察到。因此，你會找個靜謐的小池塘，越小越好，丟下石頭，不受任何外界的干擾，專心地觀察水波的運動。

你如何去理解一個重要的人？如何去理解他的內在價值呢？如果你眞的要好好觀察他，你會想在珠圍翠繞的景象中去觀察他嗎？你難道不覺得這會使你無法專心體會他的內在存有嗎？憐憫也是如此。憐憫是眞正重要的事物；十萬元或做了所有的事，對於俗世而言，也是很重要的禮物和幫助。但是前者是我們必須注視的，而後者卻是我們必須拋開的。因此，你想要擺脫對自己的懷疑，揚棄那必須拋開的事物——唉，但是世人總是認為從十萬元比從兩塊錢更容易看到憐憫。

然而，我們不要忘記，在兩塊錢和十萬元裡，在有權勢的人的一切作爲和悲苦的人的無能爲力裡，同樣可以看到憐憫。但是有一點你可以確定的是，禮物越是厚重，幫助越神奇，就越會影響你對憐憫的投注。聖經裡有個故事說，有一天彼得走進聖殿，有個瘸子要求賙濟，「彼得說：『金銀我都沒有，只把我所有的給你，我奉拿撒勒人耶穌基督的名，叫你起來行走。』於是拉他的手，扶他起來。他的腳和踝子立即健壯了。於是跳起來，站著，又行走。」（《使徒行傳》3:6-8）誰敢懷疑這不是憐憫的作工呢？然而它又的確是個奧蹟。如此一來，奧蹟便吸引了所有目光的焦點，使人忘記了憐憫。只有什麼也不能做，才能清楚地透顯出憐憫，因爲這樣才不會有任何干擾，才能確切地認識憐憫。

永恆只認識憐憫；因此如果你想要理解憐憫，那就必須從永恆那裡學到。而如果你了解永恆，那麼在你凝視內在世界時，會有某種寂靜圍繞著你。十萬元只會製造噪音；至少它很容易製造噪音。你會爲了能夠捐十萬元或兩塊錢而感到困惑；你會胡思亂想；你開始想像能捐那麼多錢會是多麼光榮的事。但是永恆卻因此受到擾動，而最榮耀最神聖的，卻還是施予憐憫。你看到權勢和力量。這同樣會擾亂你的心；你對外在世界豔羨不已。但是如果你感到豔羨，這表示你所看到的不是憐憫，因爲憐憫不會給人豔羨的感覺。窮人有同情心，這有什麼好欣羨的呢？憐憫不會引起欣羡，它只會使你不安；而正因爲它是在內心世界，所以你會感受到最深邃的內心衝擊。但是如果沒有外在世界的干擾，或是它低微而不重要，是否更能彰顯這內心世界呢？如果憐憫也是如此，那麼我們更可以確定，憐憫是愛的作工，即使它不能給予什麼，也不能做什麼。

第十三章

愛的和解精神的勝利是贏得那被征服者

「所以要拿起上帝所賜的全副軍裝，好在磨難的日子，抵擋仇敵，並且成就了一切（戰勝一切），還能站立得住。」（《以弗所書》6:14）但是這不是容易的事嗎？打敗一切之後不就能夠屹立不搖了嗎？當你打敗一切之後，還有什麼可以絆倒你的？唉，遭受試煉的使徒當然知道他在說什麼！當然，不入虎穴，焉得虎子，儒弱的人是無法戰勝任何事的，相反地，因爲他放棄了，所以他也就成爲失敗者。

但是另一方面，就在某個人戰勝一切的時候，他卻也最有可能失去一切——如果他在那個時候失去了某些東西，他就很容易失去一切，當然這是只有那征服一切的人才會發生的事。在戰爭裡，勝利的那一刻或許是最艱難的。勝利的呼聲「一切都解決了」，或許是最模稜兩可的句子，它也可能是說：「一且都失去了。」所以能否在戰勝一切之後還能屹立不搖，這仍然是個疑問，當然，只有在勝利的那一刻開始，才會有這個問題。這已經蘊含在「勝利」的概念裡。當你說某人戰勝某個東西時，你想像他正走向敵對者。因此，在最深層的意義下，他不可能只是站在那裡不動，彷彿對方仍然堅持不投降一般。但是現在一切都被征服了；而他站在那裡不動，使得他在勝利的衝力之下不致於失去勝利。難道不是這樣嗎？弱勢而充滿恐懼的人們屈服於敵人。但是冒險犯難的勇者，如果他跌倒，通常是被自己絆倒的——勇者戰勝敵人，自己卻也跌倒了。他並不是在危險中跌倒，而是因爲自己的衝力而跌倒，因爲他沒有屹立不動。

保羅也說過，在信仰中我們得勝有餘（《羅馬書》8:37）。我們眞的能夠得勝有餘嗎？

可以的，如果你在戰勝後屹立不動，保守住勝利，常存在勝利裡。我們常看到戰勝者再也不願意經歷這樣的勝利，因爲一次勝利就足以讓他滅亡了。我們常看到舉重者筋疲力竭而再也舉不起啞鈴來，成功克服狂風暴雨的人無法忍受勝利帶來的死寂，那不畏寒冬溽暑的人，在勝利的一刻卻經不起令人困惑的微風。當勝利者變得驕傲、自負、志得意滿的時候，經常一無所獲，甚至失去一切。

如果我們要對使徒的話語作個分析，我們必須說：在屬靈的意義下，勝利總是有兩種，最初的勝利，以及因爲保守住勝利而獲得的勝利。在這裡最能夠看出俗世和宗教意義的區別：世人總是只願意談一種勝利，而宗教卻告訴我們有兩種勝利。世界願意接受「生年不滿百，常懷千歲憂」的想法，卻對於第二次勝利的觀念感到不耐煩。

如果有人像我們所說的，在勝利的時候站在原地，那麼他將錯過世界最稱羨的東西，錯過那爲之拋頭顱灑熱血的東西，因爲他一點也不爲自己的勝利感到驕傲。相反地，就在他獲得勝利的時候，在準備慶功宴的時候，宗教的動機把他帶到新的戰場，那是最艱難的一場戰，因爲戰場是在人的內心深處，和自己以及上帝作戰。如果他落敗，他也是輸在自己的手下。在外在世界裡，我可能被別人打敗，但是在屬靈的意義下，只有一個人可以打倒我，那就是我自己。在屬靈的意義下，「他殺」是無法想像的，沒有任何殺人者能夠殺死那不朽的靈性；在靈性裡，只有自殺才是可能的。

如果他在這第二場戰爭裡獲勝，這意味著他並沒有享受到第一次勝利的榮耀，因爲在這個脈絡下，勝利就是把榮耀歸於上帝。在第一次衝突裡，是和世界爭奪勝利，而在第二次衝突裡，是如何把勝利奉獻上帝。只有當他在勝利的時刻把勝利歸於上帝，他才能夠在戰勝一切之後繼續屹立不動。只要他繼續作戰，在某個意義下，他的對手會幫助他站穩腳跟；而當他把榮耀歸於上帝時，上帝就是支持他屹立不搖的力量。當然，勝利可能是來自上帝之助（在外在世界的意義下，也可能不憑藉上帝而獲得勝利），但是只有在他獲勝時，上帝的奧援才能眞正顯現。唉，多麼愚蠢的世界，他們不知道在獲勝之後，才是最需要上帝的時候。我們現在就要以這個雙重的衝突或勝利作爲談話的主題：

愛的和解精神的勝利是贏得那被征服者。

既然談的是被征服者，這預設了某人已經贏得第一次勝利。這勝利是什麼？它是以善勝惡。（「你不可爲惡所勝，反要以善勝惡。」（《羅馬書》12:21）這或許是艱苦漫長的戰役，因爲心中有愛的人要以善勝惡，是無法畢其功於一役的。相反地，他會越打越辛苦、越危險（如果他知道所面臨的危險是什麼）。他爲那些沒有愛的人設想的越多，他以德報怨的堅持就越無止盡，而在某個意義下，被邪惡擄掠的危險也就越大，只要他變得冷淡或漠不關心的話。唉，要持續不懈地以德報怨，需要多少善的財富（只有眞正去愛的人才擁有它），以及純淨而永不熄滅的光和熱！但是他獲勝了，那些沒有愛的人也就成爲被征服的人。

在這衝突裡，他們的關係是什麼呢？一邊是心中有愛的人（或者說是善意高尚的人，因為在這第一次的衝突裡，我們無法確定他是否眞正有愛），善與他同在。而另一邊是沒有愛的人，有邪惡在助長他。就這樣他們打了起來。心中有愛的人必須保守著善，不讓邪惡宰制他。因此他的敵人與其說是那沒有愛的人，不如說是他自己；他不是為了他們去打這場戰，而是為了善，為了自己。因此他們只是在外在的意義下彼此對抗，在某個意義下，似乎是永無妥協，因為這是善惡的衝突。一方是擇善固執，而另一方則是與惡同流合污，因而成為被征服者。

而現在關係變得不同了；現在顯然是那心中有愛的人投身於衝突中，因為他不只是為了善的常存而戰鬥，他是帶著**和解**的心，為了善去征服那沒有愛的人，或者說，他努力要**贏得那被征服者**。如此這兩者的關係就不再是直接的衝突關係，因為心中有愛的人是為他的敵人著想而奮戰，他要那沒有愛的人也獲得勝利。

這就是愛的和解精神。當你的敵人或傷害你的人走向你尋求和解，而你願意寬恕他，這是多麼美麗、令人讚嘆、充滿愛的行為。唉，但是人們總是遲疑不前。請不要說：「只要他求我，我馬上就會原諒他。」要記住，眞正的愛隨時都在準備和解，如果你要等待別人請求寬恕（即使他很快地請求寬恕），那就太慢了。早在敵人想到要和解之前，心中有愛的人就已經原諒他了；不，不只如此，他甚至走向他們，為他們而戰；即使他不知道或不願意知道這點，他還是不自覺地在努力促成這和解。你看，這就是愛的戰鬥，或是在愛裡的戰鬥。爲了善而和敵人作戰，這是高尚且值得讚嘆的；但是爲了敵人而戰——那是要對抗誰呢？對抗自己，如果你願意的話——是的，這就是愛，或者說是愛的和解精神。

聖經裡也是這樣表現愛的和解精神。聖經說：「所以，你在祭壇上獻禮物的時候，若想起……，」呃，這時候你想它接下來要說什麼呢？難到不是想起你和某些人的嫌隙嗎？但是聖經卻不是像你所想的那樣。它說：「若想起弟兄向你懷怨，就把禮物留在壇前（因爲如果是這樣，那就不必急著要獻祭），先去同弟兄和好（因爲這才是最緊要的事，當然也是爲了在祭壇上等待你的禮物），然後來獻禮物。」（《馬太福音》5:23）

但是這會不會要求太多？而誰才是需要寬恕，是犯錯的人，還是受害者？當然是犯錯的人。但是心中有愛的受害者，除了需要寬恕以外，還需要和解，「和解」這個字不像寬恕那樣有對錯之分，而只是意識到彼此都有和解的需要。在絕對的意義下，被要求的寬恕並不是和解的精神；只有在對方甚至沒有想過要尋求寬恕之前就準備要寬恕他，這才是和解的精神。這就是爲什麼聖經說：「趕緊與他和息。」（《馬太福音》5:25）如果你有這個需要，當然你會欣然與他和解，如果你在要求寬恕之前早就願意原諒他，當然很快地就原諒他，你要爭取的是去給予，雖然他們還有抗拒，你不是和寬恕的給予在對抗，而是要克服寬恕的接受。

請注意這個關係，因爲眞正基督教的精神和世人所想的正好相反。「爲寬恕而奮鬥」，唉，從世人的角度看，這是多麼困難的事。但是這不是我們要說的，我們想說的是，在愛中奮鬥，讓對方接受我們的寬恕，和我們和解。這不就是基督教嗎？上帝不是透過使徒要我們和祂和好嗎？（「所以我們作基督的使者，就好像上帝藉我們勸你們一般，我們替基督求你們與上帝和好。」《哥林多後書》5:20）並不是人類在對上帝說「請原諒我們，」而是「上帝先愛我們。」（《約翰一書》5:20）在贖罪的時候，又是上帝先走向我們，儘管從正義的角度，祂不需要走向我們。人們之間的關係也是如此；眞正的和解精神是：那不需要寬恕的人，卻是尋求和解的人。

心中有愛的人，以和解的精神，努力要贏得那被征服者。**贏得那被征服者**！「贏得」是多麼美麗的字。你聽！當我們說「贏得」勝利時，你聽到的是激烈的衝突；但是當我們贏得某人的心，爲那個人自己而贏得他，卻顯示非常平和。「贏得某人的心」聽起來甚至有討好別人的味道，很難和衝突聯想在一起。衝突至少要有兩個人，而現在只有一個人，那個沒有愛的人，因爲抱持著和解的精神的人，是他最好的朋友，只想贏得那被征服者的心。贏得那被征服者的心，在這場戰爭多裡，是多麼奇妙的逆轉啊！我們會認爲「贏得」遠遜於「征服」，因爲後者暗示著某些超越戰利品的事物，雖然我們談的仍然是贏得被征服者。從尊嚴的觀點去看，「征服」自然是高過「贏得」，但是從愛的觀點去看，「贏得被征服者」卻偉大得多。當心中有愛的人必須踽踽獨行，而他心中的愛會越來越豐盈，當他必須獨自爲了和解而奮戰，是多麼美麗的衝突（比戀人的吵嘴更美麗）！當心中有愛的人贏得那被征服者時，是多麼美麗的勝利！

贏得被征服者。你現在看到我們的談話所說的雙重勝利。當那心中有愛的人只願意打其中一場戰，也就是以善勝惡，而他最後也獲勝了，他當然會在戰勝一切之後小心屹立不動。如果他沒有接受愛和宗教的指引，帶領他到另一個戰爭，也就是贏得被征服者，那麼他就很容易跌倒。當他打過這美麗的一仗時，這條船就會穿過危險的暗礁，不因爲堅持以德報怨而驕傲自負。

當你衝進第二個戰場時，誰比較重要呢？難道不是你努力要贏得的人嗎？你自己並沒有那麼重要。但是正因爲這只有愛才能忍受的羞辱，使得我們在推進的時候，看起來卻像是敗退。假設那浪蕩子的兄弟願意爲他作任何事，然而有件事是他絕對不會想到的：這浪蕩子應該比他自己還重要。同樣地，在這條路上，我們也很難接受這個念頭。

但是贏得被征服者總是很困難的，我們所說的特殊關係也同樣困難。被人征服是個很羞恥的感覺。因此被征服者寧願躲避那征服者，因爲面對他只會使自己更挫敗。但是能贏得征服者才是眞正的勝利者，因此他們必須撮合在一起。這個關係有個很特殊的困難。勝利者當然可以爲被征服者掩飾他的挫敗，善意地騙他說其實他才是對的，藉著這個承認和他和解，這似乎沒什麼大不了的。我們不想討論在什麼程度下可以這麼做，但是在我們討論的關係裡，那心中有愛的人應該不致於這麼做。讓沒有愛的人相信他所做的壞事是對的，那是懦弱，而不是愛；爲虎作倀不是和解的精神，而是背叛自己。不，這事關重大，是愛的作工的一部分，我們必須讓那沒有愛的人清楚他自己的不負責任，覺悟到自己的過錯。心中有愛的人必須這麼做，他同時也想要贏得被征服者——這不是附帶要做的事，因爲這是同一件事，他只是爲了那個人而希望贏得他，爲了眞理、爲了他，而不願意因此欺騙他。但是被征服者越是感覺到自己的過錯和挫敗，他就越排斥愛的憐憫所帶來的衝擊。多麼困難的任務：既要衝撞他，又要贏得他；爲了贏得那受到嚴厲對待的人，既要像眞理那樣的嚴肅，又要像愛那樣的和煦溫暖。如果你做到了，那眞的是個奧蹟，就像基督教精神一樣，愛的作工打破了魚與雄掌不可得兼的難題。我們很可以理解，那被征服者總是會找各種理由寬恕自己，而我們卻要以嚴正的眞理去贏得他們，這是多麼困難的事。

我們在此中斷討論。想想在和那滿腦子壞主意的人發生衝突的時候，會發生什麼事？停下來想一想，看看心中有愛的人會怎麼辦。

沒有愛的人是被征服者。但是「被征服」是什麼意思？這是說，他被善和眞理打敗了。而那心中有愛的人要的是什麼？他要爲了善和眞理而去贏得他。但是如果被征服意指著被善和眞理打敗，那不是很羞恥嗎？愛和和解的精神會怎麼做？心中有愛的人不會讓人覺得他是征服者，他自己也不這麼想，不，獲勝的是善。爲了消除羞恥和受侮的感覺，心中有愛的人把更高的事物帶進他和被征服者之間，藉此也使自己淡出。人類之間的關係如果沒有第三者，就會顯得很不健康，不是太熾烈就是太痛苦。這第三者（有些思想家會說是理念）是眞理、善，或者更確切地說，是人神關係。這第三者可能是冷卻或是緩和的元素。心中有愛的人，因爲愛的濃烈，而無法直接面對被征服者，也無法接受自己是勝利者、而對方是被征服者的事實。沒有愛的人才會一心要宰制他人。當心中有愛的人讓第三者介入他們之間時，他們兩個人都變得很謙卑。心中有愛的人在善的面前非常謙抑，他是善的僕人，脆弱而卑下；被征服者並不是對那心中有愛的人謙抑自己，而是在善面前俯首稱臣。但是如果在兩個人的關係裡，這兩個人都一樣的謙卑，那就沒有任何人能傷害對方的自尊了。多麼善巧方便的愛，簡直是神奇的魔術師！

或許你希望我說得嚴肅一些。唉，你知道心中有愛的人都會希望我用這種方式去說，因爲即使是在永恆的嚴肅裡，也可以因這樣的說法而獲得某些歡悅。在這麼說的時候，你感覺到某種質樸，以及爲那犯錯的人所感到的焦慮。或許愛的和解經常會因爲太過嚴肅而破滅，這是因爲我們沒有從上帝那裡學到嚴肅的藝術，不知道眞理也可以很輕鬆地去談。不要以爲嚴肅是難以取悅的，不要以爲板起臉來就是嚴肅，如果你不知道有時候自己太嚴肅了，那麼你就不算是眞正的嚴肅。如果你眞心要贏得你的敵人，你就必須熟悉這些技巧。當愛在你心中如泉水般不斷湧現時，你需要一雙靈巧的手去掬取它。當人們心中仍有阻抗時，當他只是因爲律法的命令才勉強和你和解時，你們可能因爲太嚴肅了而使得和解破滅。儘管嚴肅是美德，但是如果因爲它而無法和解，那麼這個「太過嚴肅」就不應該是我們要去追求的。不，眞正去愛的人有顆柔軟的心。

因此，心中有愛的人也會爲被征服者掩藏某些事物。但是這不是鄉愿——鄉愿會隱藏眞理——心中有愛的人會隱藏自己。爲了不打擾他們，他總是悄悄地出現，然而眞正臨現的，卻是無比崇高的善和眞理。如果你凝神注視，你會發現它是如此的崇高，使得兩個人之間的差異幾乎消失。愛總是這樣。眞正去愛的人，絕不會讓被愛的女孩感覺到他的優越，他告訴她眞理是什麼，但是女孩絲毫不覺得他是個老師，他循循善誘，讓她自己去體會，傾聽她的感受，而不是滔滔不絕地自說自話，或者說，他讓眞理開顯，卻隱藏自己。這樣學習眞理的方式，會傷害人們的自尊嗎？

被征服者也是如此。他對於自己的過錯感到懊悔和悲傷，祈求寬恕，在某個意義下，心中有愛的人接受這些請求，但是他隨即很厭惡地拒絕它，就好像我們拒絕接受自己不該得到的東西一樣，他覺得那不是他該接受的；他把這些都歸給上帝。愛就是這樣。

新婚的女孩謝謝她的丈夫給予她的一切，但是如果他眞的愛她，他會拒絕這感謝，對她說：「不，親愛的，這是個小小的誤會，而我們之間不應該有任何誤會。如果妳覺得非常幸福，妳不應該感謝我，而要感謝上帝。如果妳感謝上帝，妳就會免於犯錯。如果妳沒有那麼幸福，妳還是可以因爲感謝上帝而使幸福變得滿溢。」

這是**神聖的**謙遜，它和所有眞愛密不可分。婦女的莊重優雅是世間的美德，她會爲此感到優越。但是因爲有上帝，才有神聖的謙遜，而在謙遜中他感到自己的卑下。優雅會使純樸的心動搖，而謙遜卻會在與他人的關係中想到上帝的存在。我們並不是對別人謙虛，而是因爲想到這第三者。人與人的關係也是如此。當兩個人在談話時，國王出現，而只有其中一人認識國王，這時候就有些微妙的差別，在國王面前，他變得很謙虛。當你想到上帝的臨在，這會使你在和別人的關係裡變得謙虛，因爲上帝臨在使你們本質上沒有差別。即使人與人之間的差別多麼明顯，上帝還是有權力說：「當我臨在的時候，沒有人敢窺伺這些差別；如果他們這麼做，就是無視於我的存在。」

如果心中有愛的人那麼謙遜，如果他幾乎不敢抬頭看那被征服者，他怎麼會羞辱被征服者呢？被眾人注視確實會使我們赧顏，但是因爲注意他人而會感到害修的人，當然羞於看別人，如此一來，就沒有人會看我們了。而如果沒有人注視他，也就沒有人會在善或上帝面前受到羞辱了。

因此，心中有愛的人，不會注視著被征服者。這是第一件事；為的是要避免使他的自尊受傷害。但是在另一個意義下，真正去愛的人的確在注視著他。這是第二件事。

我希望我能夠描繪那心中有愛的人如何注視著被征服者，他的眼神多麼愉悅，多麼溫柔，多麼熱切地要贏得他！對於心中有愛的人而言，這個重要性是無可言喻的，不容任何阻撓和干擾，也不允許任何詛咒的話語或眼光去破壞它。眞正去愛的人就是這樣注視著他，以永恆能夠賦予人的所有堅定眼神。他希望贏得被征服者，但是他的願望是如此的神聖，而沒有平常的願望那樣的激情。激情的願望會使人困惑，而純粹且神聖的願望給予他崇高的肯定，幫助他贏得和解精神的勝利，這是最美麗也最艱難的勝利，因爲光是力量在這裡是不夠的；力量必須在柔弱當中顯現。

當感覺到某人對另一個人是那麼重要的時候。會傷害到這個人的自尊嗎？當戀人追求女孩的愛時，會羞辱那女孩嗎？當他急著要贏得她時，會使她感到羞恥嗎？當她預想到他會因爲獲得她的愛而歡欣不已時，會覺得這是很丟臉的事嗎？不，當然不會。而那心中有愛的人藉著和解而努力要贏得被征服者，比戀愛中的人要崇高許得多。他知道要追求這個目標有多麼困難，把某人從邪惡中拯救出來，把他從被征服者的羞辱中解放出來，使他不必爲了尋求寬恕而感到悲傷——無論有多麼險阻，他都要贏得他的愛。

心中有愛的人終究會成功贏得被征服者。所有的干擾和阻撓都像魔術般地消失：當被征服者試著尋求寬恕時，心中有愛的人卻在追求被征服者的愛。人們的問題不一定都會得到答案。和人間所有的格言一樣，基督教的這個箴言也常常受到誤解。當被征服者問「你是否眞的原諒我？」時，心中有愛的人卻反問「你是否眞的愛我？」他當然沒有回答他的問題。因爲他充滿了愛，而無法回答他。他甚至不想回答關於寬恕的問題，因爲寬恕這個詞太過沉重了。多麼奇妙的對話！這聽起來毫無道理，他們似乎在各說各話，卻又在訴說同一件事，只有愛才能了解。

但是心中有愛的人有最後的話要說。當他們相遇，他會問：「你是否眞的原諒我？」而另一個人反問：「你是否眞的愛我？」但是沒有人能夠抵擋心中有愛的人，即使是那乞求寬恕的人也不能。最後他會打破他們尋求寬恕的習慣。

因此，心中有愛的人終究會獲勝，因爲他贏得被征服者。

第十四章

追憶逝去的人是愛的作工

如果我們害怕無法綜觀複雜冗長的事物，我們會爲它作個總結。而死亡則是生命的縮影，或者是縮影形式下的生命。對於人們而言，以這個總結一再地檢視他們所理解的生命，是非常重要的。沒有任何思想家能像死亡那樣把握生命，這個思想大師不只能夠穿透所有幻象，甚至能夠穿透每個片斷和空無。如果生命的種種道路使你感到困惑，那麼你不妨走到死亡那裡，當世事殊途同歸時，一切突然變得那麼清澈明淨。當你聽得太多生命的差異而頭暈目眩時，那麼就走到死亡到那裡，在這裡，你可以掌握所有的差異，在這些「塵土家族」之間，並沒有什麼差別。所有人類都有血濃於水的關係，而生命卻經常否認這個親族關係；但是他們畢竟都是同一塊泥土，這個死亡的親族關係是不容否認的。

是的，再次走到死亡那裡，在那裡可以瞄準生命。沒錯，這是狙擊手會做的事；他會找個制高點，好整以暇地瞄準目標。不要在黃昏薄暮中造訪死亡，因爲在寂寥的夜晚和死亡共處，會使人疲倦且厭煩，徒然產生更多的迷惑，而不能解答你原來的問題。不，你要在黎明時分去拜訪死亡，在斑駁光影灑滿枝椏的朝陽裡，在美麗的庭園、婉轉的鳥語和盎然的生命幾乎使你忘記身處死亡之中的時候。你會像是踏入陌生的國度，在這國度裡，沒有生命的困惑和分裂，它還處在由小家庭組成的幼兒階段。在那裡，你可以獲得生命無法給予你的東西：平等分配。每個家庭都有一塊自己的土地，幾乎同樣大小。從每塊土地可以看到同樣的風景；陽光平等地灑在他們的土地上，沒有什麼特別高的建築會遮住其他人的陽光、雨水、新鮮空氣、從鄰居裡傳來的鳥叫蟲鳴。不，在這裡一切都是平等分配的。

在人間，富裕的家庭有時候會有些限度，榮枯各有其時，但是在死亡裡，所有家庭都必須限制自己。或許有些許的差異，或許田地有幾呎的差距，或許比其他旅者多了一株樹。你爲什麼認爲會有差別呢？在這裡差別之幾希，正是對於生命之巨大差異的揶揄。這就是死亡可愛之處。死亡的愛藉著這些微小的差別，對於人間的不平等開了個很大的玩笑。死亡不說：「沒有任何差別，」而是說：「你可以看到別有多大，只有半呎。」如果說完全沒有差別，那麼死亡的總結也就不那麼可信。如是，死亡回到童稚的單純性。在孩提時代，差別也都是在某人擁有一株樹、一朵花、一塊石頭。而這個差別暗示著它和生命中的差異在尺度上的不同。現在生命終了，在死亡中間，因爲玩笑的緩和，使得這個差異的暗示只剩下對它的追憶。

你看，人們在思考生命的時候，藉著簡化了所有錯綜複雜的關係的總結，對生命有個全體的看法。而在討論愛是什麼的我，又怎能錯過這個檢視愛的方法呢？如果你要探究在你或他人心中的愛，那麼就留意他和死去的人之間的關係。如果你要觀察某人，最好在關係中單獨觀察他。當他和其他人扯上關係時，就會有兩種觀察結果，而關係形成後，觀察就更難了。換句話說，另一個人會遮翳第一個人，也會對他的表現所有影響。因此我們需要交叉的觀察；在觀察第一個人的人格、個性、品德和缺點時，我們必須特別注意第二個人對他的影響。如果你可以看到某個人打沙包練習拳擊，或者是說服舞者跳支單人舞，你可以最清楚地觀察他們的動作，比任何拳擊比賽或和他人共舞都清楚。而如果你在談話中知道如何使自己消失，你將可以最清楚地看到他所有的特質。

但是在與死去的人的關係裡，只存在著一個人，因爲死去的人不在現實世界裡；沒有人能像死去的人那樣窈冥無跡，因爲他本來就不存在，自然也不會有什麼違反常理的觀察。這時候某個人曝了光，他必須以本來面目呈現自己，因爲那死去的人（眞是個狡猾的傢伙）完全抽離自己，對於活著的人沒有任何影響，既不干擾他，也不幫助他。死去的人不是現實的對象；他只是可以幫助我們觀察活著的人的機緣。

我們對死去的人當然也有責任。如果我們愛我們見到的所有人，那麼我們應該也愛我們過去見過的人，雖然死亡使我們再也無法看到他們。我們不應該哀慟哭泣，打擾死去的人。我們應該把他們當作沉睡者，我們不曾想過要叫醒他們，因爲我們希望他們會自己醒來。《德訓篇》22:11說：「哀悼亡者要有節，因爲他已得到了安息。」我想沒有什麼能比這「有節制的哀悼」更能描述眞正的追憶，這哀悼不會痛哭失聲，而且很快就會平息下來。我們不知道他會追憶多久，因爲我們不知道這生死別離還要多久。追憶死者的人可以引用大衛的詩篇以自況：「我如果將你忘掉，願我的右手枯焦。我若不懷念你，不以耶路撒冷爲喜樂，就寧願我的舌頭緊貼在我的上顎。」（《詩篇》137:5-6）希望他能想起，這個任務不只是第一天說說而已，即使在爲了安全和禮節而靜默呑聲的時候，也要以同樣的心境，忠於自己和死者。

這是個任務，我們不需要許多經驗，就知道要強調追憶死者的任務和責任。在這個關係裡，或許最能見到人情冷暖的善變。但是人類感情的起起落落並不因此就是虛妄不實。人類以語言表達心中的想法，至少是那一刻的想法，他以這些語詞抒發他多變的感情，卻不保證下一刻仍然是眞實的，雖然當時他是認眞的。

當生命所遮蔽的事物被揭露以後，人們經常會改變他對生命的看法。唉，如果死亡也能表達它對活著的人的認識，這對於人性的知識將會是個震撼，卻絲毫無助於人間愛的散播。

因此，在愛的作工裡，我們不要忘記了：

追憶逝去的人是愛的作工。

追憶逝去的人是最無私的愛的作工。

當我們想知道愛是不是無私的，我們可以除去所有回報的可能性。但是這正是在與死者的關係中被剝除的部分。如果愛仍然常存著，那就表示它是無私的。

愛可能有各式各樣的回報。說起來，人們總是可以有直接的獲利；而異教徒也總是這麼說：「愛那些能夠給予回報的人。」在這意義下，回報是和愛不同的東西。但是也有和愛性質相同的回報：相互的愛。或許絕大多數的人都認爲感謝、感激和奉獻的回報，也就是相互的愛，是非常重要的事。儘管在另一個意義下，那不能算是回報，而渴望這種回報的愛也不算是自私的。但是無論在哪一種意義下，死去的人都無法給予任何回報。

在這方面，對於逝者的愛的追憶，和父母親對小孩的愛有些類似。父母親對小孩子的愛，早在他出生前就萌芽了，那時候他還不是有意識的存有者，因此是虛無。但是死去的人同樣是虛無；而造化最神奇的地方就在於：賦予生命給一個人，以及追憶死去的人；但是第一個作工是有回報的。如果父母親沒有任何願望和期盼，希望從小孩那裡得到歡樂和愛的回報，呃，還是有些父母親願意爲孩子做任何事的，但是有更多的父母親，他們的愛最後冷卻下來。但是我們不想就此宣稱他們沒有愛；不，這只是因爲他們心中的愛不夠堅定，或者是太過自戀，而需要歡悅的願望和自我激勵的期盼。有了這願望和期盼，一切就都變得無所謂。父母親可以說：「沒錯，我們的小孩還要好幾年才會長大，但是在這些年裡，我們會從他那裡得到快樂，特別是我們希望將來他能夠報答我們，奉養我們到老。」

但是死去的人無法給予任何回報。在愛中追憶他的人或許會說：「我還有好多年的時間去懷念他，但是從第一刻到最後一刻，我的期盼都一樣，沒有任何阻隔，因爲我根本就沒有期盼。」在某個意義下，追憶死去的人是多麼無望、枉然而令人沮喪。死去的人不會像小孩那樣成長茁壯，他只會日漸瓦解爲塵土。死者也無法爲懷念他的人帶來快樂，像小孩帶給媽媽的快樂一樣，當母親問他最愛的人是誰時，小孩會回答說「媽媽」。死去的人並沒有最愛誰，他似乎誰也不愛。唉，眞是令人沮喪，當我們越來越想念他時，他卻只能沉默地躺在墳墓底下，除了四大分離以外，你無法想像會有任何變化。當然，他也不像小孩子那麼麻煩；他不會讓你失眠，至少不是因爲吵得你無法睡覺；眞是奇怪，乖小孩不會讓你晚上睡不著，但是越値得懷念的死者，就越使我們輾轉反側。唉，對於再壞的小孩，你都可以懷抱希望，盼望他以相互的愛回報你，但是死去的人無法給你任何回報，無論你爲他徹夜不眠，或是早已忘記他，似乎都沒有什麼差別。

如果你想檢視自己的愛是不是無私的，那麼就留意你和死去的人的關係。大部分的愛其實都只是自戀，如果你仔細檢視的話。但是問題在於，在活著的人們之間的愛，通常還是會期盼回報，至少是相互的愛的回報，而他們通常也會得到。但是這些盼望和回報，使我們看不清什麼是愛，什麼是自戀，因爲我們無法知道他們是否期待回報，也不知道是哪種意義下的回報。但是在與死者的關係裡，我們卻可以很容易地觀察他們的愛。唉，如果人類習慣無私的愛，那麼他對死者的追憶，應該不像平常人那樣，只在剛開始的時候，以無節制的哀傷哭號去表達他們的愛，然後很快地就忘記死者。

追憶死去的人是最自由的愛的作工。如果你要檢視愛是不是完全自由的，你當然可以剔除所有可能向你勒索愛的作工的事物。而在與死者的關係裡，正好都沒有這些東西。如果你的愛仍然延續，那就是最自由的愛。

可能向人勒索愛的作工的事物不勝枚舉。哭鬧的小孩、行乞的窮人、纏著人要伸冤的寡婦（《路加福音》18:5）、強制性的尊重、使人折腰的貧困等等。但是任何被脅迫的愛的作工，都不是自由的。

越是強迫性的愛，就越不自由。通常我們都會以父母親對小孩的愛作爲例子。當我們要描述什麼是無助、最令人無法拒絕的無助，我們總是會想到搖籃中孱弱的嬰孩，他似乎藉此向父母勒索愛——「似乎是」勒索，因爲只有對於非親生父母而言，才會眞的覺得那是勒索。多麼無助的嬰孩！但是，躺在墳墓底下，覆蓋著六呎厚土的死者，比嬰孩要無助得多。

但是嬰孩會哭！或許他無法哭——唉，或許有許多父母以許多的愛去照顧他們；但是或許也有許多父母在某些時候遺忘了他們。我們不想率爾宣稱他們沒有愛，但是他們的愛太過貧乏，太過自戀，以致於需要提醒和強迫。

然而，死去的人不會像小孩那樣地哭；他不會想辦法引起他們的注意，不會像乞丐那樣乞討，不會藉著尊重之名強迫別人，也不會用悲慘的故事讓人無法拒絕，他不會像那寡婦一樣纏著要伸冤，死去的人始終沉默地不發一語，不曾激起一點漣漪，或許也不必忍受生命的困頓。沒有任何人能像死去的人那樣不給人添麻煩，也沒有人能像死去的人那麼容易打發。你可以把小孩丟給陌生人，就不用聽他哭鬧；你可以拒絕見任何人，就不必看到乞丐懇求的表情；你可以僞裝自己，讓大家認不得你；你有許多辦法去迴避人群，卻不一定都能躲得掉，但是對於死去的人，你完全不需要這些迴避手段。

如果他眞的那麼想要擺脫死去的人，越快越好，他只要在死者屍骨將寒之際冷漠以對就行了。如果是爲了禮貌（當然不是爲了死者），他會記得在葬禮時對著媒體流幾滴眼淚，他還會想要表揚死者的榮耀，他也可以在葬禮時對死者品頭論足，甚至可以當著他的面取笑他，雖然他已經閉起雙眼了。死去的人對生命沒有任何要求的權利；沒有人能命令你要追憶死者，和死者的關係不像父母對孩子的關係那樣，它沒有任何輿論的約束，死者也不會給你添麻煩或強迫你做什麼事。因此，如果你想要知道自己的愛是不是自由的，那就檢視你和死者長久以來的關係吧。

如果你們不覺得這是在開玩笑（除非你不知道這是多麼嚴肅的事），我建議在墓園的大門刻一句話：「在這裡沒有強迫的事，」或者說：「我們不強迫別人任何事。」是的，我眞的想要這麼說，我希望我過去能堅持這麼說。我太了解死亡了，那些不懂得如何利用死亡裡的詭譎和惡作劇的人，沒有辦法嚴肅地談論死亡。死亡的嚴肅和永恆的嚴肅不同。死亡的嚴肅有喚醒人們的能力，以及深奧的嘲諷的共鳴，如果沒有永恆的思維，這嘲諷就只是空洞而無恥的戲謔，如果有永恆的思維，它就顯得順理成章，而迥異於枯燥乏味的嚴肅，這種嚴肅無法把握死亡思維中的張力。

愛需要自由，愛不能有任何勉強，這已經是老生常談了。我們言歸正傳，看看這對自由的愛有多麼重要——他如何被所愛的人追憶，因爲他無法強迫任何人懷念他。在生離死別的時候，你無法承受沒有他的事實，而痛哭失聲。這就是大家所說的自由的愛嗎？這就是對死去的人的愛嗎？慢慢地，當死去的人逐漸遠去，你的追憶也從指間漸漸流失。你沒有覺察到這變化；漸漸地，你拋卻了這個累贅的追憶。但是拋卻它就是自由的愛嗎？是對死者的愛嗎？俗話說，離久情疏。諺語總是反映出現實世界的樣貌，雖然對於基督教而言，這些諺語都是虛妄不實的。

如果那些老生常談都是對的，如果人們眞的習慣這樣的愛，那麼人們對死去的人的愛就應該不同於現在這樣。但是重點在於，人類之間其他的愛總是有些勉強的成分，別的不說，至少會有朝夕相處和習慣的壓力，因此人們無法確定是愛在緊握著對象，還是對象促迫人們去愛。但是在與死者的關係裡，一切變得非常清楚。在這裡，沒有任何勉強。另一方面，對於死者的愛的追憶必須抵擋周遭的現實，不讓層出不窮的新的感動把這追憶抹去，此外，它也必須和時間對抗——簡言之，愛必須保護追憶的自由，抵擋所有強迫它去遺忘的事物。

時間的力量無遠弗屆。在時間中，我們無法察覺到它，因爲時間一點一滴地悄悄溜走；或許我們在永恆裡才會眞的明白，當我們回首從前，才發現在四十年的時間裡，我們封裝了多少記憶。

是的，時間是個危險的力量。在時間裡，一切很容易就重頭開始，而忘記上次在哪裡停止的。因此，當我們在閱讀大部頭的書時，會用書籤做記號，以免忘記讀到哪裡了。唉，但是在整個生命上，我們卻時常忘記做記號，而無法回顧過去。經過這許多年，才要去追憶某個死去的人——唉，他什麼忙也幫不上，好像他很漠不關心似的。生命中許多的誘惑向你招手，活著的人也對你招手：到我們這兒來吧，我們喜歡你。但是死去的人無法招手，即使他很想要度招手，他沒有辦法和我們連在一起，他連一隻手指頭也動不了；他只能躺在那裡，等待著四大分離。生命和時間的力量不費吹灰之力，就打敗這個膽小鬼。唉，有誰會比死者更無助呢？而他卻沒有利用這無助去勉強任何人。因此，沒有任何愛會比追憶逝去的人更自由——因爲「追憶」和「無法忘掉」完全不同。

追憶逝去的人是最忠實的愛。

如果你要知道某個人的愛是否忠實，你可以除去所有可能使他忠實於對象的事物。而在與死者的關係裡，正好沒有所有這些東西，因爲他不是**現實**的對象。如果愛仍然持續，那麼它就是最忠實的。

人們常談到愛的不忠實。你指責別人說：「變的人不是我，而是他。」喔，怎麼回事，你一點都沒有改變嗎？「不，我當然也會變，這是很自然的結果嘛。」我們不想解釋「因爲別人變了，所以我也變了」這種自然結果多麼無意義。不，我們想探討的是和逝去的人的關係，而死者是不可能改變的。如果關係有了變化，那改變的一定是我。因此，如果你想知道自己是否忠實，那麼就去觀察你和逝去的人的關係吧。

但是問題在於：在時間中堅持不變是非常困難的事；人們對他人的愛（活著的或死去的）總不如他們對於自我欺騙的狂熱。唉，有多少人堅信，只要別人不變，他們就不會變。但是如果是這樣，那麼在與死者的關係中，不變的就都是他們囉？沒有任何關係的改變會像和死者的關係那樣顯著而巨大——儘管不變的當然是逝去的人。

在兩個戀人的關係裡，他守候著她，而他們的婚姻則維繫著這關係。但是和逝去的人不可能有這樣的關係。到後來，因爲婚姻的關係，人們或許說他仍然守候著她，也因此在這些日子以來，她始終追憶著他。但是隨著時間的流逝，他再也無法守候著她，而如果活著的她不再眷戀他，關係也就會劃下句點。然而什麼是忠實？另一個人守候著我，這就是忠實嗎？

當死亡使人們天人永隔之後，活著的人剛開始會說他「永遠不會忘記死去的朋友」。唉，多麼輕率的話！逝去的人是很難纏的談話對象，他的難纏不是因爲「你無法在離開他的那個地方和他重新開始」，而是因爲在你離開他時，就不曾眞正擺脫他。人們常常以爲他們可以和死去的人暢所欲言，反正他們都死了，既聽不到，也無法回答。其實你對死去的人說話，才更要小心一些。你或許可以很沉著地對活著的人說：「我永遠不會忘記你。」過了幾年之後，你倆很幸運地都忘了這回事——或者，至少你很少會倒楣到遇見沒有那麼你健忘的人。但是對每個死去的人說話，你要特別小心！他們都是堅決固執的人。他們不像我們那樣行險僥倖，可以有許多滑稽的經驗，然後忘記我們所說的話。當你對死去的人說：「我不會忘記你，」他似乎會回答說：「你放心，我絕不會忘記你所說的話。」儘管所有的朋友都向你保證說他已經忘記，但是你還是無法聽到死者親口對你說。不，他踽踽獨行，但是他不會改變。

你無法對死者說，因爲他變老了，所以關係才改變；因爲他不會變老。你無法對死者說，因爲他變冷漠了，所以關係才改變；因爲他不會比當時熱情的你們更冷漠。你也無法對死者說，因爲他變醜了，所以關係才改變；因爲屍體無所謂美和醜，當然這不適合作爲愛慾的對象。你當然也無法對死者說，因爲他和別人有染，所以關係才改變；因爲死去的人不會有緋聞。無論你是否要在你們分手的地方重逢，他都會一絲不苟地從那個地方重新開始。

儘管死去的人不會炫耀自己，但是他確實是很強壯的人，他有抵擋改變的力量。死去的人也是個驕傲的人。你常常見到那驕傲的人，尤其在他所嘲笑的人面前，總是假裝什麼也沒有發生過，不肯告訴他任何線索，彷彿完全沒有改變，好把被嘲笑的人推到深淵——只有對他喜歡的人，他才會指出他的錯誤，好讓他改正過來。但是死去的人卻驕傲地不告訴人們任何線索，即使他會嘲諷那些人們忘記了他以及他們當初的訣別；死去的人總是想盡辦法讓人們忘記他！他不會走向你，提醒你；當他死去的時候，甚至不曾看你一眼。你從不曾和他相遇，即使你遇見他時，他神色自若，不讓你知道他對你的想法和論斷，因爲死去的人可以控制他的表情。你們作法召喚死去的人時要特別小心，最可怕的事就是，死去的人不會透露任何心跡。因此，你們要敬畏死去的人，敬畏他的聰明、他的堅定、力量和驕傲！但是如果你們愛他，那麼就去追憶他，也就沒有懼怕的理由。從死去的人那裡，你會學習到思想的敏銳、表情的堅定、抗拒改變的力量，以及生命的驕傲，這是你從任何人那裡都無法學到的。

逝去的人不會改變（你別想把責任推到他身上），他永遠是忠實的。是的，他不是現實的存有者，因此他什麼也不能做，好守候著你；但是他是不變的。另一方面，如果一切都沒有改變，那活著的人也忠實不渝，忠實地以愛去追憶他，雖然他無法守候著你，甚至讓你覺得他已經忘了你，忘記你對他說過的話。沒有人能像死去的人那樣絕決地告訴你他已經遺忘了，忘記你對他說過的話，忘記你們的關係和愛。

因此，追憶逝去的人，是最無私的、自由的、忠實的愛的作工。你就那麼去做吧；追憶死去的人，並且在其中學習如何無私地、自由地、忠實地去愛活著的人。在和死者的關係裡，你找到自我檢視的判準。你可以藉此釐清混沌不明的複雜關係，你會開始厭惡各種藉口，推說自私的是別人、把關係給遺忘的是別人、不忠實的也是別人。追憶逝去的人；當你沐浴在愛的作工的恩典裡時，你對生命也會有正確的了解：我們不僅要愛那看不到的人，也要愛看得到的人，這是愛的責任。這責任不會因爲生離死別而止息，它是永恆的；而我們對死者的愛也不可以因此就阻隔了我們和活著的人之間的愛，忘了他們也是我們的愛的對象。

第十五章

讚美愛是愛的作工

「說出來不算是藝術，去做它才是。」這句話不適用於某些情況，因爲在那些情況裡，藝術事實上是「說出來」。如果有人否認詩人的藝術是去「說出來」，我們一定會覺得很奇怪，因爲不是每個人都能像詩人那樣用他所謂詩的形式去表現它。演講的藝術在某些情況下也是如此。

但是就愛而言，它不能視個殊情況而定，也不能依恃天賦的偶性。正因爲如此，談論愛也是一種造就，因爲我們必須時時提醒自己，對自己說：「這是每個人都能做、而且都應該做的事。」相反地，如果說每個人都能夠也都應該成爲詩人，聽起來就很奇怪。愛克服了所有的差異和不平等，解消所有束縛，好把所有人都綰結在愛的臍帶上，當然不希望看到任何差別待遇。

因爲讚美愛不是「藝術」，所以這是個作工。「藝術」屬於天賦的偶性，而作工則是普遍的人性。因此，那句格言可以有另一種解釋。例如說，某個人隨興而匆忙地建議說（現在的人都喜歡這樣說話）：「如果你能讚美愛，那會是個好事，」你或許會回答說：「說出來不算是藝術，去做它才是。」雖然在這情況下，「去做它」意味著「說出來」不是藝術（而就愛而言，它本應如此）——也就是說，它是藝術，卻又不是藝術，而是作工。這個作工就是盡力讚美愛，這需要時間和力氣。如果讚美愛眞的是藝術的話，那麼關係就會不同。如果它是藝術，那就不是每個人都能做的事，即使他願意花時間和精神去擔負它。相反地，愛不是像藝術那樣孤芳自賞，只願意授與少數的人。只要你想要有愛，你就會得到它，只要你願意讚美它，你就能夠做得很好。

所以我們現在要探討：

讚美愛是愛的作工。

它是作工，當然也是愛的作工，因爲只有在愛裡才能去讚美愛，或者更正確地說，在眞理的愛裡。我們要看看這個作工如何去完成。

讚美愛的作工必須在忘我的內心中實現。

要能夠眞正讚美愛，我們必須恆久堅定信念，以屬靈意義下最嚴格的自制，在面對任何異質地、外來的、不相關的、入侵的事物時，完全摒棄任何雜念。這是非常費力的事。在這條道路上，人們很容易就放棄意義、一致性和理智，如果心中預設的想法只是有限的個殊理念，而不是無限的思維的話。堅守信念是非常困難的事。因此，一路走來，在內心堅守信念，不偏不倚，日復一日，雙手緊握著信念，卻又不斷地學習服從、謙卑，使你的手放鬆而柔軟，既要有堅守信念的熱情，而又要有隨順的謙卑，這是非常困難的事。但是你不能不告訴他這是個需要，因爲堅守信念是內心的工作。

心志馳騁外物，這是一回事；而寂寂惺惺地自我觀照，意識到每一個思維狀態，則是另一回事。只有後者才是眞正的思維——它是澄澈透明的；前者是混濁的思緒，它有個無法避免的矛盾，它努力要釐清事物，但是自己卻是混亂的。這樣的思想家以他的思維去解釋世界，但是你看他甚至無法了解自己。在流湎於外在對象時，他或許窮盡其所能，但是在反照內心時，卻顯得非常膚淺，這樣的思考基本上仍然是很淺薄的。但是當他所思考的對象是外在的擴延性事物，或者是把它轉移到學術上，從一個對象到另一個對象，那麼他就永遠無法發現這個最後的矛盾：在清晰的水面底下總是混濁的污泥，但是眞正的清晰應該是完全透明的。當你堅守信念時，你沒有外在的對象，因而可以返照內心深處，發現自己的內心狀態，而這發現會使他更加謙卑。

人類精神的力量有別於身體的力量。如果一個人工作過長，那麼他會過度勞累而一無所獲。但是如果人類不能返歸內心，凝聚精神的力量，那麼他就不會有任何發現，更無法窺見最深層的眞理：上帝存在；如果眞是這樣，他就錯失了最重要的東西，讓它從指縫間溜走。在身體的力量裡沒有所謂自私，但是在人類的靈魂裡，卻潛伏著自私的心，如果要眞正贏得人神關係，就必須打破這個自私心。堅守信念的人要曉得這點，必須經歷過被剝奪一切的感覺，他要知道這是生死交關的事，必須喪掉生命才能得救（《馬可福音》8:35）。當他發現更深層的事物時，只能往前走；假如他畏避困難，他的思考就會流於淺薄——世故的人們認爲不需要這麼辛苦，譏笑他蜀犬吠日，但是他們自己不曾探究上帝或永恆的意義。當然，如果你只是要珍饈美饌和富貴令譽，或者只是隨波逐流，的確不需要這麼努力。然而沒有經過如此動心忍性的試煉歷程，你的思考是不會深刻的。在屬靈的意義下，只有當人凝聚屬靈的力量時，才能成爲工具。從那時候開始，如果他忠實地堅守信念，他會獲得最偉大的力量，但是這力量並不屬於他；他在**忘我**當中擁有它。

我不知道你們是否關心這些事；但是我知道世上有這樣的人，我知道眞正讚美過愛的人，就像經驗豐富的水手一樣，默默無聞地待在世界每個角落。我願意爲他們獻上幾句話：「寫下來吧！」「爲了誰呢？」「爲了死去的人，爲了我曾經愛過的人。」在對他們的愛裡，我知道我會遇見和我一樣的人。

當你堅守信念時，你必定會發現這個忘我的心境，只有忘我的心境才能發現上帝。這是既幸福又可怕的矛盾：有個全能者和我同工。當全能者成爲你的同工或是人類的同工時，祂會讓你發現自己什麼也不能做；另一方面，如果祂是你的同工，你又什麼都能夠做。我們不知道這是個矛盾或者是同時發生的事；你不會每日都遇到不一樣的同工。再者，困難也在於這矛盾不是偶爾才出現，而是始終在那裡。你似乎可以做任何事（自私的想法會潛入心中，彷彿無所不能的人是你），而在這時候，你又會失去一切；而就在你放棄自私的想法時，你又會重獲一切。但是你看不見上帝，因此當人藉著忘我無私而使自己成爲上帝的工具時，看起來彷彿無所不能的是這工具，也誘使工具如此自我認知——直到他最後又什麼也不能做。和其他人類同工已經夠難的了，更何況和全能的上帝同工！呃，在某些意義下，這是很簡單的事，反正他無所不能，我就讓他去做吧。困難在於我不是在任何時候都了解到自己什麼也不能做。困難不在於我在病痛困厄中無法了解自己的眞正處境，而在於當我看起來無所不能時，如何去了解自己其實什麼也不能做。

沒有任何事物會快過思想或像思想那樣強烈地衝擊人們。而我們現在航向七萬潯深的思想大海，當夜幕低垂，拋卻種種思維，能夠安穩地入睡，相信上帝（祂就是愛）照顧著這所有的思維，當我們醒來，同樣可以信任這些思想，確信上帝不曾睡著。

偉大的波斯王讓他的僕人每天提醒他某些事，但是渺小的人類，居然把關係翻轉過來，對全能的上帝說：「絕對要提醒我這些事情，」而上帝居然也照著做！這還不夠讓我們迷惑嗎？只要人類像波斯王對僕人那樣，也對上帝說：「絕對要提醒我這些事，」然後他就可以睡個安穩甜美的覺！但是全能的上帝非常小心翼翼，不會就此聽從這鹵莽而自私的命令，祂既不會提醒人們任何事，也不會忘記這些事，也就是人類的罪。不，有一些能力、然後像凡人一樣幻想自己無所不能，比什麼都不會、卻幻想自己能做一切事要安全得多。

只有在忘我無私中才能夠眞正地讚美愛，因爲上帝是愛，只有忘我才能堅信上帝。人類所知道的愛是非常淺薄的；他終究必須從上帝那裡認識更深邃的愛，在忘我無私中，他必須成爲上帝的工具，這是每個人類都得到的（因爲忘我的精神是普遍的人性，有別於特殊的召喚或揀選）。每個人最後都能夠認識全部的愛，就像每個人都可以知道上帝像愛別人一樣地愛他。差別在於，有人終其一生在追求這意義（我一點都不感到驚訝），即使到了耆耄之年，仍然對於愛充滿讚嘆之情，而有些人卻認爲這沒有什麼（我反而覺得他們既奇怪又可悲），反正上帝給予每個人的愛都一樣。

只有在忘我無私裡才能眞正去讚美愛。即使是詩人也不能爲之。詩人可以歌頌愛慾和友誼，這是很難得的天賦，但是「詩人」不能讚美愛。對於詩人而言，他和詩神的關係像是個玩笑，乞求詩神給予靈感也是個玩笑（而他們認爲忘我和祈禱也是如此），他的天賦才是決定性因素，從與詩神的關係中獲得的靈感只是原始的東西。他所獲得的當然是他寫出來的東西，他的詩作。但是對於讚美愛的人而言（這是每個人都做得到的事，不需要什麼天賦），忘我的人與上帝的關係，或者說和上帝的忘我無私關係，卻應該遍及萬物，而且是很嚴肅的事。無論他們的作品是否完成，都不應該是個玩笑；對他而言，人神關係本身應該比成果重要得多。在忘我的心境裡，他很嚴肅地相信是上帝在幫助他。

唉，如果人可以在忘我無私裡去除所有的幻想，不再以爲自己很有能耐，如果他眞正認識到自己其實什麼也不能做，如果他正確地贏得忘我的勝利，在這勝利上又得到忘我的成就，如實地發現他所有的幸福都在於他的什麼也不能做，那麼，這樣的人對愛的讚美會是多麼的奇妙啊！在捨棄自我的努力裡、在個人權力的淡去裡感到幸福，這不就是那慈愛的上帝嗎？但是上帝是愛。有誰能比那眞正愛上帝的人更能讚美愛呢？只有他才是眞實地對待所讚美的對象，只有他才能面對上帝和眞實的愛。

對愛的讚美必須在這內心狀態或心境下說出。讚美愛當然都有個目的：讓每個人都明白，和解的精神爲每個人賦予了最高的善。讚美藝術和科學的人們，不免會散播聰明愚劣的分歧。但是和解的精神使所有人都握手和解，它不是讓每個人同樣貧窮或富有，而是讓他們相忘於最高善的團契中。

讚美愛的作工必須透過自我犧牲在世界裡實現。

透過忘我無私，人類在內心裡變得渺小，而能夠作爲上帝的工具。透過自我犧牲，他在世界裡變得渺小，成爲「無用的僕人」（《路加福音》17:10）他在內心裡不自誇張狂，因爲他什麼也不是，在世界裡他同樣的不驕傲自負，因爲他在上帝面前什麼也不是。唉，人類經常無法堅持到最後，儘管他對上帝非常地謙卑，但是轉過頭來面對群眾時，卻傲慢自大。這種比較的誘惑成爲他的墮落。他知道他和上帝沒得比較；在祂面前，他什麼也不是；但是在其他人面前，他仍然認爲自己很了不起。這是說，他忘記了要忘我無私；他誤入幻覺的陷阱，彷彿他只有在某些特別的時刻才會面對上帝，就像只有在朝覲的時候才會看到國王一樣。多麼可悲的誤解！在人的世界裡，你可以人前說一套話，人後說另一套話，但是你可能在上帝背後談論祂嗎？如果這個理解正確的話，忘我和自我犧牲是同樣的事。想藉著讚美愛去宰制別人，是最可怕的矛盾。因此，就內心世界而言，自我犧牲是忘我精神的結果，或者說和忘我精神如出一轍。

如果我們要眞正地讚美愛，那就需要外在的自我犧牲，在對眞理的愛裡讚美愛，則是愛的作工。要獲得世間的富貴並不難，最可悲的是欺世盜名。這當然不是愛。眞正的愛是：在對眞理和人類的愛裡，眞心願意犧牲自己以成就眞理，而不願意做任何損害眞理的事。

眞理必須在世界中經歷種種艱難。這世界從來沒有那麼好，也不會那麼好，讓大多數的人想望眞理或認識眞理，而使眞理的傳播風行草偃。有志傳播眞理的人不能有這些不實在的期待，他必須捨棄這些光環。即使是使徒在說他努力要「向你們推薦自己」時，他也不忘記說：「但是在上帝面前我們是顯明的。」（《哥林多後書》5:11）在這些話語裡，沒有半點自私或膽小的渴望，想要贏得世人的讚許，彷彿這些讚許可以決定對錯似的。不，上帝知道使徒在勸導人們；因此，他之所以去勸導人們，不是爲了自己，而是爲了眞理。當使徒發現人們開始崇拜他、卻因而誤解和扭曲他的教義時，使徒會毫不猶豫地離開他們——這樣才能眞正勸導人們。他不是爲個人私利才去勸導他們，相反地，他犧牲自己，包括犧牲人們對他們的讚譽，希望藉此能夠讓他們渴望眞理（如果他們能成功的話）。這是他所要的。因此，同樣的使徒在另一個地方說（《帖撒羅尼亞前書》2:4-6）：「我們就照樣講，不是要討人喜歡，乃是要討那察驗我們心的神喜歡。因爲我們從來沒有用過諂媚的話，這是你們知道的；也沒有藏著貪心，這是神可以作見證的。我們作基督的使徒，雖然可以叫人尊重，卻沒有向你們或別人求榮耀。」這裡面有多大的犧牲啊！他不求任何益處，不接受金錢，甚至不接受身爲基督使徒的榮耀；他拒絕人們的尊榮、讚美和崇拜；一貧如洗的他，使自己遭受他們的誤解、嘲諷，而這一切只是爲了要勸導他們。是的，這並不妨礙他去勸導他們，即使要他捨身取義；自我犧牲和無私正是要拒絕那短暫易逝的手段，這手段雖然可以贏得一時，卻會失去眞理！使徒立根在永恆的磐石上；在自我犧牲中，他要藉著永恆的力量去勸導人們。使徒不需要依賴眾人維生，因而也不需要擷取世俗的智慧去贏得他們，因爲用這種方式是無法開顯眞理的。

然而到了現在，人們卻只汲汲營營於短暫的事物。這些鏡花水月甚至淹沒了永恆和眞理。短暫的自我陶醉幾乎使人們忘記了上帝和永恆，欺騙自己，以爲已經擁有眞理，甚至誇耀自己是眞理的發明者。多少英雄豪傑，都屈服於那剎那生滅的力量，而使這世界更加灰暗，因爲當他們自私且怯懦地投降以後，他必須在這煙花世界的喧囂中試著忘記自己的墮落，他必須想盡辦法讓這世界變得更加傲慢。唉，思想家的時代已經過去了！沉默的耐心、謙卑而服從的緩步低吟、高尚地拒絕短暫的誘惑、無限遠離倏忽即逝的世界、奉獻給上帝和理想的愛，這些都是堅守信念所必需的，而今都已經煙消雲散，幾乎成爲人們茶餘飯後的笑話。人再次成爲萬物的尺度（普羅塔哥拉語），而萬物指的無非是那瞬息消逝的事物。所有的溝通都必須像是小道消息，以訛傳訛的謊言。人們在聚會前一個小時努力打聽這些小道消息，然後浪費半個鐘頭的時間，聒噪地說長道短，接下來的半個鐘頭，則是混亂地各說各話。但是人們卻樂此不疲。他們告訴小孩子說這是最高尚的事：讓眾人花一個鐘頭的時間去談論你且讚美你。如此一來，作爲一個人的貨幣標準就貶值了。人們不再談最高善，也不像使徒所說的，談論如何討上帝喜歡，既不追思古時賢聖，也無暇品評當代的偉人。不，只要在隨意的聚會裡取悅聽眾以博得讚譽，那就是他們的願望；反正人們也沒空去思考眞理，只知道一些淺薄的思想而已。

這意味著，爲了追求某些値得渴望的東西，人們彼此欺騙愚弄，以爲聚會的人都是智者，而聽眾也是智者。蘇個拉底的時代正是如此，起訴他的人們說：「每個人都知道如何教育年輕人；只有一個人不知道，那就是蘇格拉底。」同樣地，在我們的時代裡，「所有人」都是智者；只有被嘲弄的人才是愚者。世界如此接近完美，幾乎「所有人」都是智者，如果不是這些怪人和笨蛋，那就盡善盡美了。但是在這些時候，上帝總是坐在天堂等候著。沒有人渴望遠離塵世的喧囂擾攘，找尋上帝所寓居的靜默。我們因爲某個人和我們一樣而讚美他，卻不曾渴望侍奉上帝時的孤寂。不，沒有人會因爲渴望永恆的尺度而拒絕這個廉價的免稅優惠，免除最高的眞理。

這短暫的世界就是這麼自滿自大。因此自我犧牲的無私更加重要。我眞希望能夠描述這樣眞正無私的人格！這裡不是描述這人格的地方，我們要談的是讚美愛的作工，因此我有另一個願意：如果眞有這樣的人，希望世界有時間好好去打量他。

眞正的讚美愛也是如此。在藉著讚美愛而贏得世界的肯定時，你必須先知道世界是否眞正了解愛。你看看現在這個世界，人們曾經眞正了解過愛嗎？不，不可能。世人所理解的愛不過是自戀罷了。因此，是自戀者在談論愛，是自戀者在勸導人們。當我們在眞誠的談話中告訴人們，只有放棄這倏然生滅的世界才會有眞正的愛時，是不可能得到世人的肯定的。如果對於演說者而言，眞理比世人的肯定重要得多，他就不需要爲了贏得讚譽而指出他們的誤解。由此看來，讚美愛的人並不一定能夠受人喜愛——在這個把基督釘到十字架的世界，在這個迫害且屠殺那麼多愛的見證者的世界裡。

即使世界的狀況有所改變，即使眞理的見證者不必犧牲生命，但是世界在本質上並沒有變得更好；它只是少了些激情，多了些小心眼而已。世界認爲值得去愛的事物，永恆卻認爲那是有罪的。我們認爲值得去愛的人，卻不曾認眞傾聽永恆和上帝的命令，要求他過著摩頂放踵的生活。這些值得去愛的人懂得所有可能的藉口、遁詞和世故的規則，不斷地討價還價；而他又很有愛心地把他的處世哲學分享給其他人，讓他們也可以過得輕鬆愜意。和他在一起，我們覺得很安穩；我們不會因爲他而想到有永恆這個東西，也不知道它對我們的要求，更不知道永恆和我們如此接近，甚至當下就可以擁有它。這就是他值得去愛的地方。但是那不曾聲嚴色厲地提醒他人這個永恆的要求的，並不值得我們去愛。和他在一起，你不會覺得藉口和遁詞有多麼好，生活會多麼愜意；他不能用短暫的逃遁方法讓我們坐得舒服一些。

但是什麼是值得去愛的呢？是對永恆的背叛。這就是爲什麼俗世會樂此不疲，爲什麼會覺得受侵犯，當你對他們說「愛上帝就是仇視世界」時。如果永恆的要求是要讓人陷入困境，那麼這樣的人似乎會仇視大部分的人視爲珍寶的東西。這是多麼令人不安、怪誕而不值得去愛的事物！但是幫助別人改正他們的錯誤，難道不是愛嗎？欺騙別人難道就是愛嗎？難道被欺騙的人認爲那是愛，感謝欺騙者施予他們恩惠，那就眞的是愛了嗎？

我以爲愛是願意爲眞理的傳播做任何犧牲，而不願意損害它，不是嗎？

但是即使我們要忘記現實，忘記這世界的眞相，像詩那樣把整個關係轉移成想像，還是無法掩飾事態的本質：在人類之間的關係裡，要眞正去讚美愛，是需要無私的。讓我們離開現實世界，從思想上去做個詩的探險，去了解愛的讚美。如果要在詩的意義下描述眞正的愛，那麼會有兩個要求：**說話者必須使自己成為自戀的人，而談話的內容必須是那對於不受喜愛的人的愛**。但是愛的讚美在此不會給人任何益處，因爲只有當說話者被認爲充滿愛，而主題又迎合眾人，談論對於值得愛的人的愛，在這情況下，愛的讚美才會有好處。而如果愛的讚美不會有任何好處，那麼堅持爲之的人，就的確是無私的。

你看純樸的蘇格拉底，在所有知道如何去歌頌對美的愛的人們中間，他是最醜陋的人了。（柏拉圖《饗宴篇》）人們可能認爲這會使他怯於談論對美的愛，畢竟，我們不會在有人被吊死的屋子裡談論繩子，即使雋秀清朗的人也不會在醜陋不堪的人面前談論美，更不用說是醜人自己了。不，他是那麼古怪而脫離常軌，而認爲這既吸引人又有啓發性，他是那麼離經叛道，而把自己放到最不利的地方。當他談論美的時候，當聽眾不期然注意到他時，他顯得更加醜陋，雖然他已經是全城邦最醜的人。他越是歌頌美，越顯得自己的醜陋。他不只是最醜的人，甚至是最古怪的人，不然他怎麼會這麼做呢？

我在想，如果他有個英挺的鼻子（事實上他沒有，所有希臘人都有美麗的鼻子，這使他顯得特別不協調），他就不會想要歌頌美了。他會拒絕談論美，因爲他怕別人以爲他在誇耀自己，至少是他美麗的鼻子。這會使他的靈魂感到苦惱，彷彿他在借題發揮，藉著這個話題，讓別人注意到他的美麗。但是當他自信長得夠醜的時候，他自覺不愧不怍，可以暢談任何事，盡情歌頌美而不從中獲得任何益處，相反地，他只有顯得自己更加醜陋而已。

然而，對美的愛還不是眞正的愛，眞愛是無私的愛。如果說話者像詩那樣的完美，就必須是個自戀的人。讚美忘我的愛，而又要自己成爲心中有愛的人，那不是眞正的忘我。如果說話者不是個自戀的人，他很快就會迷惑或背叛；他或者會從中獲得利益，那就是欺騙，或者會感到尷尬，而不敢盡情歌頌愛的榮光，怕人們誤會他是在自誇。但是如果他是個自戀的人，或者說是全世界最自戀的人，那麼他就可以毫無保留地談論忘我的愛，當他使自己成爲最自戀的人時，比那最醜陋的蘇格拉底還要快樂。在現實的處境裡，談論無私的愛需要很長的準備。但是這準備不在於博覽群籍，或是因爲無私而博得眾人的尊重（假如無私的行爲可以獲得讚美的話），正好相反，它是在於成爲自戀的人，讓眾人認爲自己是最自戀的人。這不是件容易的事。就好像在考試裡表現得很好，卻得到最後一名。正因爲如此，最好和最差的都叫做「第一」。

關於說話者，我們就討論到這裡。至於談話的內容，則必須是關於不受喜愛的對象的愛。你看蘇格拉底如何談論對於美的愛，但是他時而也談到對醜的愛。他不否認他愛對美的愛，但是他也談到對醜的愛，當然那是在開玩笑。美的意義是什麼？美是直接的愛的直接對象，是喜好和熱情的選擇。我們會愛美的事物，不需要任何命令。而醜是什麼呢？人們對它不會感到任何喜好和熱情，反而掉過頭說：「這有什麼值得愛的！」那麼，根據我們對愛的想法，美的意義又是什麼呢？那是愛人和朋友。愛人和朋友是直接的愛的直接對象，是喜好和熱情的選擇。那麼醜又是什麼呢？那是我們的鄰人，是我們「應該」去愛的人。我們「應該」愛他；這是老蘇格拉底所不知道的事。他不知道鄰人的存在，也不知道我們應該愛他；當他談道對醜的愛時，只是在揶揄它。鄰人是不受喜愛的對象，不會有喜好和熱情投注在他身上，他們只會轉過頭說：「這有什麼值得愛的！」但是正因爲如此，在談到對他的愛時，就不會有任何益處。然而眞正的愛是對鄰人的愛，不是去尋覓值得愛的對象，而是發現那不受青睞的對象。

因此，當演說者爲了忠實地談論眞正的愛，而必須使自己成爲最自戀的人，而談論的內容又必須是對於不受喜愛的人的愛，這時候他不可能有任何益處。聽眾不會以愛回報演說者，因爲在談論中只是更加凸顯他的自戀而已；而談話的也不可能取悅聽眾，他們寧願聽一些滿足他們的喜好和熱情的故事。

然而這個詩的冒險旅行完全正確，甚或可以彰顯基督教世界裡不斷上演的欺騙和誤解。當人在某些方面願意自我犧牲，卻沒有義無反顧的勇氣，他就使基督教的謙卑和無私變得空洞而沒有意義，因而必須到處讓人知道他的謙卑和無私；最後他也因此得到榮耀和尊重——但是這當然不是忘我無私。

所以，爲了要讚美愛，我們需要在內心裡忘我無私，而在外在世界又能夠自我犧牲。如果有人在讚美愛，而被問到他是否眞正出於愛，他的回答必須是：「沒有人可以確切知道；它很可能是虛榮、驕傲，簡單說，是不好的動機，但是它也可能是愛。」

結語

在這本書裡，我們「多次多方」（《希伯來書》1:1）的讚美愛。感謝主讓我們如願完成這本書，我們現在要以使徒約翰的話作爲結語：「親愛的弟兄啊，讓我們彼此相愛吧。」（《約翰一書》4:7）這句話不僅有使徒的權威，在語氣和心境上也間接和愛的本身有關，如果你好好省察它的話。這句話是由一個在愛中完美無瑕的人說出來的，這是它的基礎。你在這句話裡沒有聽到嚴格的責任；使徒並不是說：「你們**應該**彼此相愛。」但是你也沒有聽到詩一般的熱情和意向。這裡面有些理想化和幸福的感覺，但是也有些悲傷，那是對於生命的焦慮，而又被永恆平息下來。使徒彷彿是說：「親愛的我，是什麼阻礙你去愛，而你又能從自戀中得到什麼？誡命說，你**應該**去愛，但是，唉，如果你能了解自己和生命，那麼你似乎就不需要誡命，因爲去愛人們是生命唯一值得去做的事，沒有這愛，你就不是眞正在生活。再者，去愛人們是此世和彼岸唯一幸福的事；去愛人們是作爲基督徒的唯一印記。」是的，光是信仰的告白還是不夠的。

從基督教的觀點去看，愛是誡命的要求；但是愛的誡命是歷久彌新的誡命。愛的誡律不像人類的命令，它不會因爲人類約定的改變而不合時宜。不，愛的誡命直到審判的日子都是嶄新的。因此，愛的誡命不會有絲毫改變，更不會因一個使徒而改變。唯一的改變只是，心中有愛的人和這誡律越來越親近，和這誡命同在，愛這誡命。這就是為什麼他的言語之間如此溫柔，又如此悲傷，彷彿幾乎忘記愛是個誡命。但是如果你忘記說這句話的人是充滿著愛的使徒，你就會誤解他，因為這句話不是關於愛的開場白，而是談話的終了。因此，我們不敢這麼去說。年老而完美的使徒所說的眞理，在初學者口中很容易變成口頭禪，說這話的年輕人會急著離開誡命的學校，逃避學校的羈絆。我們引用使徒的話，我們不僭稱那是我們自己說的，而只是要讓聽眾知道：「親愛的弟兄啊，讓我們彼此相愛吧。」

還有一件事，要記得**基督教的以牙還牙，永恆的以牙還牙**。基督教的以牙還牙是非常重要的基督教教義，我希望能夠以這個思想作為結論（即使不是在每一本關於基督教的書裡，我希望至少有一本書能夠談到它）。

現在的人比較少談基督教了。但是在這些談話裡（當然不包括對基督教的攻擊），很少把基督教描述為感性的、幾乎是軟性的愛的形式。到處都充滿愛；你不必遭受憂患困厄，你可以過著愜意的日子，不必擔心自己的未來，因為上帝是愛——你聽不到任何嚴峻的話；愛的語言和本性似乎就是如此。但是在這樣的理解下，上帝的愛很容易變成神話和幼稚的概念，基督的形象太過溫和甜膩，而使人忘記他本來的面貌，忘記他被猶太人認為是絆腳石，被希臘人認為是愚拙（《哥林多前書》1:23），彷彿基督教是個昏聵的老人。

問題很簡單。基督教廢除了猶太人的以牙還牙：「以眼還眼，以牙還牙。」（《出埃及記》21:24）它以基督教的、永恆的以牙還牙取而代之。基督教使我們的注意力從外在世界轉到內心裡來，使我們彼此的關係都變成人神關係；這樣你就會得到這兩種意義下的「以牙還牙」。在基督教的意義下，只有上帝才是我們在所有關係中最後要面對的，儘管我們還在這世界裡，有俗世的事務要做。而「在所有關係中遇見上帝」（如是，我們就不會因爲下級法院，人類的審判，而阻礙了我們的道路），既是最愜意的也是最辛苦的、既是最寬大的也是最嚴厲的。這是人的造就，因爲人神關係就是個造就，而上帝就是個教育者。而眞正的造就正是剛柔並濟的。

當老師有許多小孩要教，他要怎麼辦？他當然沒有時間絮絮叨叨，如果他太過囉嗦，這造就就會大打折扣。不，最優秀的老師會善用他的眼睛。他讓每個小孩都注視著他，無論他們在做什麼事。上帝也是如此。祂以祂的眼神統治整個世界，教養無數的人類。良知是什麼？在良知裡，上帝凝視著個人；所以在任何事情上，他都必須注視上帝。這就是上帝如何造就我們的。但是被造就的小孩總是想像他們同伴間的關係世界就是現實，但是老師以他的眼神教導他說，這一切都是用來造就他的。同樣地，成人們也總是想像他和世界的關係就是現實，但是上帝造就他，讓他知道，這一切都是用來造就他的。

因此，上帝是個老師；他的愛既寬大又嚴厲。就好像在自然裡，那重的東西也是輕的東西。天體因爲萬有引力而漂浮在無限裡。但是如果它偏離它的軌道，如果它變得太輕，輕的就變成重的，它就會被吸走。同樣地，對愛慕和謙卑的人而言，上帝的嚴厲是寬大，但是對於無情冷酷的人而言，祂的寬大卻是嚴厲。對於拒絕拯救的人而言，上帝在願意拯救世界時所透顯的寬大就變成嚴厲，甚至比上帝的審判世界還要嚴厲。你看，這就是寬大和嚴厲的統一；你在所有事物中和上帝的關係，是既寬大又嚴厲的。

因此，如果你仔細聽，在福音裡你也聽得到嚴厲。例如說，基督對迦百農的百夫長說：「你回去罷，照你的信心，給你成全了。」（《馬太福音》8:13）你無法想像到什麼喜訊或是寬大慈悲的話語。而這是在說什麼呢？這是說：「照你的信心，給你成全了；如果你相信救贖，你就會得救。」多麼寬大慈悲啊！但是這也使我確定我有信心，而我的信心不是來自百夫長，彷彿因爲百夫長相信它，我才有信心的。假設有人問基督教：「那麼，我也確定會有信心嗎？」基督教會回答說：「照你的信心，給你成全了。」如果百夫長不是懷著信心而來，而是要來確定他是否有信心話，基督會怎麼想呢？「照你的信心，給你成全了。」永恆會照你的信心成全你，這是從永恆到永恆都確定的事。基督教向你保證，但是你是否有信心，這不屬於基督教的教義，它不能告訴你說你有信心。因此當你害怕自己沒有信心時，基督教還是只能告訴你：「照你的信心，給你成全了。」多麼嚴峻的話啊！你從百夫長的故事裡知道他有信心，但是這信心並不屬於你。你看到基督教的精神，基督教照著他的信心成全他，但是你畢竟不是百夫長。

我們假設有人對基督教說：「我確知自己受洗過；我是否因此可以確知我有信心呢？」這時候，基督教會回答說：「照你的信心，給你成全了。」儘管百夫長沒有受洗過，但是他有信心；因此基督照他的信心成全他；只有在他的信心裡，福音才是個福音。如果前來向基督求救的百夫長，在靈魂裡懷疑基督是否能幫助他，而基督還是回答他說：「照你的信心，給你成全了。」他會怎麼想呢？那會是個福音嗎？不，對百夫長而言，那不是福音，因為那是對他的審判。「給你成全了」聽起來像是有求必應，但是「照你的信心」卻有很大的限制。就經文而言，我們在講道時既可以強調這句話的嚴峻，也可以讚美它的寬大，因為經文也表現基督教的嚴厲，它毫不猶豫地把畏懼剔除在上帝的王國之外，或者更正確地說，它教導人們去除懼怕，讓他們在朝向上帝王國的路上既不強迫自己，也不會懦弱而優柔寡斷地啜泣抱怨。但是現在的政客都在談論保證，我們也只好在基督教裡也把浸禮當作保證——如果你眞的相信「照你的信心，給你成全了」是個保證的話，那麼他自然就是保證了。

我們把浸禮視為當然的保證，但是上帝是輕慢不得的，祂也不能被愚弄。祂是如此崇高的超越者，使我們不敢想像人類的努力能算是什麼成就。祂是如此的崇高，而不能和懦弱且怠惰的人類玩好好先生的幼稚遊戲。「照你的信心，給你成全了」當然是永恆確定的事；但是信仰的確定性，或者說你如何確信自己有信心，這始終需要上帝的幫助，而不是向外馳求。你必須有上帝的幫助，你才能相信洗禮會拯救你；你必須有上帝的幫助，你才能相信在聖餐禮中你能得到罪的仁慈寬恕。當神父宣布罪已經得到赦免時，他也是在對你宣布，但是神父沒有權力告訴你說你有信心，只有你相信，他才能這樣對你說。照你的信心，給你成全了。但你的血肉、畏懼和對世界的依戀，都必須絕望，使你無法從外在世界輕易得到最終確定性。在信仰的掙扎裡，你每天都接受試煉和考驗。福音不是律法；福音不是藉著嚴峻去拯救你，而是藉著寬大去拯救你；這寬大會拯救你，它不會欺騙你；因此在寬大中也存在嚴厲。

如果說福音裡也主張以牙還牙，那麼基督教的律法就更加重要。它說：「你們饒恕別人的過犯，你們的天父也必饒恕你們的過犯。」（《馬太福音》6:14）但是有些人居然誤解這句話，以爲即使他沒有寬恕別人，他還是能得到寬恕。這眞是個曲解。基督教的觀點是：寬恕就是寬恕；你的寬恕是你的寬恕；你對別人的寬恕就是你自己的寬恕；你給予別人的寬恕就是你得到的寬恕，但是反之不然，你得到的寬恕並不是你給予的寬恕。基督教彷彿是在說：謙卑且信任地讚美主給你的寬恕，因爲沒有人像祂這麼仁慈；但是如果你要知道寬恕是什麼，你只要觀察自己就可以。你如何寬恕那得罪你的人，上帝就那麼寬恕你。認爲吝於寬恕別人的人可以到寬恕，這是個幻想。不，既使是天空和它在水面上的倒影，也沒有像寬恕和寬恕那樣明確地相互對應。自己拒絕寬恕別人，卻會相信寬恕，那也是個幻想，如果你的生命是在反駁寬恕的存在，你又怎麼會相信寬恕呢？但是人們總是幻想他們和上帝的關係是一回事，而和其他人的關係則是另一回事，他們不知道，他們的所有關係都和上帝有關。

因此，**在上帝面前指控別人就是指控自己，以牙還牙**。如果有人受到傷害，人們會擔心他到上帝那裡胡亂指控有罪的人。唉，我們總是要這樣欺騙自己，以爲某人和上帝的關係特別好。但是人神關係就像是人民和官員的關係一樣，你不能走後門和官員談論他的公事。而上帝的公事就是作爲上帝。比如說，你很信任的某個家僕犯了竊盜罪，而你不知道怎麼辦。你不會私底下去報警，因爲他不知道這竊盜案的內情。他會直接逮捕他，然後起訴他。同樣地，如果你假裝置身事外，而想要偷偷地向上帝抱怨你的敵人，上帝會冷漠以對，卻反過來責怪你，因爲在上帝面前，你才是有罪的：指控別人就是指控你自己。你覺得上帝應該站在你這邊，應該和你一起對抗你的敵人，那些傷害你的人。但是這是個誤解。上帝平等觀照萬物，不因爲你的要求而有偏私。當你要求祂審判時，如果祂夠寬大，祂會警告你最好打消這念頭，因爲祂很清楚你會有什麼嚴厲的後果；而如果你不聽勸，堅持要求祂當你的法官，那麼祂不一定會審判別人，因爲以牙還牙，祂會把你也當作被告。如果你不執意要在上帝面前控訴別人，讓上帝變成法官，那麼上帝就仍然是仁慈的上帝。

我現在談個小插曲。過去有個小偷某甲，偷了一些錢，包括一張百元鈔票。他跑到小偷某乙家，想要兌換這張鈔票。某乙到另一個屋子裡假裝換錢，然後若無其事地出來，甚至向其他人打招呼，彷彿他頭一遭來這裡似的，簡單地說，他訛詐了他的錢。某甲氣瘋了，居然跑到警察局去告他詐欺。某乙當然被抓起來，以詐欺罪起訴——但是，唉，警察第一句話就問：原告的錢是從哪裡來的？因此產生兩個案子。某甲知道他在詐欺案中是有理的一方；他要當個誠實的公民，向警局告發某乙，以伸張他的權利。唉，但是警察既沒有徇私，也沒有如某甲所願，單獨辨這個案子，更沒有聽信原告和證人的片面之詞，而是深入了解案情眞相。人神關係也是如此。如果你在上帝面前指控別人，你會馬上面對兩個訴訟；就在你告發別人的時候，上帝正開始思索你涉案的部分。

以牙還牙；是的，基督教甚至嚴厲到主張最不平等的以牙還牙。聖經說：「爲什麼看見你弟兄眼中有刺，卻不想自己眼中有梁木呢？」（《馬太福音》7:3）有個教父虔誠地詮釋道：你眼中的梁木不多不少就是看見且譴責你弟兄眼中有刺。人間最嚴格的以牙還牙是：當你看見別人眼中的刺時，它也變成你自己眼中的刺。但是基督教更加嚴厲：這根刺，或者說以審判者的眼光發現的這根刺，就是梁木。即使你沒有看到這梁木，即使沒有看到它，還有上帝在看著它。因此，這根刺就是梁木！這不是把蚊子變成大象那樣的嚴峻。唉，但是如果你記得，從基督教的觀點和上帝所示現的眞理去看，所有事物的運行都以祂爲環樞，那麼你就會了解這個嚴峻；你會了解，看到你弟兄眼中的刺，在上帝面前（而祂是永遠臨在的）是嚴重的背叛。我希望你可以找到上帝缺席的地方，好去發現你弟兄眼中的刺。但是在基督教裡，你必須謹記在心，上帝無所不在；如果祂臨在，那麼祂也會注視著你。如果你眞的記得上帝無所不在，你就不會在你弟兄眼裡看到任何刺，也不會以這個可怕的嚴厲標準被起訴——你自己才是有罪的人。但是問題在於，如果所有善良的人儘可能地提醒自己上帝的無所不在（而且，沒有比認爲上帝的全在與我無關更荒唐的了），他們在和別人相處時，還是經常會忘記上帝的全在，忘記上帝也在他和別人的關係裡，而自滿於和別人的比較。他就這樣安心地看到別人眼中的刺。你有什麼錯呢？你錯在忘記自己，忘記上帝的臨在，或者說忘記自己是在祂的臨在當中。在上帝面前論斷別人眼中的刺，是多麼不智的事——以牙還牙；如果你要那麼嚴厲，上帝可以更嚴厲地回報你——它變成你眼中的梁木。那個控告別人的賊，自以爲是正直的受害者，警察當然認爲他眞是個無恥的人，是該被起訴的罪犯；而假裝純潔地論斷別人眼中的刺的人，在上帝眼裡，眞是太張狂了。

基督教的以牙還牙多麼嚴峻啊！猶太人的、俗世的、嘈雜不休的「以牙還牙」是：別人怎麼對待你，務必要那樣對待他。但是基督教的「以牙還牙」是：你怎麼對待別人，上帝就會那麼對待你。在基督教的意義下，別人怎麼對待你，這和你一點關係都沒有，它不會讓你煩惱；你去多管閒事，只是好奇、鹵莽和庸人自擾而已。你該關心的是你如何對待別人，或者是你如何忍受別人對待你的方式。這是內心的事；基本上，在上帝面前，你只和自己有關。這個反映別人所謂現實世界的內心的世界，才是眞實的世界。基督教的以牙還牙屬於這內心的世界。基督教自己轉過頭不去看外在世界，也會讓你轉過頭去（但不是教你遠離它）向上看或向內心看。在基督教的意義裡，愛人們就是愛上帝，愛上帝就是愛人們；你怎麼對待人們，就那麼對待上帝，你怎麼對待人們，上帝也就那麼對待你。如果你對那些傷害你的人感到憤怒，你其實是在對上帝感到憤怒，因爲終究是上帝允許別人這樣傷害你的。但是如果你感恩地接受出自上帝之手的傷害，把它當作「美善的恩賜」（《雅各書》1:17），那麼你也不會抱怨別人。如果你拒絕寬恕，那麼你其實是要上帝變得冷酷無情，和你一樣拒絕寬恕——那麼這冷酷無情的上帝又怎麼會寬恕你呢？如果你無法忍受別人對你所犯的過錯，上帝又如何能夠忍受你對祂所犯的罪呢？不，以牙還牙。上帝自己其實完全是這以牙還牙，完全反映出你自己的面貌。如果你心中有憤怒，那麼你心中的上帝就是憤怒之神，如果你心中有寬容和憐憫，那麼祂就是慈悲的神。祂對你的愛是無限的，沒有任何人能夠和祂的愛相比。上帝和個人的關係在每個時刻都會將當下的個人心境給無限化了。

你們都知道，只有在孤寂中才聽得到回聲。回聲留意每個細微的聲音，如實地反射它。如果你自己不想聽某些話，那麼就小心不要去說它，小心不要讓它在寂靜中脫口而出，因爲回聲會馬上對你重複這句話。如果你不曾體會過這孤寂，你就不曾發現上帝存在，如果你眞正體會過這孤寂，你應該知道，上帝把你說過的每一句話重複說給其他人聽；祂把這些話語放大到無限，重複這些話。上帝重複你在談論別人時的憐憫或審判的話語；祂用同樣的話去談論你；這些話語同樣是對你的憐憫或審判。但是如果你整天都生活在喧鬧的城市裡，你如何會相信有回聲呢？如果你從小就習慣生活在這樣狂亂的世界裡，你如何能夠相信「以牙還牙」這回事呢？這個困惑的人即使聽到基督教的教義，也無法眞正明白它。正如基督教精神不會在他內心引起回響，他也不會發現基督教「以牙還牙」的回聲。在這生活的喧譁中，他或許沒有注意到永恆和上帝在重複他說過的話，他或許誤以爲聲音只會在外在世界裡往返。但是外在世界太過擁擠，而無法有任何回響，我們的耳朵也太過重聽，而無法發現永恆的重複。但是無論他是否發現，他所說的話，還是會回過頭來談論他。這樣的人好像是對於背後的話語渾然不覺。如果他不知道鄉人對他的議論，那或許很好；或許他們對他的評論是錯的，但是如果他不知道永恆對他的評價，而那又是眞理，那對他有什麼好處呢？

不，以牙還牙！我們不是說，如果有人這麼說或這麼做，他就會得到恩寵。唉，你在與上帝的關係裡，第一個要學的，就是你的一無是處。你可以試著對永恆說：「我該得到，」永恆會回答說：「你該得到……。」如果你要求得到回報，那麼你唯一得到的，就是懲罰；如果你在信仰中不願意掠取他人的功績，那麼你就會得到你應得的。我們也不認爲人們應該每天焦慮地坐著傾聽永恆的回聲；我們不認爲這會好過那以上帝的愛免除艱困生活的煦仁孑義。不，有教養的孩子對於嚴厲都會有難忘的印象，人們在面對上帝的愛時，除非他「荒渺」（《提摩太前書》4:7）或輕率地接受它，否則他應該會有難忘的恐懼和顫慄，即使他在上帝的愛中安息。這樣的人當然不會在上帝面前控訴別人如何傷害他，不會談論別人眼中的刺，因此他寧願只和上帝談論恩賜，以免因爲「正義」這個不祥的字詞，嚴厲的以牙還牙，而使他失去一切。

國家圖書館出版品預行編目資料

愛在流行
二版 . -- 臺北市 : 商周出版 : 家庭傳媒城邦分公司發行
2015.10　面；　公分

譯自：Kjerlighedens Gjerninger

ISBN 978-986-272-880-2(平裝)

1. 基督徒 2. 靈修 3. 愛

244.9　　　　104017339

愛在流行

原著書名／Kjerlighedens Gjerninger
作　　者／齊克果 Søren Aabye Kierkegaard
譯　　者／林宏濤
責任編輯／陳玳妮

版　　權／林心紅
行銷業務／李衍逸、黃崇華
總 編 輯／楊如玉
總 經 理／彭之琬
事業群總經理／黃淑貞
發 行 人／何飛鵬
法律顧問／台英國際商務法律事務所 羅明通律師
出　　版／商周出版
台北市104民生東路二段141號9樓
電話：(02) 25007008　傳真：(02)25007759
E-mail：bwp.service@cite.com.tw
Blog：http://bwp25007008.pixnet.net/blog
發　　行／英屬蓋曼群島商家庭傳媒股份有限公司城邦分公司
台北市中山區民生東路二段141號2樓
書虫客服服務專線：(02)25007718；(02)25007719
服務時間：週一至週五上午 09:30-12:00；下午 13:30-17:00
24 小時傳真專線：(02)25001990；(02)25001991
劃撥帳號：19863813；戶名：書虫股份有限公司
讀者服務信箱：service@readingclub.com.tw
城邦讀書花園：www.cite.com.tw
香港發行所／城邦（香港）出版集團有限公司
香港灣仔駱克道193號東超商業中心1樓
E-mail：hkcite@biznetvigator.com
電話：(852) 25086231 傳真：(852) 25789337
馬新發行所／城邦（馬新）出版集團【Cite (M) Sdn. Bhd.】
41, Jalan Radin Anum, Bandar Baru Sri Petaling,
57000 Kuala Lumpur, Malaysia.
Tel: (603) 90578822　Fax: (603) 90576622
Email: cite@cite.com.my

封面設計／陳文德
排　　版／極翔企業有限公司
印　　刷／韋懋實業業有限公司

■2015年10月1日初版
■2024年1月9日初版2.8刷
定價380元

Printed in Taiwan

 978-986-272-880-2

城邦讀書花園
www.cite.com.tw

廣　告　回　函
北區郵政管理登記證
北臺字第000791號
郵資已付，免貼郵票

104　台北市民生東路二段141號2樓

英屬蓋曼群島商家庭傳媒股份有限公司城邦分公司　收

請沿虛線對摺，謝謝！

書號：BR0001X　　書名：愛在流行　　編碼：

請於此處用膠水黏貼

商周出版

讀者回函卡

感謝您購買我們出版的書籍！請費心填寫此回函卡，我們將不定期寄上城邦集團最新的出版訊息。

不定期好禮相贈！
立即加入：商周出版
Facebook 粉絲團

姓名：＿＿＿＿＿＿＿＿＿＿＿＿　性別：□男　□女

生日：西元＿＿＿＿年＿＿＿＿月＿＿＿＿日

地址：＿＿＿＿＿＿＿＿＿＿＿＿＿＿＿＿

聯絡電話：＿＿＿＿＿＿＿＿　傳真：＿＿＿＿＿＿＿＿

E-mail ：

學歷：□ 1. 小學 □ 2. 國中 □ 3. 高中 □ 4. 大學 □ 5. 研究所以上

職業：□ 1. 學生 □ 2. 軍公教 □ 3. 服務 □ 4. 金融 □ 5. 製造 □ 6. 資訊

□ 7. 傳播 □ 8. 自由業 □ 9. 農漁牧 □ 10. 家管 □ 11. 退休

□ 12. 其他＿＿＿＿＿＿＿＿＿＿＿＿

您從何種方式得知本書消息？

□ 1. 書店 □ 2. 網路 □ 3. 報紙 □ 4. 雜誌 □ 5. 廣播 □ 6. 電視

□ 7. 親友推薦 □ 8. 其他＿＿＿＿＿＿＿＿＿＿

您通常以何種方式購書？

□ 1. 書店 □ 2. 網路 □ 3. 傳真訂購 □ 4. 郵局劃撥 □ 5. 其他＿＿＿

您喜歡閱讀那些類別的書籍？

□ 1. 財經商業 □ 2. 自然科學 □ 3. 歷史 □ 4. 法律 □ 5. 文學

□ 6. 休閒旅遊 □ 7. 小說 □ 8. 人物傳記 □ 9. 生活、勵志 □ 10. 其他

對我們的建議：＿＿＿＿＿＿＿＿＿＿＿＿＿＿＿＿

＿＿＿＿＿＿＿＿＿＿＿＿＿＿＿＿

＿＿＿＿＿＿＿＿＿＿＿＿＿＿＿＿

請於此處用膠水黏貼